AF550090

Paul Glynn, S.M.

Ein Lied für Nagasaki

Dr. Takashi Nagai

Paul Glynn

Ein Lied für Nagasaki

Die Geschichte von Takashi Nagai

Wissenschaftler, Konvertit und Überlebender des Atombombenabwurfes

media
maria

Bibliografische Information: Deutsche Nationalbibliothek.
Die Deutsche Nationalbibliothek verzeichnet diese Publikation in der Deutschen Nationalbibliografie; detaillierte bibliografische Daten sind im Internet über http://dnb. ddb. de abrufbar.

Titelbild auf dem Umschlag:
Marist Fathers, Hunters Hill, N.S.W., Australia
Kalligrafie: istockphoto.com
Cover: Riz Boncan Marsella

Die Originalausgabe erschien unter dem Titel:

»A SONG FOR NAGASAKI«

Marist Fathers Books, Hunters Hill, N.S.W., Australia

Titel der deutschen Ausgabe:

Paul Glynn, S.M.
EIN LIED FÜR NAGASAKI
Die Geschichte von Takashi Nagai
Wissenschaftler, Konvertit und Überlebender des Atombomenabwurfes
Übersetzung: Petra Trischler
ISBN 978-3-9454012-9-3

www.media-maria.de

Toni und Jack Josephs, Sydney,
der Familie Nagai,
Tony Glynn und der Bevölkerung von Tomigaoka, Japan,
in Dankbarkeit gewidmet.

Inhalt

Vorwort 9

1. Gelassenheit, der Sohn Nummer eins 12
2. Glühwürmchen, Schnee und eine Löwin 21
3. Kublai Khan, Tsune und Pascal 28
4. Die Maus, die die Sterne nicht sehen konnte 41
5. Ein schrecklicher Wind 48
6. Die verborgenen Christen 54
7. Die Glocken von Nagasaki 66
8. Tau auf einer Ackerwinde 75
9. Stille Nacht und ein kostbares Leben 84
10. Die Jungfrau und die Prostituierte 100
11. Der große Pan ist tot 111
12. Zu Füßen des »Sensei«-Hausmeisters 116
13. Das weiße Australien und die gelbe Gefahr 125
14. Taifune und der anmutige Bambus 134
15. Ein christliches *Nembutsu* und die dunkle Nacht ... 145
16. Die arroganten Taira-Klans fallen 156

17. Die Maschine, die sich gegen ihren Meister richtete . 163
18. Doch Midori wird an meiner Seite sein 172
19. Als die Sonne sich verdunkelte 181
20. Und der Regen verwandelte sich in Gift 187
21. Das letzte schwarze Loch im Universum? 198
22. Sprechende Knochen und eine neue Ausrichtung .. 203
23. Zwölf Uhr mittags und eine Nation weint 209
24. Woher kommt Trost und Hilfe? 219
25. Das Gleichnis von der kahlen Hütte 232
26. Das kleine Mädchen, das nicht weinen konnte 241
27. Das Gedicht für einen Leprakranken 255
28. Der blaue Vogel, der den Bären besuchte 262
29. Der Nabel der Welt 274
30. Kirschblüten fallen am dritten Tag 286
31. Für das Vergangene – Dank. Für das Kommende – Ja 295

Epilog 305
Glossar der japanischen Wörter 311
Danksagungen 315

Vorwort

von Shusaku Endo

Urakami, ein Vorort von Nagasaki, wurde durch die Atombombenexplosion berühmt. Doch schon viel früher hatte dieser Ort in den Herzen der japanischen Christen eine außergewöhnliche Bedeutung. Während der langen Jahrhunderte, in denen eine »allmächtige« japanische Regierung die christliche Religion strikt verboten hatte, existierte die bäuerliche Gemeinde von Urakami, die ihren christlichen Glauben treu bewahrt und gelebt hatte.

Zu Beginn der 1860er-Jahre erfuhr die japanische Regierung von der Existenz dieser verborgenen Christen und ließ sie verhaften und ins Gefängnis werfen. Die Nachricht von dieser Verfolgung erreichte schließlich auch Amerika und fand Gehör beim damaligen Präsidenten Ulysses Grant, der sich zu jener Zeit in Gesprächen mit einer Gruppe japanischer Regierungsbeamter und Diplomaten befand. Sie hatten den Ozean überquert, um über ein Abkommen zwischen den beiden Staaten neu zu verhandeln. Die Bemerkungen des Präsidenten, dass jede Nation, die die Religionsfreiheit nicht anerkennt, nicht als »aufgeklärt« bezeichnet werden könnte, führte dazu, dass die japanische Regierung die gefangenen christlichen Bauern freiließ. Diese feierten ihre religiöse Freiheit, indem sie mit ihren eigenen Händen die prachtvolle Kathedrale von Urakami errichteten.

An jenem traurigen Tag, als die amerikanische Atombombe über Urakami explodierte, wurde die Kathedrale in Schutt und Asche gelegt und viele Christen und Nachkommen jener Menschen, die sie erbaut hatten, wurden getötet. Der Dekan des

Radiologischen Institutes der Universität Nagasaki, Dr. Takashi Nagai, befand sich selbst inmitten dieser nuklearen Katastrophe. Obwohl er wusste, dass er sich durch sein Engagement der tödlichen Strahlung aussetzte, stürzte er sich mit seinen medizinischen Fähigkeiten voll und ganz in den Dienst, um den Opfern in dieser verwüsteten Stadt zu helfen. Dabei zog er sich die Strahlenkrankheit zu, sodass er während der wenigen Zeit, die ihm verblieb, bettlägerig war.

Nagai begann zu schreiben. Seine Bücher lösten eine außergewöhnlich tiefe Reaktion in den Herzen der japanischen Bevölkerung aus. Dies geschah zu einer Zeit, als die meisten Japaner das Christentum noch immer als etwas Fremdes ansahen und vor allem zurückschreckten, was mit der christlichen Religion zusammenhing. Seine Bücher waren eine Ausnahme. Sie wurden in Japan zu Bestsellern, trotz des explizit christlichen Untertons. Das japanische Volk entdeckte in seinen Büchern etwas wieder, was durch den Krieg lange verschüttet gewesen war – die Liebe!

Die Bürger von Nagasaki kamen, um den bettlägerigen Arzt als Heiligen zu verehren. Ihre Verehrung für diesen Menschen hält bis zum heutigen Tag an, lange nach seinem Tod. Paul Glynn hat dieses Vermächtnis in seinem Buch angemessen gewürdigt.

Christen und Nichtchristen waren gleichermaßen tief bewegt und beeindruckt von Nagais Glauben an Christus, der ihn zu einem modernen Hiob machte: Inmitten der nuklearen Wüste behielt er Ruhe und Frieden in seinem Herzen und hegte weder einen Groll gegen die Menschen noch verfluchte er Gott.

Südflügel des Universitätskrankenhauses von Nagasaki nach der Explosion der Atombombe.

1.

Gelassenheit, der Sohn Nummer eins

Takashi Nagai erblickte das Licht der Welt in der alten Präfektur Shimane mit ihrer unberührten Natur. Sie liegt in nordöstlicher Richtung von Hiroshima und ihre lange Küste wird vom Japanischen Meer umspült. Die Winde, die von Sibirien aus in den Nordwesten wehen, bringen im Winter große Schneeverwehungen in die Bergtäler. Wenn man eine Karte betrachtet, dann erkennt man sofort, warum dieser Ort früher ein idealer Anlegeplatz für die chinesischen und koreanischen Siedler gewesen ist, die das Abenteuer wagten und den Idealismus besaßen, auf den Ruf »Zieh nach Osten, junger Mann, zieh nach Osten« zu reagieren. Die Neuankömmlinge waren beeindruckt von der bergreichen Natur des spärlich besiedelten Landes, besonders von seiner grünen Schönheit, die wie ein Springbrunnen aus dem reichen vulkanischen Boden hervorschoss. Geologen vermuten, dass Japan vor sechzig Millionen Jahren wie ein mutmaßlicher Embryo auf dem Boden des Meeres vor dem asiatischen Festland lag. Als sich die tektonischen Platten zwischen dem Pazifischen Ozean und dem ostasiatischen Festland schwerfällig aufeinander zubewegten, hob sich der Meeresboden und die Inseln von Japan tauchten triefend aus dem dunklen Meeresbauch auf.

In alten Geografiebüchern wurde Japan als Teil des »Feuerrings« bezeichnet – des erdbebenreichen Vulkangürtels, der sich über die Westküste Südamerikas, über Mexiko und Kalifornien, quer über den Pazifik über Hawaii und Japan und im Süden über Indonesien nach Neuseeland zieht. Nachdem

Japan aus dem Meer aufgetaucht war, brachen überall Vulkane aus und ihre Lavamassen quollen über das Land und erkalteten schließlich zu Basaltgestein. In der Eiszeit entstanden dann Gletscher, die sich langsam die Berge hinunterbewegten und dabei diesen Basalt zertrümmerten, sodass neue Täler entstanden. Der Wind, die Stürme und besonders die Zyklone, die in den Tropen vorherrschen, setzten diesen langsamen Prozess fort, durch den Japans fruchtbarer Boden und seine üppigen Täler entstanden sind.

Die Historiker entdeckten die ersten Spuren einer menschlichen Besiedlung in Japan im neolithischen Zeitalter. Um die Zeit, als Cäsar Großbritannien eroberte und die Großeltern von Christus geboren wurden, gab es in Japan einen kulturellen Schub, der einige Jahrhunderte später seinen Höhepunkt erreichte, indem eine einzige Sippe ihre Autorität wirksam festigte und eine Hauptstadt im Süden der heutigen Präfektur Nara gründete.

Lange bevor die Schrift entstand, hatten die Menschen bereits eine reiche *Shintō*-Mythologie entwickelt. Der Izumo-Taisha-Schrein in Shimane und seine Umgebung waren der Schauplatz für viele Taten von Halbgöttern, die als Helden und Heldinnen im Shintoismus verehrt wurden. Die Geschichten sind bei kleinen japanischen Kindern auch heute noch sehr beliebt. Da gibt es zum Beispiel das schreckliche achtköpfige Monster, das die ganze Region terrorisierte, bis ein mutiger Gott eine wilde Schlacht mit ihm führte und es erschlug. Shimane wurde von Nagai in seiner Grundschulzeit als heiliger Boden verehrt: Es war der Geburtsort des *Nihon-teki,* des rein japanischen Geistes.

Nagais Geburtsort liegt in der Präfektur Shimane, südlich der Stadt Izumo, etwa zehn Autominuten von der Stadt Mitoya entfernt. Es ist ein kleines Dörfchen, das vollkommen versteckt zwischen niedrigen Bergen liegt und aus einem Dutzend Häusern besteht, die teilweise noch mit Schilfdächern bedeckt sind. Solche schilfgedeckten Häuser fand man in Japan vor dreißig Jahren noch überall auf dem Land vor. Sie sind

Beispiele der schönsten Volkskunst. Das dicke Schilf kühlt die Häuser im Sommer und wärmt sie im Winter und passt sich wunderschön an die Reisfelder der Umgebung an. Doch die Tage des geruhsamen, volkstümlichen Kunsthandwerks sind vorbei und die Kosten für die Erneuerung des Schilfs haben für viele Strohdächer das Aus bedeutet. Saburo Yasuda, Takashi Nagais Cousin, hat das Haus genauso erhalten wie es aussah, als Nagai dort seine Kindheit verbrachte.

Nagais Eltern und Großeltern sind in der Nähe des Hauses begraben. Ihre *Shintō*-Grabsteine sind im Gegensatz zu den fein geschnittenen Granitsteinen, die man auf den in Japan überwiegend vorherrschenden buddhistischen Friedhöfen findet, aus natürlichem, unbehauenem Stein. Die Natur wird in der *Shintō*-Religion als heilig betrachtet und deshalb wird alles so natürlich wie möglich belassen. Heute liegen Großvater und Vater friedlich nebeneinander, doch welche explosiven Vorfälle durchziehen die Familiengeschichte! Großvater Fumitaka Nagai, der von den *Samurai* abstammte, war Meister in einem Beruf, der seit Langem in Japan und China ausgeübt wurde, im *Kampo yaku*, d. h. in der chinesischen Kräutermedizin. Ihm war der Titel eines Doktors zuerkannt worden und er praktizierte in einem Ort auf dem Land namens Tai, was so viel bedeutet wie »der Brunnen im Reisfeld«. Die klugen Bauern kamen zu ihm, weil sie die Kräuter und die natürlichen Methoden des Arztes als Quellen der Heilung betrachteten, und Dr. Nagai gelangte zu Wohlstand.

Großvater Fumitakas Sohn Nummer eins (der erstgeborene Sohn) war Noboru. Der Name bedeutet »Gelassenheit« – doch er war alles andere als gelassen! Sein Vater versuchte es mit ihm an sechs verschiedenen Schulen, doch er wurde von allen verwiesen. In seiner Verzweiflung und trotz beträchtlicher Kosten engagierte Dr. Nagai einen Privatlehrer. Sein Sohn hatte erfolgreich die Lehrer an sechs Schulen zermürbt, wo sie einen Schulleiter, einen Stellvertreter und ein strenges Schulsystem zur Unterstützung hatten. Nun musste er sich mit einem einzigen Lehrer messen und mit Begeisterung und seinen nicht

nicht unbedeutenden Talenten widmete er sich dieser Aufgabe. Der Lehrer verlor schnell den Mut und machte auf dem Absatz kehrt. Fumitaka, was »Vornehmer Adel« bedeutet, war ein Mann mit klassischer östlicher Geduld. Er verlor seine innere Ruhe nicht, sondern akzeptierte still die merkwürdige Situation, sorgte dafür, dass sein Sohn Nummer eins Noboru auf einem Bauernhof arbeiten konnte, und betete um ein besseres Schicksal.

War es nun die tägliche Mühsal, wechselweise auf den Reisfeld-Terrassen und am steilen Berghang zwischen Zedern und Zypressen zu arbeiten, die den hyperaktiven Rebellen zähmte? Als Noboru allein in der ungewohnten Stille schuftete, begann er, die Dämmerung und den Abendhimmel, den guten Boden und die Beständigkeit der Berge wahrzunehmen. Er fühlte sich wohl im plötzlich herannahenden Sturm, der ihn völlig durchnässte, und in hundert anderen Überraschungen des Lebens in der freien Natur. Sein Zynismus verschwand allmählich wie der Schnee in der lauen Frühlingsluft. Langsam reifte ein Entschluss in ihm, der ihn dazu führte, dass er in seinem zwanzigsten Lebensjahr sein weniges Hab und Gut zusammenpackte und verschwand. Wie der verlorene Sohn in der Bibel dachte der junge Mann bei seinem Aufbruch besonders an seinen Vater. Als ältester Sohn hatte er eine Verpflichtung gegenüber dem Namen, dem Haus und dem Beruf seines Vaters. Er schämte sich sehr und war entschlossen, sein Leben nun in Ordnung zu bringen.

Er reiste weit, bis er einen Arzt fand, der die neue westliche Medizin praktizierte und der ihn als allgemeine Hilfskraft anstellte. Er stand dem Arzt jeden Tag auf Abruf zur Verfügung und war an seiner Seite, wenn er Patienten behandelte oder operierte, Rezepturen mixte, neue Patienten untersuchte oder Mitteilungen verfasste. Nachts studierte er eifrig in den Medizinbüchern, die der freundliche Arzt ihm auslieh. Seine Intelligenz war nie das Problem gewesen und die schwere Arbeit auf dem Bauernhof bei Wind und Wetter sowie die nahrhafte Hausmannskost hatten seinen Körper abgehärtet. Nun kam ihm dies gut zustatten, weil er bei seinem Einsatz ein hohes Tempo anlegte, um zu versuchen, die verlorene Zeit wieder auszugleichen. Er erinnerte sich an ein Sprichwort der *Samurai,* das er von seinem Vater gehört hatte: Ein wahrer *Samurai* ist leistungsfähig, ruhig und so standhaft wie eine Bergzeder. Dies half ihm.

Der junge Noboru studierte stets bis in die frühen Morgenstunden. Er befestigte ein Seil an den Dachsparren und legte sein Kinn in die Seilschlinge. Wenn er einnickte, wachte er mit einem Ruck wieder auf! Der Arzt ermöglichte seinem Helfer mit den Händen, denen man die schwere Arbeit auf dem Bauernhof ansah, Medizinbücher zu studieren und ihm bei den Patienten zu assistieren. Die rauen Hände wurden mit der Zeit weicher und sie waren geschickt beim Kopieren von medizinischen Diagrammen und beim Abtasten von Auffälligkeiten im Bauchbereich. Der Junge, der nicht gern gelernt hatte, wurde nun zu einem Mann, der nicht genug studieren und lernen konnte. Er fand großen Gefallen daran, sich vorzustellen, wie er mit seinen Händen und seinem Verstand den Kampf gegen die uralten Feinde, Krankheit und Tod, aufnehmen würde.

Schließlich fühlte er sich im Alter von fünfundzwanzig Jahren in der Lage, seine Prüfungen vor dem Gesundheitsministerium der Meiji-Regierung abzulegen, und er bestand sie mit Bravour. Dies geschah im Jahr 1904. Die Urkunde des medizinischen Diploms war sein Geleitbrief, um in das väterliche Haus zurückzukehren. Der Vater machte seinem Namen – »Vornehmer Adel« – alle Ehre und hieß seinen Sohn willkommen. Er war wegen Noboru nie hoffnungslos gewesen. Jeden Morgen war er bei Sonnenaufgang in seinen Garten gegangen und hatte sich nach Osten verbeugt. Nachdem er der Sonne und allen Göttern für die Segnungen gedankt hatte, bat er sie inständig, Noboru dabei zu helfen, ein verantwortungsvoller Mensch zu werden. Jeden Abend bat er darum, dass sie ihn eines Tages wieder nach Hause bringen möchten.

Seit Konfuzius, der fünfhundert Jahre vor Christus gelebt hatte, gehören Ehrerbietung und Respekt gegenüber den Eltern zu den Grundpfeilern des Lebens im Fernen Osten. Im traditionsbewussten Shimane waren sie die höchste Tugend. Nun war das Glück des Vaters fast vollkommen. Drei Jahre lang beobachtete er stolz, wie sein Sohn sich wieder ein Ansehen erwarb, indem er im örtlichen Krankenhaus hart und effizient arbeitete. Es war nun die Zeit, für Noboru eine Frau zu finden.

Manche Menschen haben falsche Vorstellungen von den arrangierten Ehen in Japan. Ein Vermittler, der gebeten wird, einen Ehepartner für jemanden zu finden, setzt seinen gesunden Menschenverstand ein, um eine geeignete Person ausfindig zu machen. Dabei spielen Familienhintergrund, Bildung, Interessen, Alter und Persönlichkeit eine Rolle. Anschließend wird ein Treffen, das *Miai,* zwischen dem Paar vereinbart. Wenn beide den Wunsch äußern, sich noch einmal zu treffen, dann tun sie das, und irgendwann treffen die beiden die Entscheidung, ob sie heiraten wollen oder nicht. Moderne japanische Statistiken beweisen, dass solche arrangierten Ehen eine geringere Scheidungsrate haben als *Ren'ai,* die »Liebes«-Heirat, bei der die Paare alles selbst vorbereiten.

Der Vermittler wusste, was er tat, als er Tsune Dr. Noboru als geeignete Kandidatin vorstellte, deren Namen »beständig« bedeutet. Tsune kam aus einer alten *Samurai*-Familie und ihr beherztes Naturell passte zu dem dynamischen von Dr. Noboru, der sich selbst hochgearbeitet hatte. Einmal war ein Dieb in ihr Haus eingebrochen und in den Raum geschlichen, in dem Tsune, damals noch ein unverheirateter Teenager, allein schlief. Er presste ihr mit der Hand den Mund zu, fuchtelte mit einem Messer herum und sagte ihr, was geschehen würde, sollte sie einen Ton von sich geben. Sie nickte und ihre Gelassenheit beruhigte ihn. Er befahl ihr, ihm zu zeigen, wo sich das Geld befinde. Sie stand auf, verbeugte sich und sagte: »Ja, aber zuerst muss ich ins Badezimmer.« Eine weitere Verbeugung und sie war schon draußen. Für einen Moment war er durcheinander, folgte ihr dann jedoch sofort mit dem Messer in der Hand, wobei er Drohungen vor sich hinzischte. Sie rannte ins Badezimmer und warf den hölzernen Riegel vor. So hatte er sich das nicht vorgestellt! Kurz darauf tauchte sie wieder auf, verbeugte sich, ging leise in ihr Zimmer zurück und zeigte ihm das Behältnis mit dem Geld. Sie zählte es schnell und sagte zu ihm, dass das alles sei, was sie habe, und so übergab sie es ihm mit einer Verbeugung. Am nächsten Tag griff ihn die Polizei auf. Tsunes Beschreibung hatte den Kreis der Verdächtigen eingeengt und alles, was die Polizei tun musste, war das Geld zu finden, das mit Lippenstift beschmiert war. Im Badezimmer hatte sie dieses neumodische Schönheitsmittel von ihren Lippen auf ihre Finger gerieben.

Der alternde Kräuterarzt war ein eifriger Anhänger und ein Amtsträger des Taisha-Shintoismus. Er empfand eine große Freude, als sein Sohn mit Tsune beim feierlichen *Shintō*-Ritual vor einem *Kannushi* bzw. *Shintō*-Priester und vor den *Yaoyorozu*, den achthundert Millionen Göttern der *Shintō*-Religion, gemeinsam Sake trank bzw. den Sake-Becher austauschte, und zwar »dreimal in drei Durchgängen«. Die Gläubigen, die der *Shintō*-Religion angehören, achten ihre Götter auf ähnliche Weise wie die Christen die Heiligen im Himmel.

Im folgenden Jahr war der junge Arzt gerade bei einem Krankenbesuch, als bei Tsune die Wehen einsetzten. Die Kontraktionen kamen zum Höhepunkt und plötzlich wurde die Situation kritisch. Der Kopf des Babys wollte einfach nicht herauskommen und das Gesicht der der Gebärenden war schweißbedeckt. Schließlich sagte der diensthabende Arzt: »Ich muss den Kopf des Kindes zertrümmern.« Durch den Schmerz und die Angst war ihre Stimme ausgetrocknet und dünn, doch ihre Entschlossenheit konnte man nicht missverstehen: »Nein. Töten Sie mein Baby nicht!«

Einige Stunden später kam Tsunes Ehemann nach Hause und ein schreiender Sohn mit rotem Kopf begrüßte ihn. Das Erste, was der Arzt registrierte, war der große Kopf. Dieser große Kopf, der beinahe zertrümmert worden wäre, war später der Anlass für manches Lachen im Geschäft des Hutmachers.

Der alte Kräuterarzt und Großvater war tief bewegt, als die jungen Eltern eines der japanischen Schriftzeichen aus seinem eigenen Namen verwendeten und den Jungen Takashi nannten, was »Vornehmheit« bedeutet. Sein Glück war vollkommen, als er sich dem jungen Paar anschloss, um mit ihm zusammen die Dankesfeier im *Shintō*-Schrein abzuhalten.

Da er nach der konfuzianischen Wertvorstellung mit einem tiefen Respekt gegenüber den Eltern erfüllt war, sah er sich selbst nicht in erster Linie als Einzelperson an, sondern vielmehr als Empfänger des Vertrauens und der Hoffnung von unzähligen Vorfahren, deren Mut und Opfer ihm das Leben und seinen Namen gegeben hatten. Er hatte sehr darunter gelitten, als sein ältester Sohn Noboru diese Hoffnung und dieses Vertrauen scheinbar nicht empfunden hatte. Nun war alles wieder in Ordnung. Er starb kurz nach der Dankeszeremonie für das Baby im Alter von nur einundsechzig Jahren, doch er war ein zufriedener Mann. Damals schrieb man das Jahr 1910.

Noboru war untröstlich über den plötzlichen Tod seines Vaters, der seinetwegen so viel gelitten hatte. Der junge Arzt traf alle Vorkehrungen für die traditionelle Trauerfeier, denn er wusste, dass dies im Sinne seines Vaters war. Die *Shintō-Kannushi* trugen weiße Leinenkimonos und ihr hoher, pechschwarzer Kopfschmuck entsprach dem, den man im 6. Jahrhundert n. Chr. am kaiserlichen Hof getragen hatte. Die traurigen Klänge der antiken Holzblasinstrumente berührten Noborus betäubtes Herz. Er dachte bei sich, dass diese Melodien sicherlich vom Schneekranich und von den Wildgänsen stammten, die sich in früheren Zeiten im Moor und im Marschland aufgehalten hatten, als Japan noch *Yamato* genannt wurde.

2.

Glühwürmchen, Schnee und eine Löwin

Um das Jahr 1550 kamen die Europäer nach Japan und es entwickelte sich ein reger Handel. Zu Beginn des 17. Jahrhunderts erzwangen die Tokugawa-*Shogune* die berühmte Ausweisungsverfügung, die den Europäern den Zutritt nach Japan verbot. Fortan wurde jeder Europäer hingerichtet, den man in Japan vorfand, genauso wie jeder Japaner, der in den Westen gegangen und wieder nach Hause gekommen war. Japan war für den Westen nicht mehr zugänglich. Damit sollte verhindert werden, dass die Europäer mit ihren überlegenen militärischen Waffen Japan in eine Kolonie verwandeln würden wie Indien, die Philippinen oder Mexiko.

Im Ersten Opiumkrieg von 1839–1842 spähten die Japaner vorsichtig hinter ihren dichten Fensterläden hervor und waren entsetzt, als sie sahen, wie leicht das riesige China von den europäischen Waffen besiegt werden konnte. Menschen aus dem Westen überfluteten China, das einst verbotene Kaiserreich, und übervorteilten die Chinesen mit ungleichen Handelsabkommen. Im Jahr 1853 erreichte der Befehlshaber der US-Marine, Brigadegeneral Perry, mit einem furchterregenden Geschwader die Hoheitsgewässer Japans und verlangte ähnliche Zugeständnisse. Ein eingeschüchterter *Shogun* akzeptierte das unerwünschte Abkommen, das in einem kleinen Dorf namens Yokohama unterzeichnet wurde. Nach anfänglichem Widerstand gegen die westliche Modernisierung stürzte sich Japan in die Erforschung und Bewältigung aller Bereiche der westlichen

Überlegenheit, denn es war entschlossen, nicht so zu enden wie China. Industriestädte schossen aus dem Boden, Züge und Dampfschiffe beschleunigten das Reisen und den Handel, eine allgemeine Schulpflicht wurde etabliert und Universitäten wurden gegründet, die Japan ins Wissenschaftszeitalter hineinkatapultierten. Der Kriegerstand der *Samurai* verlor das Recht, ein Schwert zu tragen, doch gleichzeitig wurde die Wehrpflicht eingeführt und viele Angehörige der *Samurai* wurden zu Generälen und Admirälen in der neuen Armee und Marine ernannt, während andere führende Politiker, Industrielle und Großunternehmer wurden.

Im Jahr 1894, nur einundvierzig Jahre nach der durch Brigadegeneral Perry erzwungenen Öffnung Japans gegenüber dem Westen, war Japan bereit, in das Spiel des Westens, den Kampf um Kolonien, einzusteigen. Japan kämpfte im Krieg gegen China um das unglückselige Korea und siegte. Zehn Jahre später, nachdem Japan sich zu einer modernen Staatsmacht entwickelt und einen Bündnisvertrag mit Großbritannien unterzeichnet hatte, fiel Japan in Russland ein und versetzte den Westen in einen Schockzustand, als es die Marine des Zaren praktisch zerstörte und die Friedensbedingungen diktierte. Das japanische Volk war euphorisch und widmete sich zielstrebig der Aufgabe, die ihm die Meiji-Regierung stellte – Japan auf den Stand des aufgeklärten, aufstrebenden Westens zu bringen.

Dr. Noboru Nagai und seine Frau Tsune reagierten auf diesen nationalen Aufruf, ohne sich große Gedanken über eine Vergütung zu machen. Sie arbeiteten mit aller Macht daran, die westliche Medizin in den Tälern des Mitoya-Flusses einzuführen. Es waren noch nicht einmal zehn Jahre vergangen, seit Japan Russland besiegt hatte. Nachdem ihr erster Sohn Takashi geboren worden war, folgten vier weitere Kinder in genauso vielen Jahren. Die Landarztpraxis des Wegbereiters im Bereich der Medizin brachte nicht viel Geld ein. Japans Bauern waren großteils Pächter, die ziemlich wenig von den Landbesitzern erhielten. Die Nagais forderten für die Behandlung keine Bezahlung, wenn ein Patient verarmt war.

Das Leben des Arztes war besonders während der harten Winter in Shimane sehr aufreibend, wenn sich Schneeverwehungen meterhoch auftürmten. Wenn in solchen Nächten ein Krankenbesuch anstand, half Tsune ihrem Mann, die wärmste Kleidung anzuziehen. Er setzte sich dann auf die Treppe des Vorbaus, damit sie ihm die Gummistiefel mit Strohbündeln umwickeln konnte. Sie verabschiedete sich, indem sie sich vor ihm verbeugte. Danach machte sie sich an ihre Arbeit, war jedoch ziemlich zerstreut, bis er auf dem Heimweg wieder in Sichtweite des Hauses war. Wenn sein »Hoo-waah« durch die klare Nachtluft zu ihr drang, rannte sie mit einer Laterne nach draußen und stapfte durch den Schnee, um ihn zu begrüßen und ihm die Tasche abzunehmen. Zurück im Haus klopfte sie ihm den Schnee ab, löste ihm, als er wieder auf der Treppe saß, die Strohbündel von seinen Stiefeln und zog ihm die Stiefel aus. Wenn er dann schließlich aus dem dampfenden *Ofuro,* der tiefen japanischen Badewanne aus Holz, herausstieg, begleitete sie ihn in die Küche und goss ihm heißen Sake ein, in dem ein Ei verquirlt worden war.

Tsune lernte schnell und so wurde sie die geschickteste Assistentin ihres Mannes. Von klein auf war ihr ältester Sohn Takashi beeindruckt, wenn er sah, wie seine Mutter und sein Vater gern gemeinsam die Medizinbücher studierten. Er erinnert sich daran, wie sein Vater ihr die Anatomie aus einem deutschen Medizinbuch beibrachte. Der Anblick seiner Eltern, die in die Bücher versunken waren und Zufriedenheit ausstrahlten, überzeugte den jungen Takashi, dass das Studieren genauso natürlich und angenehm war wie das Essen. Später, als Forscher und Wissenschaftler der Medizinischen Fakultät der Universität Nagasaki, würdigte er die »Strohdach-Universität« seiner Kindheit in seinen Schriften.

Takashis Mutter und Vater brachten ihren kleinen Kindern die einfachen Grundsätze der *Samurai* bei. Da gab es zum Beispiel den berühmten *Kei Setsu Ko.* Dieser Satz besteht aus nur drei japanischen Zeichen, wobei jedes Zeichen einen ganzen Begriff vertritt: »Glühwürmchen«, »Schnee« und »Erfolg«. Er ist ein Beispiel für ein einzeiliges Gedicht, das die Chinesen und Japaner lieben. Das wachgerufene Bild ist das eines verarmten Gelehrten in einer Hütte, der kein Geld hat, um eine Laterne anzuzünden oder eine Kerze zu kaufen. Seine Leidenschaft für seine Studien ist so stark, dass er jeden Abend Schnee bis zur Höhe seines Schreibtisches anhäuft und sein Zimmer mit eingefangenen Glühwürmchen füllt. Ihr schwaches Glühen und das Mondlicht, das vom Schnee reflektiert wird, ermöglichen ihm, seine Texte zu lesen. Die materielle Armut darf dich niemals aufhalten. Ein anderer Grundsatz, den Takashi von seinen Eltern lernte, war folgender: Eine Löwin zieht die Jungen groß, die über die Böschung zurückklettern. Nach der alten chinesischen Sage ist eine Löwin sehr stolz auf ihre Jungen und sie stößt sie, nachdem sie sie geboren hat, eine steile Böschung hinunter. Sie wird nur diejenigen großziehen, die den Mut haben, sich wieder nach oben zu kämpfen.

Als Takashi erwachsen war, erzählte er, dass er sich nicht erinnern könne, dass seine Mutter ihn zum Lernen angeleitet habe. Er durfte eine natürliche Liebe zum Lernen in sich entwickeln. In bestimmten Situationen wollte sie jedoch nicht auf die natürliche Entwicklung warten. Sie mochte die Scherze ihrer Kinder und war tolerant gegenüber harmlosem Unfug. Doch sollte jemand frech oder vorlaut gegenüber den Älteren werden, dann wehe ihm! Der kleine Takashi widersetzte sich ihr eines Tages im Winter. Sie packte ihn in Windeseile, riss ihm alle Kleidungsstücke vom Leib und schleppte den erschrockenen Buben zur Tür des Vorbaus. Dann stieß sie die Tür auf und warf ihn in den zwei Meter hohen Schnee hinaus. Die Löwin hatte nicht die Absicht, ein schwaches Junges großzuziehen!

Ein altes Sprichwort, das jeder Japaner kennt und liebt, lautet: Schicke das Kind, das du liebst, fort auf eine Reise. Unreife wird der Preis für zu große elterliche Anhänglichkeit sein. Takashi wurde in die Stadt Matsue geschickt, um die Eignungsprüfung für ein sehr gutes Gymnasium abzulegen. Er bestand sie und verabschiedete sich von seinem einfachen Glück in dem mit Stroh gedeckten Haus, das oberhalb des lieblichen Tales mit seinem klaren Bergbach stand. Man schrieb das Jahr 1920 und Takashi war gerade zwölf Jahre alt.

In Matsue lebte Takashi bei Verwandten, die ihn auch verpflegten. Er staunte über diese vollkommen neue Welt, die er nun in einer der aufstrebenden modernen Städte Japans erlebte. In der Nähe des Burggrabens des Schlosses von Matsue stand ein Haus, in dem bis vor Kurzem ein berühmter Mann aus dem Westen gelebt hatte. Takashi war noch nie einem Menschen aus dem Westen begegnet – und dieser Lafcadio Hearn war laut seinen Verwandten aus Matsue besonders bemerkenswert, weil er ein Ausländer war, der Japan verstand. Hearn beherrschte die japanischen Schriftzeichen, hatte die Klassiker gelesen und seine beträchtlichen literarischen Fähigkeiten eingesetzt, um Japan dem Westen nahezubringen. Der kleine Junge vom Land war von dieser Geschichte eines interkulturellen Lebens beeindruckt und er beschloss, eines Tages etwas Ähnliches zu machen. Natürlich litt er manchmal unter Heimweh, doch er wollte nicht darüber nachgrübeln, denn schließlich war er hergekommen, um den Wissensvorsprung aufzuholen, den die Stadtjungen ihm gegenüber hatten.

Takashis Vater, der einst hyperaktive Junge mit dem Namen »Gelassenheit«, hätte seinen Klassenkameraden wegen seiner kurzen Aufenthalte in den sechs Schulen von Matsue viel Anlass zum Lachen geben können. Takashi lieferte seinen Klassenkameraden diesen Anlass zum Lachen während des Sportunterrichts. Sein großer, schwerfälliger Körper eines Menschen vom Land war für verschiedene Sportarten einfach nicht geeignet. Er rannte auf das Sprungpferd los, um darüberzuspringen, und krachte kopfüber darauf. Mit großer Entschlossenheit, die ihm ins Gesicht geschrieben war, packte er die Holmen des Barrens, ächzte und stöhnte und versuchte alles, doch es gelang ihm nie, sich hochzustemmen. Er versuchte sein Glück auf dem Baseballfeld, doch er war in jeder Position eine Katastrophe. Sie nannten ihn *Daikon* nach dem dicken und plumpen japanischen Rettich.

Nagai war überwältigt von dem neuen westlichen Denken und der Wissenschaft, die alles veränderte, was vorher in der

Matsue-Highschool gelehrt worden war. Die späten 1800er- und frühen 1900er-Jahre waren eine Epoche, in der der Atheismus unter den japanischen Lehrern sehr modern war, weil er Teil der anregenden, wissenschaftlich basierten Philosophie war, die aus dem Westen kam. Der große Darwin hatte bewiesen, dass die Natur sich selbst erklärt. Der hartgesottene Atheist Thomas Huxley – der Mann, von dem das Wort »Agnostiker« stammt – hatte alle Religionen auf den Schrotthaufen der Geschichte geworfen. Zumindest vertraten Nagais Lehrer der Naturwissenschaften diese Meinung.

Für die meisten Japaner verbietet es sich aus einer tief empfundenen Höflichkeit, sich über die Religionen der anderen Menschen lustig zu machen, auch wenn sie selbst nicht religiös sein sollten. Somit machten sich die Lehrer des jungen Nagai nicht über den Shintoismus lustig, doch sie machten Bemerkungen über dessen heilige Geschichten, zum Beispiel über den Gott, der das achtköpfige Monster erschlagen hatte. Die Lehrer sagten, dass diese Geschichte möglicherweise entstanden war, als ein erfinderisches Mitglied der kaiserlichen Familie ein Deichsystem entwickelt hatte, das die acht Nebenflüsse des Hii-Flusses in Shimane eindämmte, damit sie bei Hochwasser die Ernte nicht mehr zerstörten. Sie deuteten an, dass der religiöse Glaube, so passend und hilfreich er auch für die vergangenen Generationen gewesen war, heute vollkommen unnötig geworden sei, weil das wahre Licht der Wissenschaft jeden Bereich der menschlichen Existenz erhellen würde. Als Nagai seinen Abschluss an der Highschool machte, war er ein überzeugter Atheist. Die Wissenschaft war der Weg in die Zukunft. Er wollte an der Universität Medizin studieren und dort alles in sich aufnehmen, was man ihm beibringen konnte. Danach wollte er wieder nach Hause zurückkehren, um mit seinem Vater und seiner Mutter in der Landarztpraxis zu arbeiten. Gemeinsam würden sie eine medizinische Vorzeigepraxis entwickeln!

Es war nicht nur die Wissenschaft, die seine sich immer weiter entwickelnde Denkweise anregte. Nagai wurde auch ergriffen von der reichen, zauberhaften und manchmal herzzerreißenden Musik der deutschen Romantiker wie Franz Schubert. Dann las er *Kokoro* (»Das wahre Herz«), den Roman des damals berühmtesten japanischen Schriftstellers Sōseki Natsume. Die erhabene Hoffnungslosigkeit, die in diesem Buch zum Ausdruck gebracht wurde, brachte ihn zum Nachdenken über die Widersprüche, die durch das neue Wissenschaftszeitalter aufkamen. *Kokoro* war ein brillantes, aufrüttelndes Buch, das die menschliche Entfremdung in der Post-Meiji-Zeit in Japan darlegte. Der Held begeht schließlich Selbstmord – und der Autor Sōseki war ebenfalls kurz davor. Nagai war durch diesen ersten Kontakt mit der modernen Angst beunruhigt, doch er wischte dieses Unbehagen beiseite und beschäftigte sich mit den Vorbereitungen für die sehr anspruchsvollen Eignungsprüfungen der Universität.

Mit seinen Prüfungsergebnissen hätte Nagai an den berühmten Kaiserlichen Universitäten von Tokio oder Kyoto studieren können, doch er entschied sich für die sehr viel weniger renommierte Universität von Nagasaki. Wenn Nagais Eltern eine Ahnung gehabt hätten, was ihn in Nagasaki erwartete, hätten sie sicher alles in ihrer Macht Stehende getan, um ihn daran zu hindern! Doch sie empfanden nur eine große Dankbarkeit, als sie, Hand in Hand vor den Göttern ihrer Vorfahren, ihn in den wärmeren Süden schickten, um dort Medizin zu studieren.

3.

Kublai Khan, Tsune und Pascal

Nagai fühlte sich wohl in der strengen schwarzen Uniform mit den Metallknöpfen, die man an der Universität trug und die ihn wie einen deutschen Studenten aussehen ließ. Als Japan während der Meiji-Zeit in den 1870er-Jahren seinen großen Sprung nach vorn plante, hatte es die Dinge ausgewählt, die in den westlichen Nationen jeweils am besten zu sein schienen. Für die Marine hatte Japan sich für das britische Modell entschieden; für die Bildung wählten sie das preußische Vorbild. Die Japaner haben vieles mit den Deutschen gemein – zum Beispiel die gewissenhafte, methodische und systematische Art. Weil die Präzision und Genauigkeit der deutschen Medizin gut bei den Japanern ankam, studierte Nagai medizinische Fachbücher, die auf Deutsch verfasst waren, und verfolgte die medizinischen Entwicklungen in Deutschland.

Die Medizinische Fakultät der Universität von Nagasaki war ein Verbund aus weißen Stahlbetongebäuden. Sie lag am Fuße des 365 Meter hohen Konpira-Berges und befand sich im sich ausdehnenden nördlichen Stadtteil. Im Südwesten lag die glitzernde Nagasaki-Bucht und dahinter erhob sich als Gegenpart des Konpira-Berges die grüne Erhabenheit des 332 Meter hohen Inasa-Berges. Im Norden, in 500 Meter Entfernung von der Universität, stand die hohe rote Backstein-Kathedrale, die groß genug war, um fünftausend Gottesdienstbesucher aufzunehmen. Sowohl ihr gewaltiges Ausmaß als auch das durchdringende Glockengeläut, das dreimal am Tag zum Angelus ertönte, überraschten und irritierten Nagai. Japan befand sich auf dem Weg in das Zeitalter der Aufklärung und ließ den religiösen Aberglauben hinter sich. Es war schon schlimm genug, wenn moderne Japaner an die unzureichenden Götter der *Shintō*-Religion glaubten, doch seine Intelligenz einem ausländischen Gott unterzuordnen, war einfach zu krass, und es ärgerte ihn. Er konnte damals noch nicht ahnen, welche Rolle die Urakami-Kathedrale eines Tages in seinem Leben spielen würde. Vierhundert Meter südlich von der Universität lag das Stahlbetongebäude des Universitätskrankenhauses. Dorthin ging er und stieg die Treppen bis zum dritten Stock hinauf. Von dort aus hatte er einen guten Ausblick auf die Vororte Matsuyama und Urakami und er freute sich über die friedliche Schönheit des Häusermeeres mit den Dachziegeln im gleichen dezenten Grauton.

In Japan beginnt der Unterricht an Schulen und Universitäten im April, im Frühjahr, und Nagai war begeistert von den Farben und der Blütenvielfalt, die den Frühling im subtropischen Nagasaki kennzeichnen. In einer der ersten Vorlesungen wurde in Nagais Kurs durch einen Professor eine Leiche gezeigt mit der Bemerkung: »Meine Herren, dies ist der Mensch, der Gegenstand unseres Studiums. Ein Körper mit physikalischen Eigenschaften; etwas, das man sehen, wiegen, untersuchen und messen kann. Und das ist alles, was den Menschen ausmacht.« Nagai empfand nichts Seltsames an dieser Verleugnung der Spiritualität.

Es wäre falsch zu behaupten, dass er an nichts geglaubt hätte. Er glaubte leidenschaftlich an die Wissenschaft und war sich sicher, dass die Wissenschaft den Schlüssel zu jeder Tür bereitstellen konnte, die der menschlichen Entwicklung im Wege stand. Diese Überzeugung spornte ihn an, mit derselben Leidenschaft zu studieren wie sein Vater dreißig Jahre zuvor. Nagai glaubte auch an »die Menschheit«. Die Wissenschaft hatte den Schleier nach dem langen Zeitraum des Mittelalters gelüftet und die menschliche Rasse fand endlich zu sich selbst. *Banzai*[1] auf die gewaltige Zukunft der menschlichen Rasse!

---

[1] *Banzai* ist ein Hochruf, der dreimal wiederholt wird (Anm. d. Verl.).

Und schließlich glaubte er an Japan. Durch seine wachsende Kenntnis der japanischen Klassiker bekam er eine Ahnung vom Umfang und der Tiefe der japanischen Geschichte und Kultur. Er las mit Begeisterung und wachsender Ehrfurcht das *Man'yōshū* – eine Sammlung von annähernd 4500 Gedichten, von denen die meisten zwischen der letzten Hälfte des 7. und der ersten Hälfte des 8. Jahrhunderts n. Chr. geschrieben worden waren. Selbst im internationalen Vergleich ist das *Man'yōshū* ein außergewöhnliches literarisches Meisterwerk. Die Gedichte sind frisch, lyrisch und *Nihon-teki*, das heißt, sie sind durch und durch japanisch.[2] Das Buch mit der Gedichtsammlung ist auch deshalb einzigartig und besonders eindrucksvoll, da viele der Autoren von niedrigem Stand waren. Neben Kaisern, Kaiserinnen, Aristokraten und *Samurai* des Hofes waren sehr viele von ihnen von niedriger Abstammung, etwa dürftig geschulte Grenzbeamte, Bauern, Gesellen auf der Wanderschaft und bescheidene Stadtbewohner. Dass das erste literarische Hauptwerk seiner Nation ein Lyrikband war, sagte für Nagai alles über das Wesen des japanischen Gemütes aus.

Der junge Student Nagai begann, diesen Gedichtband immer mehr als eine Art heilige Schrift anzusehen. Zusammen mit einigen anderen Werken der traditionellen japanischen Poesie übte er einen so starken Einfluss auf sein ganzes Leben aus und tauchte so oft in seinen eigenen Schriften auf, dass ein paar Beispiele daraus für einen nichtjapanischen Leser vielleicht hilfreich sein können.

Die meisten Gedichte des *Man'yōshū* sind sehr emotional. Nehmen wir zum Beispiel das Gedicht von Prinz Ikusa aus dem 7. Jahrhundert, der gezwungen war, eine lange Reise ohne seine Frau zu unternehmen: »In meiner Trauer wurde ich wie eine Drossel, die traurig durch die Nacht ruft. Mein armes Herz schmerzt … Ich schleppe mich den ganzen Tag dahin und nachts habe ich als Kissen nur das Gras für meinen Kopf. Wie konnte ich nur je glauben, dass ich mutig sei! Nun schwanke

2 Die Japaner nennen ihr Land Nihon oder Nippon, »Land der aufgehenden Sonne« (Anm. d. Verf.).

ich umher, schwach durch ein Herz, das vor Verlangen brennt – brennt wie diese salzigen Feuer der Fischermädchen an den Ufern des Ami … Nacht für Nacht verzehre ich mich nach meiner Geliebten, die allein an unserer Feuerstelle sitzt.« Ein Krieger bringt im *Man'yōshū* seine Loyalität als Soldat zum Ausdruck: »Egal, ob wir im Meer umkommen und als aufgedunsene Leichen schwimmen oder fallen und im Gras am Berghang verwesen, wenn wir für dich, oh Kaiser, sterben, dann sterben wir ohne Reue.« Viele Gedichte des *Man'yōshū* sind durch eine edle Liebe zur Natur gekennzeichnet: »Im Himmelsmeer bewegen sich die Wolkenwellen und der Mond segelt wie ein Boot durch den Sternenwald.« Eines der häufigsten Motive des *Man'yōshū* ist die romantische Liebe: »Ich setze mich der Gefahr des Todes aus und sterbe dir zuliebe klaglos«, schreibt ein *Samurai* seiner Geliebten. Manchmal trifft man auch auf einen sarkastischen Humor: »Als ob sie sagen wollte: ›Gut, geh und sterbe für die Liebe!‹, so geht dieses herzlose Mädchen direkt vor dem Tor meines Hauses vorüber.« Die japanische Poesie besitzt kein Reimschema. Das lyrische Gebilde entsteht durch eine festgelegte Anzahl an Silben und eine schmucklose Form, über die jedoch tiefe Emotionen ausgedrückt werden können.

Diese Form der Lyrik legt auch Wert auf eine schlichte, teilweise sogar strenge Struktur. Der gefeierte Japanologe Edwin Reischauer spricht von der »überaus kurzen Form« der japanischen Poesie, die sich zum Beispiel in dem siebzehnsilbigen *Haiku*[3] des verstorbenen Poeten Bashō (1644–1694) zeigt, »… der eine gesamte Szene mit all ihren emotionalen Untertönen in einem einfachen Satz heraufbeschwören kann«. Ein sehr bekanntes Beispiel für ein *Haiku* von Bashō ist das folgende Gedicht, das in römische Buchstaben transkribiert wurde, wobei die vorgeschriebene 5-7-5-Silbenzählung erhalten blieb:

---

[3] Kurzes japanisches Sinngedicht (Anm. d. Verl.).

Shizukesa ya
I-wa ni Shimiiru
Semi no koe

»Völlige Stille … bis,
die Felsen durchdringend,
das Zirpen der Zikaden ertönt.«

Nicht lange nachdem Nagai sich an der Medizinischen Fakultät der Universität von Nagasaki eingeschrieben hatte, trat er einer Lyrik-Gruppe[4] bei, die von einem bekannten Dichter, Professor Mokichi Saito der Medizinischen Fakultät, gegründet worden war. In Japan ist es nicht ungewöhnlich, dass ein Wissenschaftler, Politiker, Admiral oder Schneider gleichzeitig auch ein anerkannter Dichter ist.

Nagai schrieb sich im April 1928 an der Universität in Nagasaki ein. Das war ein Jahr nach der großen Bankkrise in Japan, die Schockwellen durch das Land gejagt und sogar das friedliche Tal seiner Eltern erreicht hatte. Im Jahr 1929 rutschte die gesamte Welt in die Wirtschaftskrise hinein. Die japanische Industrie hatte stark expandiert, doch im Laufe einiger verhängnisvoller Jahre erhob der Westen enorm hohe Zölle auf japanische Exportwaren, teilweise bis zu fünfzig Prozent. Diese drohten, die vom Export abhängige Wirtschaft Japans zu Fall zu bringen. Der fallende Seidenpreis traf die Landwirte besonders hart. Immer mehr seiner Patienten aus der ländlichen Umgebung verneigten sich tief vor Dr. Nagai oder seiner Frau und baten sie, noch etwas länger auf ihre Bezahlung zu warten. Der Arzt kam gerade so über die Runden, weil er eine Stelle in einem weiter entfernten Krankenhaus angenommen hatte. Seine Essens- und Schlafenszeiten wurden unregelmäßig und zum ersten Mal, seit sie verheiratet waren, begannen die Nagais ihre medizinische Berufung als Belastung zu empfinden.

[4] Lyrik gilt als die Urform der Dichtung. Sie bringt durch formale sprachliche Mittel Gefühle, Gedanken und weltanschauliche Perspektiven zum Ausdruck (Anm. d. Verl.).

Dr. Noboru Nagai und seine Frau wollten jedoch nicht zulassen, dass die sich verschlimmernde Weltwirtschaftskrise das Leben ihres Sohnes an der Medizinischen Fakultät der Universität von Nagasaki beeinträchtigte. Sein Taschengeld war nicht fürstlich, doch sie sandten es ihm jeden Monat und schrieben ihm, dass er sich nur um sein Studium kümmern solle. Außerdem ermutigten sie ihn, sein Interesse an der japanischen Poesie zu vertiefen. Das Letztere führte ihn immer tiefer in das Studium der Geschichte und Kultur der Japaner und daraus ergab sich ein immer größerer Stolz auf sein Volk. Ein ausgeprägter Patriotismus ist eines der herausragenden Merkmale der Geschichte Japans, früher genauso wie heute – er ist das Bindemittel zwischen der viel diskutierten japanischen Homogenität und der berühmten japanischen Gruppendynamik. Nagai war da keine Ausnahme und die folgende Begebenheit unterstreicht seine eigene wachsende Liebe zur japanischen Tradition.

In einem Urlaub nutzte er einen Teil seiner Zeit, um den Hafen von Hakata zu erkunden, der in der Nähe der Stadt Fukuoka liegt. Er hatte viel über die Schlacht von Hakata im 13. Jahrhundert gelesen und wollte die siebenhundert Jahre alten Ruinen sehen und über den Grund und Boden gehen, der durch die Schlachten um Leben und Tod gegen die viel gepriesenen Krieger des Kublai Khan geheiligt worden war. Dieser Mongolenkaiser, Enkel von Dschingis Khan, hatte im Jahr 1264 die Yuan-Dynastie in Peking errichtet. Seit der Zeit seines Großvaters hatten die Mongolen jeglichen Widerstand niedergeschlagen, der sich vor ihnen aufbaute – in Zentralasien, im südlichen Russland und in großen Teilen des Nahen Ostens. Die berühmte Kavallerie der Mongolen hatte jede Armee besiegt, die sich ihnen in Schlesien, Ungarn und bis hin zum Adriatischen Meer in den Weg gestellt hatte. Dschingis Khan wurde als einer der größten Generäle aller Zeiten angesehen und sein Enkelsohn Kublai war ebenfalls ein mächtiger Eroberer. Weil er dachte, dass die Japaner ebenfalls von seinem Ruf eingeschüchtert seien, sandte Kublai Khan Botschafter zu ihnen, um sie aufzufordern, seine Oberherrschaft anzuerkennen.

Doch die Japaner wiesen seiner Abordnung energisch die Tür. Erbost durch diese Beleidigung stellte er eine eindrucksvolle Invasionsstreitmacht in Korea zusammen und rekrutierte chinesische und koreanische Schiffe, um die Seestraße zur Hakata-Bucht, 125 Meilen östlich von dort, zu überqueren. Die Mongolen erbeuteten auch schon bald die vorgelagerten japanischen Inseln und landeten in Hakata. Doch dann änderten sich die Witterungsbedingungen und ein Taifun nahte. Der Mongolen-General befürchtete die Zerstörung seiner Flotte in der exponierten Lage der Bucht und beschloss, sich nach Korea zurückzuziehen und wiederzukommen, wenn sich die Wetterlage gebessert hätte. Die Japaner hatten hartnäckig und zäh gekämpft, doch jetzt kannten die Mongolen die Lage des Hafens und des Binnenlandes. Sie waren zuversichtlich, dass es ihnen gelingen würde, die kleine Armee der *Samurai* beim nächsten Mal zu vernichten.

Japan bereitete sich fieberhaft auf den nächsten Angriff vor. Die Militärdiktatur in Kamakura, der kaiserliche Hof in Kyoto sowie die Menschen in den *Shintō*-Schreinen und buddhistischen Tempeln vereinigten sich zu einer nationalen Gebetskampagne. Nur eine Botschaft wurde im ganzen Land gepredigt: Japan ist ein Geschenk der Götter für den Kaiser und sein Volk. Es muss als kostbares Gut betrachtet werden und falls man sterben sollte bei der Verteidigung Japans gegen die heidnischen mongolischen Horden, wäre das die höchste Ehre, die jemand erstreben könnte. Um die Hakata-Bucht wurde eine drei Meter hohe Mauer errichtet, in der Hoffnung, die gefürchtete mongolische Kavallerie dadurch aufhalten zu können.

Im Juni 1281 schifften die Mongolen 150 000 Truppen auf chinesischen und koreanischen Schiffen ein. Es handelte sich um die bis dato größte Seeschlacht der Geschichte. Sobald die feindliche Flotte am 23. Juni gesichtet wurde, strömten kleine japanische Schiffe der schwerfälligen Flotte entgegen und sie bedrängten diese wie zornige Wespen. Doch die Mongolen eroberten schnell die vorgelagerten Inseln und metzelten alle Männer nieder. Sie vergewaltigten die Frauen systematisch und hängten sie bei lebendigem Leib am Bug ihrer Schiffe auf, indem sie ihnen die Handgelenke durchbohrten und Seile durch die Löcher zogen. Dies zeigte den erzürnten *Samurai,* die an den Ufern und in den Sanddünen der Hakata-Bucht warteten, nur zu deutlich, welches Schicksal ihren Frauen und Töchtern drohte. Die Mongolen landeten und die Samurai warfen sich der großen Horde mit aller Kraft entgegen, nur mit dem einzigen Gedanken, sie aufzuhalten. Und das gelang ihnen vom 23. Juni bis zum 14. August. Mithilfe der sechzehn Kilometer langen Steinmauer konnten die Japaner sich gegen die Mongolen und ihre beeindruckende Kavallerie zur Wehr setzen. Die gegnerischen Linien mit brüllenden Kriegern versuchten den Durchbruch auf dem einen oder anderen Weg, doch die Japaner gaben nicht auf. Doch wie lange noch konnte der pure Heldenmut die überlegene Ausrüstung und Technik der Mongolen aufhalten?

In der Nacht zum 14. August tauchten Vorzeichen am südwestlichen Himmel auf, die die Herzen der Japaner höher schlagen ließen. Am nächsten Tag, dem 15. August, erreichte ein Taifun die Hakata-Bucht und man hörte ein heiseres Jubelgeschrei aus den Kehlen der *Samurai*-Krieger, als die schwerfälligen Schiffe der Mongolen aufeinanderprallten, zerschlagen wurden und sich die Planken wie Holzspäne an der nördlichen Halbinsel auftürmten. Dieser gewaltige Sturm heulte zwei Tage lang, bevor er sich wieder beruhigte. Im klaren und friedlichen Sonnenaufgang des 17. August eröffnete sich vor den müden Augen der Japaner ein besonderer Anblick: Die Bucht, die durch die vielen mongolischen Schiffe ganz schwarz ausgesehen hatte, war wieder klar. Die feindliche Flotte lag entweder auf dem Grund des Meeres oder ihre Trümmer waren über das Meer verteilt. Die japanischen Führer erklärten ihrem jubelnden Volk: Dieser Taifun war kein gewöhnlicher Wind, es war *Kamikaze,* der göttliche Wind. Das Ereignis wurde im japanischen Volkstum bewahrt und begründete den Glauben, dass Japan niemals bezwungen werden könnte. Der junge Nagai ging an den Überresten der drei Meter hohen Mauer vorbei.

Obwohl er ein wissenschaftsgläubiger Materialist war, glaubte er an *Yamato-damashii,* den japanischen Volksgeist.

Nagai kehrte in die friedlichen Hörsäle und Labore seiner Universität zurück mit viel Zuversicht für Japans Zukunft und seine eigene. Er kam in seinem Studium gut voran und war Mitglied der Basketballmannschaft der Universität. Endlich hatte er ein Spiel gefunden, bei dem er mitspielen konnte! Für einen Japaner war er groß, ein Meter siebzig, und er wog 77 Kilo. Er spielte im Angriff und die Cheerleader-Gruppe gab ihm den schmeichelhaften Spitznamen »Universitätsmauer«. Seine Mannschaft gewann in jenem Jahr bei den westlichen japanischen Meisterschaften und wurde Dritter bei den japanischen Meisterschaften. Er war beliebt bei den jungen Krankenschwestern und das gefiel ihm. Nagai hatte nur wenig Interesse an der Politik und war nicht besorgt über den aufsteigenden Stern des Militärs. In den Bars unten am Kai war er kein Unbekannter – es waren Bars, in denen Freudenmädchen zu finden waren. Manchmal trank er dort mit seinen Kommilitonen eine Menge Sake und er wurde dafür bekannt, dass er mehr Sake trinken konnte als jeder andere aus seinem Jahrgang.

Während er durch das Universitätskrankenhaus ging, atmete er die karbolhaltige[5] Luft ein wie ein Kapitän auf See, der den Geruch des Meeres liebt. Ja, er fühlte sich tatsächlich wie ein Kapitän in Ausbildung. Er hatte sein zweites Studienjahr beendet und in zwei weiteren Jahren würde er Dr. Nagai sein, der mit einem Stethoskop um den Hals durch diese Korridore ging und vor dem sich die Schwestern und Patienten verbeugten. Er würde das Leben dieser Menschen in seinen Händen halten: Seine Entscheidungen und sein Fachwissen würden tatsächlich ihr Leben retten! Die Lebenserwartung in Japan lag damals immer noch deutlich unter derjenigen der westlichen Länder. Die japanischen Ärzte wollten dies nun ändern und bald würde er einer der ihren sein. Er ging in den Tuberkulose-Flügel, um ein Buch über Tuberkulose zurückzubringen, ei-

---

5 Karbolsäure bzw. Phenol wird als Desinfektionsmittel verwendet (Anm. d. Verf.).

ne Krankheit, die in Japan weitverbreitet war. Seine Kommilitonen machten sich üblicherweise darüber lustig, wie viele Bücher er las, doch er versuchte, so viel wie möglich zu lesen und zu studieren.

Das Semester hatte noch nicht lange begonnen, als ein beunruhigendes Telegramm seines Vaters eintraf. Darin stand kurz und unverblümt: »Komm nach Hause.« Ein beklommenes Gefühl beschlich ihn und er packte eilig seine Sachen und warf auch zwangsläufig seine Bücher in die Tasche. Als er im Zug nach Norden saß und aus dem Fenster sah, dachte er besorgt an seine Mutter. In den vergangenen Ferien hatte er eine gewisse Verlangsamung bei ihr bemerkt und versucht, mehr Informationen von ihr zu erhalten. Sie hatte gelacht und ihn geneckt, dass er wohl einen Patienten suchen würde, an dem er üben könnte, und dann hatte sie das Thema gewechselt. Seine Besorgnis nahm zu bei dem Gedanken, was mit dieser Frau, die ihm so viel bedeutete, wohl geschehen war.

Er begegnete seinem Vater im *Genkan,* dem Eingangsbereich des Hauses. Takashi war fassungslos, als er erfuhr, dass seine Mutter einen Schlaganfall erlitten hatte und nicht mehr sprechen konnte. Sie war bei Bewusstsein, aber sehr erschöpft. Ihren Sohn Nummer eins erkannte sie und folgte ihm mit den Augen auf rührende Weise, als er zu ihr herankam. Sie lag auf einem Futon bzw. einer Decke, auf *Tatami*-Matten, den dicken Strohmatten, die in den meisten japanischen Häusern den Fußboden vollständig bedecken. Er setzte sich barfuß neben sie und nahm ihre Hand. Sie konnte nicht sprechen, doch er konnte ihre Emotionen deutlich wahrnehmen, weil sie sich in den dunklen, mandelförmigen Augen widerspiegelten, die in seine blickten. Er hatte den Eindruck, dass sie die letzten verheerenden Auswirkungen der Hirnblutung aufgehalten hatte, bis sie sich von ihm verabschieden konnte. Sie starb nur Minuten später. Diese Erfahrung sollte sein Leben verändern und später schrieb er: »Ich eilte an ihr Krankenbett. Sie atmete noch. Sie schaute mir tief in die Augen und dann kam das Ende. Mit diesem letzten durchdringenden Blick durchbrach meine

Mutter das ideologische Konstrukt, das ich mir aufgebaut hatte. Diese Frau, die mich auf die Welt gebracht und aufgezogen hatte, diese Frau, deren Liebe für mich nie aufgehört hatte … in diesen letzten Augenblicken ihres Lebens sprach sie deutlich zu mir! Ihre Augen sprachen zu meinen und sagten mit Entschiedenheit: ›Deine Mutter verabschiedet sich nun in den Tod, doch ihr lebendiger Geist wird an der Seite ihres kleinen Lieblings sein, Takashi.‹ Ich, der so sicher war, dass es so etwas wie einen Geist nicht gab, wurde nun eines Besseren belehrt; und ich konnte nichts anderes tun als zu glauben! Die Augen meiner Mutter hatten mir mitgeteilt, dass der menschliche Geist nach dem Tod weiterlebt. All dies geschah durch eine Intuition, eine Intuition, die zur Überzeugung führte.« *Chokkan* bzw. »Intuition« ist ein wichtiges Wort in der japanischen Sprache. Es besteht aus zwei Schriftzeichen: aus *choku*, was »sofort« oder »direkt«, und aus *kan*, was »Gefühl« bedeutet – also etwas, das direkt von den Gefühlen kommt. Die Menschen im Fernen Osten schätzen so eine Erkenntnis sehr.

Seit seinem letzten Jahr an der Highschool bot die Naturwissenschaft für Nagai den scheinbar einzig zuverlässigen Weg zur Wahrheit. Er war nun fassungslos über diese nichtwissenschaftliche »Intuition«, dass der Geist seiner Mutter weiterlebte. War dies eine authentische, unwiderlegbare Erfahrung dessen, was die Zen-Buddhisten als *Satori* oder Erleuchtung bezeichnen, etwas wie ein »Schwertschlag, der durch die Probleme der Existenz dringt«? Oder war diese starke Intuition nur ein Streich seines Unterbewusstseins, der von emotionalem Wunschdenken geleitet wurde? Er war sich nicht sicher, doch diese Erfahrung brachte ihn dazu, sich neu den Gedanken der langen Tradition der »Weisheitslehre« und ihrer großen Denker zuzuwenden, die zur Geschichte Japans und Chinas gehören. Ihr Beharren auf der Überlegenheit des menschlichen Herzens gegenüber dem Intellekt war, wie er feststellte, in vielen uralten Schriftzeichen, die er täglich las, verborgen. Das Schriftzeichen für »Weisheit« zum Beispiel war eine Komposition aus zwei Schriftzeichen – das eine bedeutete

»Intelligenz«, das andere enthielt das Wort »Herz«. Das Schriftzeichen für »Wissen« dagegen war eine Komposition aus »Intelligenz« und »Webstuhl«. Hieß dies, dass kluge Menschen intelligente Argumente allein mit einem schnellen Verstand zusammenweben konnten, während weise Menschen in Verbindung mit den tieferen Dimensionen ihres Herzens standen? Es gab auch zwei Schriftzeichen für »Hören«. Das eine bedeutete »das Hören von Geräuschen« und enthielt das Schriftzeichen für »Ohr«. Das andere Schriftzeichen wurde für »das Vernehmen des Sinngehalts, jenseits der Geräusche« verwendet und kombinierte die beiden Schriftzeichen für »Ohr« und »Herz«. Nagai fragte sich, ob es bei seinem eigenen Hören und Verstehen an »Herz« mangelte.

Während einer Schulstunde in Literatur an der Highschool war Nagai von einem Satz aus Blaise Pascals *Les Pensées* (»Die Gedanken«) getroffen worden. Der Franzose schrieb im 17. Jahrhundert: »Der Mensch ist nur ein Schilfrohr, das schwächste der Natur, aber er ist ein denkendes Schilfrohr.« Der Satz hatte eine japanische Prägung; er hätte von einem buddhistischen Priester stammen können. Der Lehrer hatte ausführlich über Pascals literarischen Stil gesprochen, ein Beispiel für die moderne französische Prosa, und er hatte mit der Bemerkung abgeschlossen, dass Pascal eine faszinierende Gestalt war, ein poetischer Wissenschaftler. Etwas regte sich in Nagai, als er dies hörte. Während seines Medizinstudiums an der Medizinischen Fakultät der Universität von Nagasaki stieß er erneut auf Pascal, weil dieser den Grundstein zur Hydrostatik gelegt hatte. Als er ihn in einem Lexikon nachschlug, entdeckte er, dass Pascal auch eine Rechenmaschine erfunden hatte und er als einer der führenden Denker des 17. Jahrhunderts angesehen wurde. Weil sein Werk *Les Pensées* in dem Artikel besonders erwähnt wurde, entschloss sich Nagai, ein Exemplar zu besorgen, ohne zu ahnen, welchen Einfluss das Buch und sein Autor auf ihn ausüben sollten. Es war eines der Bücher, das er in seine Tasche gesteckt hatte, bevor er nach dem dringenden Telegramm seines Vaters losgefahren war.

Nach dem Begräbnis seiner Mutter fuhr ein am Boden zerstörter Nagai nach Nagasaki zurück. Er entschloss sich, einen Teil des Weges mit dem Schiff zurückzulegen, damit er mehr Zeit hätte, um ihren Tod zu verarbeiten. Die Natur schien im Einklang mit seinem Verlust zu sein – graue Wolken hingen tief über dem dunklen und aufgewühlten Meer. Als er allein auf dem Deck des südwärts fahrenden Schiffes stand, nahm er sein Exemplar des Buches *Les Pensées* heraus und begann zu lesen. Dies war der erste Meilenstein auf einer neuen Reise.

Der pilgernde Dichter Bashō (1663–1740), der »Heilige des Haiku«.

4.

Die Maus, die die Sterne nicht sehen konnte

Les Pensées beinhaltet nur sehr wenig Wissenschaftliches. Es ist vielmehr eine Art Logbuch über Pascals Suche nach der metaphysischen Realität. Vieles davon verwirrte Nagai ziemlich – Worte wie »Gnade«, »das verlorene Paradies« oder »Erlösung«. Die ungewohnten Bibelzitate und die vielen westlichen Metaphern und historischen Anspielungen irritierten ihn. Doch da gab es auch Stellen, die etwas in Nagais Herz anrührten und die andeuteten, dass Pascal über eine ungeheuer wichtige Einsicht verfügte.

Pascal gestand der menschlichen Vernunft nicht die oberste Autorität zu, wie dies an der Universität Nagasaki der Fall war. Der Franzose machte sich erbarmungslos über jeden lustig, der sich nur auf die menschliche Vernunft verlassen wollte. In der Nacht träumen wir und erschaffen dabei eine Fantasiewelt. Wie kann die Vernunft erkennen, ob unser gegenwärtiger Wachzustand nicht von ähnlichen Illusionen durchdrungen ist? Nagai kannte die Lehre einiger großer religiöser Denker des Ostens, die besagte, dass die äußere »Realität« um uns lediglich eine »Illusion« und die menschliche Philosophie nur »ein Traum über einen Traum« sei.

Laut Pascal gibt es zwei falsche Einstellungen zur Vernunft. Die eine ist das übermäßige Vertrauen in die Vernunft, das häufig zu einem unfruchtbaren Skeptizismus führt. Die andere Einstellung ist, sich der Dummheit zu ergeben, die sich aus Faulheit oder Desinteresse ergibt. Die Wahrheit findet man, wenn man diese beiden Fallen umgeht. Das erfordert harte Arbeit, doch wenn man sich weigert, sich auf die Suche danach zu machen, ähnelt man einem »Fahnenflüchtigen«. Die menschliche Vernunft kann die höchste objektive Realität nicht erreichen, fuhr der Franzose fort, sondern nur die untergeordneten wissenschaftlichen Wahrheiten. Die höheren Wahrheiten, die viel wichtiger als die rein wissenschaftlichen Tatsachen sind, gehören in die Kategorie Weisheit und werden eher empfangen als erfasst. Im Gegensatz zu den rationalen Wahrheiten der Wissenschaft werden die höheren Wahrheiten »mit dem Auge des Herzens« erkannt. Dieser Ausdruck war Nagai aus dem Buddhismus vertraut. Auf vielen Bildern Buddhas sieht man einen Edelstein an seiner Stirn, der das Auge des Herzens repräsentiert, das durch den rein äußerlichen Anschein hindurchsieht. Pascals Beharren auf einer höheren Ordnung als der der Vernunft spiegelt sich auch in der buddhistischen *Hannya-Sutra* bzw. der *Sutra* der höchsten Weisheit wider. »Das Herz hat seine Gründe, die der Verstand nicht kennt«, fügte der Franzose hinzu.

Nagai legte das Buch weg und hörte auf die einsamen Schreie der Möwen, die dem Schiff folgten. Er stellte fest, dass er hungrig war, und deshalb holte er sein *O-Bentō* – seine Vesperdose – heraus und begann, geschickt mit Stäbchen zu essen. Vieles in dem Buch *Les Pensées* verwirrte ihn. Warum? Weil es vollkommen fremd für das Denken im Fernen Osten war? Nicht wenige Japaner sagten das über sämtliche westlichen Philosophien und Religionen. Er erinnerte sich an das erste Mal, als er mit seinem Vater auf Reisen war und in einem Restaurant ein westliches Frühstück serviert wurde. Er stellte sich schrecklich unbeholfen mit Messer und Gabel an und das Frühstück schmeckte ihm nicht. Es gab keine Bohnenpastensuppe und keine Seetangflocken und vor allem gab es auch keinen Reis, der absolut wichtig für ein japanisches Frühstück ist, und er war unzufrieden. Doch nun hatte er sich an westliches Essen gewöhnt und genoss ein schnelles westliches Frühstück. Konnte es sein, dass er sich noch ein bisschen mehr mit Pascal auseinandersetzen musste?

Er legte seine Vesperdose beiseite und schlenderte über das Deck. Pascal sagte, dass die Vernunft nicht die höchste geistige Fähigkeit sei, doch gleichzeitig benutzte er den Verstand, um das zu beweisen. War das nicht ein Teufelskreis? Pascal schrieb, dass die menschliche Vernunft weder die Geheimnisse des Lebens noch die Geheimnisse Gottes eigenständig durchdringen kann. Doch Gott offenbart die grundlegenden Wahrheiten dem aufrichtigen Gläubigen, der betet. Pascal schloss daraus: »Glaube ist ein Geschenk Gottes. [...] Man muss dafür beten.« Nagai lehnte sich an die Reling, den Blick auf den Horizont gerichtet. Er fragte sich: Wie kann ich ehrlich beten, wenn ich nicht sicher bin, ob Gott existiert? Mit Sicherheit ist das der Punkt, an dem die Argumentation des Franzosen in sich zusammenfällt, denn beten bedeutet, nicht mehr zu überlegen, sondern blindlings an Gottes Existenz zu glauben. Das ist dann ein Verzicht auf die Vernunft und auf die intellektuelle Verantwortung!

Nagai versuchte einen anderen Zugang: Wenn Gott existierte, dann würde er uns seine Existenz doch sicherlich viel offensichtlicher zeigen, wenn er an uns interessiert wäre – und Pascal behauptete ja, dass dies der Fall sei. Oder war es kindisch, so zu argumentieren? Pascal behauptete: »Es gibt Licht genug für die, welche nichts anderes wollen als sehen, und Dunkelheit genug für die, welche eine entgegengesetzte Veranlagung haben.« Und er fuhr fort, dass der Glaube von einer persönlichen Erfahrung Gottes im eigenen Herzen abhängt. Nagai verglich diese Aussage mit der Überzeugung, zu der er gekommen war, dass der Geist seiner Mutter ihren körperlichen Tod überlebt hatte. War das eine echte Erfahrung oder war sie lediglich aus irgendeinem primitiven Schutzmechanismus gegen die Verzweiflung entstanden, die einen beim Tod eines geliebten Menschen überwältigen konnte?

Er nahm *Les Pensées* erneut zur Hand. Pascal lenkte seine Aufmerksamkeit auf einen Widerspruch in der Menschheitsgeschichte und im Bewusstsein eines jeden Menschen, der intensiv nachdenkt. Wir verfügen über beides: Größe und Elend.

»Unser Elend entspricht dem eines entthronten Königs.« Dieser Satz bewegte Nagai, weil er auf die Möglichkeit eines großen Universums von ewiger Bedeutung und Schönheit hinwies, wovon Pascal mit einer Art Vertrautheit sprach. Nagai dachte traurig an das alte Sprichwort: »Eine Maus kann die Sterne nicht sehen und ein Regenwurm nicht die Blumen.« Er wollte an Pascals Blumen und Sterne glauben, doch eine andere Stimme meldete sich: Das Buch *Les Pensées* ist die wunderschöne Poesie eines außergewöhnlich leidenschaftlichen Mannes, der über all den Schmerz und die Einsamkeit in der Welt bekümmert war – doch es ist genauso fiktiv wie die Märchengeschichten aus der Kindheit, zum Beispiel die Geschichte vom Bambusschneider und der Mondprinzessin.

Seine Gedanken wanderten zu einem Kommentar, den ein Lehrer einmal über Marx' Aussage »Religion ist das Opium des Volkes« gemacht hatte: »Jungs, die Blume des chinesischen Schlafmohns ist wunderschön und dies trifft auch größtenteils auf die Weltreligionen zu. Doch die Religion kann euch in eine Traumwelt führen, die genauso verhängnisvoll ist wie die Auswirkungen des Schlafmohns. Sie will euch glauben machen, dass Gott oder Buddha wundersam eingreifen wird, um in einer Situation zu helfen. Das ist nicht nur allzu simpel, sondern es betäubt auch unsere natürliche Entschlusskraft und Verantwortung, die uns anspornen sollte, richtige Lösungen zu suchen. Schaut euch doch einmal die Lektionen der Geschichte an, der japanischen und der anderer Völker. Die Wissenschaft blühte nur dann, wenn der Einfluss der Religion auf die Gesellschaft zusammengebrochen war. Jesus Christus war ein prachtvoller Träumer, doch seine Blumen auf dem Feld, die weder arbeiten noch spinnen, erweisen sich als narkotischer Schlafmohn. Lasst euch nicht von ihnen verführen; baut euer Denken und euer Leben auf den harten wissenschaftlichen Fakten auf.«

Erneut kehrte Nagai zu Pascal zurück. »Die christliche Religion hat immer überlebt, doch wurde sie immer angegriffen – für die einen war Christus ein Zufluchtsort, für andere ein

Stolperstein.« Ja, die *Tokugawa-Shogune* sahen das Christentum als etwas Fremdartiges an, das in Japan ausgerottet werden musste. Zehntausende japanische Christen sind im 17. Jahrhundert getötet worden. Die Tokugawa-Diktatoren und später die Militärs brandmarkten japanische Christen als Verräter des *Kokutai,* des einzigartigen nationalen Gemeinwesens. Nagais starke Verpflichtung gegenüber dem *Kokutai* verstärkte gewisse Gefühle des Unbehagens, die er empfand, als er einige kompromisslose Texte in *Les Pensées* las. Sie schienen so nichtjapanisch, so fremd gegenüber seinem geliebten Nihon zu sein.

Zurück in Nagasaki stürzte Nagai sich in sein Medizinstudium, doch die Probleme, die beim Tod seiner Mutter aufgekommen waren, wollten nicht verschwinden. Viele Sozialwissenschaftler sehen Japan trotz vieler Anzeichen der männlichen Dominanz als »Gesellschaft der Mütter« an. Die Mutter spielt eine entscheidende, wenn auch teilweise eine dezente Rolle im japanischen Leben. Nagai erkannte nun, dass seine sanfte Mutter ihn viel mehr beeinflusst hatte als sein sehr respektierter und autoritärer Vater. Er bedauerte, dass es nun zu spät war, um mit ihr über seine neuen geistlichen Fragen zu sprechen.

Die Freunde an der Universität bemerkten bei Nagai eine Veränderung. Vorbei waren sein oberflächlicher Optimismus und die bedingungslose Akzeptanz der Rettung durch die Wissenschaft, der Glaube an Utopia, das quasi vor der Tür stand. Er wurde kritischer gegenüber seinen Professoren. Nicht lange nach dem Tod seiner Mutter erklärte einer der Professoren begeistert den Prozess der menschlichen Denkleistungen und bezeichnete dabei Gedanken und Gefühle als elektrische Ströme, die durch das Gehirn flossen. Nagai bedrängte ihn und wollte genauere Details wissen, doch der Professor konnte sie ihm nicht liefern und gab zu, dass dies noch eine Hypothese sei. Nagai erstellte eine Liste von brillanten Hypothesen, die er in medizinischen Büchern gelesen hatte und die in späteren Auflagen verändert oder verworfen worden waren. Er wollte finden, was Pascal »die absolute Wahrheit« genannt hatte. Gab es diese tatsächlich oder hatte Pascal nur ins Blaue hinein gesprochen?

In den vergangenen zwei Jahren war sein Studium auf Vorlesungen, Arbeit im Labor, das Sezieren von Tieren und schließlich auch das Sezieren von Leichnamen beschränkt gewesen. Nun, in seinem dritten Jahr, begann er, die Professoren zu begleiten, die auf den Stationen des Krankenhauses die Patienten untersuchten. Er bemerkte, wie die kühle Art mancher Ärzte die Patienten verletzen und sogar demoralisieren konnte, und er erkannte, dass der Tod seiner Mutter ihn sensibler gemacht hatte. Er spielte immer noch Basketball, kletterte manchmal in den Bergen und genoss es, gelegentlich an einem Trinkgelage mit seinen Freunden teilzunehmen. Er spürte, dass er nun besser verstand, wovon Dichter wie der im 17. Jahrhundert lebende *Bashō* sprachen: Man muss nicht in ein fernes Land reisen, um Schönheit zu erkennen; sie ist überall um dich herum. Er begann zu verstehen, was die Zen-Meister als »So-Sein« bezeichnen und in einer Tasse günstigem grünem Tee, in der Vielfalt eines gewöhnlichen blühenden Gartens oder im Schrei eines Regenpfeifers am verlassenen Strand finden. Sein Herz fand jedoch keinen Frieden und in einem Buch, das er fünfzehn Jahre später schrieb, fasste er diesen Lebensabschnitt folgendermaßen zusammen:

»Fünf Jahre lang war ich sehr beunruhigt wegen einer leisen Stimme, die ich hörte, ob ich wachte oder schlief: ›Was ist der Sinn des Lebens?‹ Ich las die Lebensgeschichten von allen möglichen Menschen auf der Suche nach dem Sinn des Lebens, doch je mehr ich las, desto komplexer wurde die Frage. Das war logisch, denn ich studierte das Leben der anderen statt mein eigenes. Mein Leben ist nicht mit dem der anderen vergleichbar. Das Leben eines jeden von uns ist anders und sein Sinn ist einzigartig.

Wahrscheinlich erinnern Sie sich an die feinen Spitzen, die Frauen früher in ihren Häusern herstellten, bevor die Kleidung der Frauen in den Fabriken billig und einförmig produziert wurde. Sie erstellten das komplizierteste Stück Spitze aus einem einzigen, nicht durchgeschnittenen Faden. Für mich sah das alles sehr geheimnisvoll aus, doch für eine gute Spitzenklöpplerin waren das Muster und das Klöppeln sehr einfach. Unser Leben ist wie Spitze; es erscheint unglaublich kompliziert und mit anderen verwoben zu sein. Doch wir müssen immer bedenken, dass unser Leben nur für uns einen Sinn ergibt.

Ich wusste das damals nicht und begann fieberhaft, die Philosophen zu lesen. Je mehr ich las, desto komplexer wurde die Frage über den Sinn des Lebens. Selbstverständlich weiß ich heute, dass einige Philosophen nur auf Effekte aus sind. Sie schreiben für eine Leserschaft, die enttäuscht wäre, wenn die Dinge zu klar und einfach wären! Der ehrlich Suchende wird nur verwirrt von diesen unseriösen Wortkünstlern. Ich versuchte verbissen, den demoralisierenden Argumenten etlicher moderner Philosophen zu folgen, die letztendlich sagten, dass das Leben unbegreiflich sei. Doch je mehr ich über mich selbst nachdachte, desto mehr begann ich zu verstehen, dass Geburt, Leben und Tod zielgerichtet sein können und sollten.«

Der Bambusschneider und die Mondprinzessin.

5.

Ein schrecklicher Wind

Im Jahr 1931, einige Monate nach dem Tod seiner Mutter, ging Takashi wieder seinem Studium in der relativen Stille der Medizinischen Fakultät der Universität von Nagasaki nach. Einige hundert Kilometer weiter im Nordosten war sein Vater alles andere als gleichmütig. Der Wind vom Norden, aus der dunklen *Yin*-Richtung[6], heulte, als ob er fluchen würde. Es war ein schrecklicher Wind, grausam wie die Wölfe an ihrer Geburtsstätte tief im frostigen Sibirien. Dr. Noboru Nagai war im wirbelnden Schnee langsam den Hügel hinter seinem Haus hochgestapft, doch er hatte die Kälte nicht bemerkt, da er von einem Gefühlschaos aus Ärger, Kränkung und Empörung beherrscht wurde. Nun stand er bewegungslos vor dem Schneehaufen, der den Grabstein seiner Frau Tsune bedeckte, seine Augen im Gebet geschlossen.

Am Abend davor waren zwei unerwartete Gäste aus Nagasaki gekommen. Es stellte sich heraus, dass der eine, mit Brille, ein Professor für Hals-Nasen-Ohren-Heilkunde von der Medizinischen Fakultät der Universität von Nagasaki war. Der andere Besucher, der einen kostbaren Mantel und Handschuhe aus importiertem Fell trug, wurde von dem Professor als Direktor der Handelskammer von Nagasaki und als einer der großen Unternehmer der Stadt vorgestellt. »Er hat eine bezaubernde Tochter«, sagte der Professor, »und kürzlich erlaubte ich mir, Ihren Sohn Takashi für zwei Tage in seine Villa am Fuße

[6] Bedeutet in der chinesischen Naturphilosophie »Nebelseite oder Schattenseite des Berges« (Anm. d. Verl.).

des Berges Unzen einzuladen. Die Familie und vor allem die junge Dame waren beeindruckt von Ihrem Sohn. Es scheint, dass gegenseitig eine große Sympathie besteht, und ich glaube, sie würden gut zusammenpassen. Mein Freund ist von Ihrem Sohn so eingenommen, dass er ihn für den Fall des freudigen Ereignisses der Heirat der beiden nach Europa schicken würde, wo er sich im medizinischen Bereich seiner Wahl spezialisieren könnte. Er möchte Sie, Dr. Nagai, gern einladen, nach Nagasaki zu kommen und Ihren Ruhestand in der Nähe Ihres Sohnes zu verbringen. Eine der schönsten Villen des Unternehmens, die direkt neben herrlichen Angelplätzen liegt, würde Ihnen zur Verfügung stehen – als kleines Zeichen der Dankbarkeit für das Glück, dass die vorgeschlagene Verbindung mit sich bringen würde.«

Nagais Sohn Takashi erzählt die Geschichte weiter: »Ich erhielt ein Telegramm von meinem Vater mit dem Inhalt: *Komm sofort nach Hause.* So brach ich voller Besorgnis auf und reiste achtzehn Stunden lang mit dem Zug nach Hause. Mein Vater behandelte gerade Patienten in seiner Praxis, als ich ankam, und er ließ mir eine brüske Nachricht zukommen, mit der er mich aufforderte zu warten. Eine Krankenschwester, die ich nicht kannte, brachte mir grünen Tee und Gebäck aus süßen Bohnen. Sie verbeugte sich und ich erwiderte ihre Höflichkeit, während ich innerlich dachte, wie kalt und unpersönlich mein Zuhause geworden ist, seit meine Mutter gestorben war.«

Schließlich verließen die Patienten den Behandlungsraum und sein Vater kam herein. Er öffnete mehrere Male den Mund, ohne jedoch irgendetwas zu sagen, und platzte schließlich heraus: »Wie kannst du dich nur verkaufen?« Die Bestürzung und Verunsicherung des jungen Mannes wurden noch größer.

»*Otōsan* (›Papa‹), … ich verstehe nicht.«

»Komm mir nicht damit – hör auf, dich dumm zu stellen. Du denkst, du bist ein cleverer, wichtiger Universitätsstudent. Denkst du, dein Vater würde da zustimmen? Zustimmen? Wenn jemand, der noch eine halbe Portion ist, sich bereits selbst begrenzt, indem er sich für einen Topf voll Geld eintauscht!«

Sein Sohn sagte vollkommen verwirrt: »*O-to-sama* (›ehrenwerter Vater‹), bitte erkläre mir, was du meinst.«

»Erklären?«, donnerte der andere los. »Ich akzeptiere dein Recht, dass du heiraten kannst, wen immer du auswählst. Doch für Geld zu heiraten und als *Yoshi*!« (Wenn ein Mann als *Yoshi* heiratet, dann nimmt er den Nachnamen seiner Frau an. Dies geschieht normalerweise, wenn sie keine Brüder hat, damit ihr Familienname nicht ausstirbt. Der *Yoshi* gehört eher zur Familie der Frau als zu seiner eigenen.) »Was? Ich ein *Yoshi*?«, fragte sein Sohn. Wie ein schlechter Kartenspieler warf sein Vater die beiden Visitenkarten auf den Tisch. »Dann erklär mir das!«

»Diese beiden waren hier?« – »Ja, mit einer wunderbaren Geschichte über dich und ein reiches verliebtes Mädchen. Alles, was du tun musst, ist ein *Yoshi* zu werden, und dein Studium in Europa ist gesichert. Ich gehöre offensichtlich zum alten Eisen, weshalb sie mich in Nagasaki in den Ruhestand versetzen wollen, wo ich noch ein bisschen herumwerkeln und angeln gehen kann!«

Plötzlich wurde alles klar. Takashi erinnerte sich sehr deutlich an den Tag, als er die Einladung des Professors angenommen hatte, um mit ihm einen Freund in dessen Haus zu besuchen. Es war am 18. September gewesen, dem Tag des Mukden-Zwischenfalls in der Mandschurei, der den Japanisch-Chinesischen Krieg auslöste. Takashi hatte sich gewundert, warum er in die Villa eingeladen worden war, doch er hatte nicht geahnt, dass der Besuch ein *Miai* sein sollte, ein Treffen, bei dem man feststellt, ob ein Paar zueinander passt. Takashi bestritt kategorisch, dass er jemandem gegenüber erwähnt hatte, dass er an dem Mädchen auch nur im Mindesten interessiert sei.

Er fragte seinen Vater, welche Antwort er den Besuchern gegeben habe. »Ich sagte«, antwortete der ältere Mann, »bitte verzeihen Sie meine Rede, aber Noboru Nagai ist, auch wenn er nicht wohlhabend sein mag, noch nicht so tief gesunken, dass er seinen Sohn für eine Angler-Villa verkaufen würde.«

Plötzlich spürte der Sohn, wie ihm Tränen über die Wangen liefen. Er drückte impulsiv die Hand seines Vaters, eine Hand, über die er später schrieb, dass sie »… Tausende Male den Puls gefühlt, doch niemals eine Bestechung angenommen hatte«. Ihre beiden Hände trafen sich in einem festen Händedruck und das Band zwischen ihnen war stärker denn je.

Takashi kehrte nach Nagasaki zurück und beendete sein drittes Jahr. Dann richtete er sein Augenmerk auf die Abschlussprüfungen, die zum Ende des vierten Jahres folgten. Sie würden für sein Leben als Mediziner sehr wichtig sein und deshalb strich er die meisten Aktivitäten, die nicht zum Studium gehörten, um sich ganz auf diese Prüfungen zu konzentrieren. Doch die alten, leidigen Fragen über den Sinn des Lebens und die Existenz Gottes beschäftigten ihn immer noch und so begann er das neue Semester im Frühjahr 1931, indem er mit einem Lunchpaket und dem abgenutzten Exemplar des Buches *Les Pensées* allein in die Berge ging. Er setzte sich auf einen Stein an einem kleinen Bach, der aus den Bergen herabschoss, und öffnete es bei der Pascal'schen Wette.

Nagai teilte die allgemeine Vorliebe der Japaner für die französische Kultur und fühlte sich ein bisschen geschmeichelt von der französischen Wertschätzung für die japanische Kunst, Kleidung und Architektur. Pascals literarischer Stil und seine Tiefe gefielen ihm, aber gleichzeitig missfiel ihm die Selbstgefälligkeit des Franzosen auch oft. Pascals Absolutheitsanspruch, den er für den Katholizismus ansetzte, verblasste angesichts der realen Ereignisse wie der Inquisition, der Galileo-Affäre oder der Massaker an den südamerikanischen Indianern. Nagai ärgerte sich über die letzte Zeile der Wette: »Nur das Christentum macht die Menschen sowohl glücklich als auch liebenswert; der Ehrenkodex eines Menschen führt nicht dazu, sowohl glücklich als auch liebenswert zu sein.« Seine Mutter und sein Vater, um nur zwei Personen zu nennen, die ihm sofort in den Sinn kamen, straften diese Aussage Lügen. Doch andere Texte von Pascal versprachen etwas, das seine Mutter und sein Vater ihm nicht hatten geben können.

Pascal bestand darauf, dass es eine Gewissheit gibt, die sicherer als der Verstand oder die rein intellektuelle Gewissheit ist, nämlich die Gewissheit, die wir im Herzen oder in unserem menschlichen Geist erleben. Unser oberflächlicher Intellekt kann Gott nicht begreifen, fuhr Pascal fort; wir begegnen ihm in unserem Herzen, in unserem Geist – an dieser Stelle wohnt auch der Glaube. Der Franzose schloss mit einem starken Ratschlag: »Wenn Sie etwas Überzeugendes oder Anziehendes in meinen Worten entdecken, dann bedenken Sie, dass sie von einem Mann stammen, der sich niederkniet. Selbst wenn Sie noch nicht glauben können, vernachlässigen Sie nicht das Gebet oder die Messe.«

Nagai beendete sein Picknick, nahm seinen Rucksack wieder auf und ging die unbefestigte Landstraße neben dem klaren Bach hinunter. Es war ein herrlicher Apriltag und das kleine Tal war erfüllt vom Gesang des Vogels, den Nagai seit seiner Kindheit am meisten liebte, des *Uguisu,* der manchmal auch japanische Nachtigall genannt wird. Etwas ließ Nagai erkennen, dass die Schönheit um ihn herum sich nicht zufällig ergeben haben konnte. War Pascals Schöpfergott nicht doch eine vernünftige Hypothese? Nagai überlegte: Ich bin immer bereit, eine Hypothese im Labor zu überprüfen. Warum sollte ich es nicht mit diesem Gebet versuchen, auf das Pascal so sehr beharrt, selbst wenn es nur ein Experiment ist?

Er war sich nicht ganz sicher, wie das christliche Gebet aussah, doch er wollte keinen Priester anrufen, um das Risiko einer lästigen Missionierung durch einen religiösen Fanatiker zu verhindern. Viele Universitätsstudenten lebten zur Untermiete bei Familien in Nagasaki. Also beschloss er, nach einer katholischen Familie zu suchen, die bereit war, einen Untermieter aufzunehmen. Das würde ihm die Gelegenheit bieten, etwas über den Katholizismus und das christliche Gebet zu erfahren, ohne sich selbst festzulegen. Nach einigen Nachforschungen entschied er sich für ein zweistöckiges Haus, das etwa einen Kilometer von der Universität entfernt war und sich in der Nähe der Kathedrale befand. Es war umgeben von Kampferlorbeerbäumen und riesigen Kamelien, die über hundert Jahre alt sein mussten. Der Name an der Eingangspforte lautete Sadakichi Moriyama. In dem Haus wohnte ein erfolgreicher Viehhändler allein mit seiner Frau. Ihr einziges Kind Midori arbeitete als Lehrerin und lebte außer Haus. Diese Hausgemeinschaft der Familie Moriyama sollte einen solch starken Einfluss auf Nagai haben, dass einige Hintergrundinformationen eingeschoben werden müssen.

Ein pilgernder Mönch, *Kōbō Daishi.*

6.

Die verborgenen Christen

Sadakichi Moriyamas christliche Wurzeln gingen dreihundert Jahre zurück in die Zeit, als Nagasaki Japans erste und einzige christliche Stadt war. Am 15. August 1549 landete Francisco de Xavier[7] in Kagoshima und das japanische Volk hörte zum ersten Mal das christliche Evangelium. Kein Europäer war bis zu diesem Zeitpunkt auf die japanischen Inseln vorgedrungen und es gab auch kein »japanisch-europäisches« Lexikon. Dies führte zu massiven Problemen für Franz Xaver und er begann, indem er über den *Dainichi* predigte. Zu seinem Kummer fand er heraus, dass *Dainichi* kein japanischer Begriff für den allmächtigen Gott der Bibel war, sondern eine der Manifestationen Buddhas. Doch Glaube entsteht eher durch Erfahrung als durch Lehre, und viele Japaner waren so beeindruckt von dem energischen baskischen Aristokraten, dass sie um die Taufe baten.

Es gibt nicht gerade wenige Kapitel in der Geschichte der katholischen Missionierung während der Kolonialzeit, die uns beim Lesen bestürzen. Doch die Geschichte der Jesuiten in Japan gehört nicht dazu. Die Männer, die auf Franz Xaver folgten, zogen durch ihre Persönlichkeiten und ihre Überzeugungen sowie durch ihren Einsatz für die Kranken, Obdachlosen und Waisen aus den Reihen der Adligen wie auch der Bürger viele Konvertiten an. Zum Beispiel haben die japanischen Zivilbehörden Statuen zu Ehren des Jesuiten Luís de Almeida aufgestellt, der die Chirurgie in Japan einführte. Dr. Almeida

---

7 Im deutschsprachigen Raum als heiliger Franz Xaver bekannt (Anm. d. Verl.).

war bereits als wohlhabender Investor im Fernen Osten tätig, als er sich entschloss, den Jesuiten beizutreten. Bevor er sein Gelübde ablegte, sorgte er dafür, dass seine Güter im lukrativen Seidenhandel zwischen Macau und Japan angelegt wurden. Er legte fest, dass die Dividende den japanischen Kranken- und Waisenhäusern der Jesuiten zugutekommen sollte. Diese Dividende betrug nie mehr als einen kleinen Prozentsatz des Seidenhandels, doch sie führte zu wilden Spekulationen, dass die Jesuiten in Gold- und Seidengeschäfte verwickelt wären. Diese Unterstellung wurde in dem Bestseller-Roman *Shogun* aufgegriffen.

Im Jahr 1579 kam der Jesuit Alessandro Valignano in Japan an, und er erwies sich als Superior der Jesuitenmission genauso effektiv wie Franz Xaver. Als körperlicher und intellektueller Riese hatte er eine säkulare Bildung genossen und als Anwalt gearbeitet, bis er im Alter von siebenundzwanzig Jahren den Jesuiten beigetreten war. Er stürzte sich in die *Geistlichen Exerzitien* des heiligen Ignatius und war sehr erfahren im Gebet und in der Kontemplation. Deshalb wurde er zum Novizenmeister ernannt. Einer seiner Novizen war Matteo Ricci, der später in China zu Ruhm gelangte. Der Generalobere der Jesuiten legte großen Wert auf die Missionierung, die Franz Xaver im Osten begonnen hatte, und schon im Alter von fünfunddreißig Jahren wurde Valignano die Hauptverantwortung dafür übertragen.

Valignano war seiner Zeit als Missionar um Jahrhunderte voraus. Er erkannte sehr schnell die Gefahren in der damaligen Situation des Kolonialismus und bestand darauf, dass seine Männer die Sprache und Kultur der Menschen, für die sie arbeiteten, lernen und respektieren sollten. Er verbot, den Asiaten die westliche Kultur aufzuzwingen. Die Jesuiten waren in den Osten gekommen, um das Evangelium zu verbreiten und nicht die spanische, portugiesische oder italienische Kultur. Auf jeden Fall sollten die westlichen Erkenntnisse der Astronomie, Medizin und Wissenschaft mit den Menschen im Osten geteilt, das Evangelium sollte jedoch nicht mit der europäischen Kultur des 16. Jahrhunderts in Verbindung gebracht werden. Valignano bestand darauf, dass seine Missionare die Japaner darauf vorbereiteten, die Leitung der Kirche zu übernehmen, und zum Leidwesen einiger deutete er an, dass die Europäer den Japanern lediglich in der Kenntnis des Evangeliums überlegen seien. In allen anderen Bereichen waren die Jesuiten die Lernenden. Valignano, der einen ungewöhnlichen Einblick und ein Gefühl für das japanische Volk hatte, schrieb ein Handbuch über die japanischen Tischsitten und Gebräuche und er bestand darauf, dass seine Männer diese beachteten. Weil er wusste, welchen Wert die Japaner auf die Teezeremonie legten, ordnete er an, dass in jedem Haus der Jesuiten ein Raum für die Teezeremonie eingerichtet wurde. Valignanos (und Riccis) Richtlinien für die Missionierung der einheimischen Bevölkerung und der Einbindung in die Kultur überzeugte viele japanische (und chinesische) Intellektuelle.

Eine beträchtliche Anzahl der japanischen *Daimyō*, der Feudalherren, konvertierte zum Christentum oder brachte der neuen Religion zumindest großen Respekt entgegen. Einer von ihnen war Ukon Takayama, der manchmal auch als »japanischer Thomas Morus« bezeichnet wird. Genauso wie der ehemalige Kanzler von England war er ein führender Politiker und eine kulturelle Größe seiner Zeit. Takayama wurde verhaftet und seines Schlosses und seiner Güter beraubt, weil er sich weigerte, einen Kompromiss bezüglich seines christlichen Glaubens zu schließen. Der Diktator Hideyoshi versuchte hartnäckig, diesen überragenden militärischen Taktiker, Kalligrafen und Meister der Teezeremonie zu umwerben und für seine Sache zu gewinnen, genauso wie Heinrich VIII versucht hatte, den Kanzler Thomas Morus zu gewinnen. Takayama wurde schließlich aus Japan ausgewiesen und ins Exil verbannt, weil er sich weigerte, seinem christlichen Glauben abzuschwören.

Sehr viele *Samurai*-Krieger und Zehntausende der einfachen Bauern und Stadtbewohner baten um die Taufe. Der Diktator Hideyoshi machte sich zunehmend Sorgen wegen dieser schnellen Verbreitung des Christentums, besonders wenn Menschen vom Schlage eines Takayama von Christus als ihrem *Shukun*, ihrem Herrn, zu sprechen begannen, dem ihre absolute Treue gelte, die sonst keinem anderen Herrn zukomme. Würde dies nicht den Ehrenkodex der *Samurai*-Krieger infrage stellen? Der Diktator hatte zunächst das Christentum befürwortet, da er zunächst von den Jesuiten und ihrem Schatz an westlicher Bildung beeindruckt war. Doch plötzlich, während eines seiner berüchtigten Stimmungswechsel, verbot er das Christentum. Alle japanischen Christen mussten ihrer Religion abschwören und alle ausländischen Missionare mussten das Land verlassen. Um dem Nachdruck zu verleihen, befahl er, sechsundzwanzig Christen in Kyoto, der *Miyako* bzw. Hauptstadt, zu verhaften, die anschließend mitten im tiefsten Winter zu einem dreißigtägigen Gewaltmarsch nach Nagasaki gezwungen wurden. Bei ihrer Ankunft sollten sie gekreuzigt werden.

Die Entscheidung fiel gezielt auf Nagasaki. Es hatte sich seit dem Jahr 1571 zu einer wichtigen Stadt entwickelt, da es zum Haupthafen für die europäischen Schiffe wurde, die den neuen und florierenden Handel zwischen China (über Macau) und Japan betrieben. Der Hafen gehörte zum Lehen[8] des Barons Omura, eines christlichen *Daimyō*. In der Vergangenheit hatten die *Daimyō* den buddhistischen Mönchen Teile ihres Landbesitzes für Klöster und Schulen übergeben. Omura fasste den Entschluss, die Hafenzölle von Nagasaki den Jesuiten zu überlassen, um ihnen zu helfen, ihre Schulen, Kirchen und Armenhäuser zu betreiben. Deshalb wurde Nagasaki eine christliche Stadt mit Schulen, einer Bischofsresidenz und einem theologischen Seminar, an dem fünfzehn japanische Priester ordiniert wurden, bevor die Verfolgung das sichtbare Christentum vernichtete.

Die Moriyamas lebten in Nagasaki und waren bereits Christen, als die sechsundzwanzig erschöpften Opfer barfuß in die Stadt hinkten. Diktator Hideyoshi, ein Mann ohne echten

---

[8] Grundbesitz, der von dem betreffenden Baron an einen Untergebenen mit der Verpflichtung verliehen wird, dass er dem Lehnsherrn mit persönlichen Leistungen zur Verfügung steht (Anm. d. Verl.).

Glauben, dachte, dass ein öffentliches Blutvergießen die Christen in Nagasaki schnell dazu bringen würde, ihren Glauben aufzugeben. Aus diesem Grund ordnete er an, dass die Exekution ein öffentliches Schauspiel werden sollte. In Nagasaki wurde die Ankunftszeit der Verurteilten bekannt gegeben und eine große Schar Christen kam, um sie mit Jubel zu empfangen und sie zu ermutigen. Die sechsundzwanzig mussten zum Nishizaka-Hügel marschieren, der nicht weit vom heutigen Bahnhof von Nagasaki entfernt ist. Sechsundzwanzig ordentlich gesägte Kreuze standen in einer Reihe von der Anhöhe bis hinunter zum Hafen, damit jeder das Spektakel betrachten konnte. Die Opfer wurden mit Eisenringen und Strohseilen an die Kreuze gebunden. Zwei *Samurai*-Krieger standen mit gezogenen Bambuslanzen unter jedem Kreuz und warteten darauf, ihre Waffen unter den Rippenbogen der Gefangenen zu stoßen. Dieser letzte Akt wurde hinausgezögert, um den Schrecken bei den Verurteilten und den Zuschauern noch zu erhöhen.

Plötzlich begann ein Gesang, der von der langen Reihe der Kreuze stammte: »Preiset den Herrn, ihr Kinder des Herrn.« Das Stimmengewirr der Menschen, die dem Abhang entlang standen, verstummte, während sie andächtig zuhörten. Der Psalm war zu Ende und die sechsundzwanzig begannen mit dem *Sanctus,* dem Teil der lateinischen Messe, der der Wandlung vorausgeht und der regelmäßig von allen christlichen Gemeinschaften in Japan gesungen wurde. Als der letzte Ton über der Bucht verklang, begann ein Franziskaner an einem anderen Kreuz mit der einfachsten der Litaneien: »Jesus, Maria … Jesus, Maria …« Die Christen in der Menschenansammlung stimmten in das Gebet mit ein – es waren viertausend. Hazaburo Terazawa war der Offizier, der den Auftrag für die Ausführung der Exekution erhalten hatte, und er musste dem Diktator persönlich Bericht erstatten. Er wurde unruhig, weil dies sich mehr und mehr zu einer Demonstration der christlichen Stärke entwickelte als zu dem grauenerregenden Spektakel, das Diktator Hideyoshi angeordnet hatte.

Einer der sechsundzwanzig bat um die Erlaubnis, zu sprechen. Es war der dreiunddreißig Jahre alte Jesuit Paul Miki, der Sohn eines Generals aus Baron Takayamas Armee, ein bewährter Katechet und Prediger. Würdig zu sterben war extrem wichtig für die *Samurai*-Krieger, und sie traten dem Tod häufig mit einem *Jisei no uta,* einem Abschiedslied, entgegen. Mikis starke Stimme erreichte die äußersten Enden der Menschenansammlung:

»Ich bin Japaner und ein Bruder der Gesellschaft Jesu. Ich habe kein Verbrechen begangen. Der einzige Grund, warum ich zum Tode verurteilt wurde, ist, dass ich das Evangelium unseres Herrn Jesus Christus gelehrt habe. Ich bin glücklich, dafür zu sterben, und akzeptiere den Tod als ein großes Geschenk meines Herrn.« Miki fragte die Menschen, ob sie in den Gesichtern der sechsundzwanzig Angst entdecken könnten. Er versicherte ihnen, dass sie keine Angst hätten, weil der Himmel tatsächlich existiere. Er hatte nur einen letzten Wunsch im Angesicht seines Todes: dass sie glaubten. Er sagte, er vergebe Hideyoshi und denen, die für diese Hinrichtung verantwortlich seien. Dann, mit Bedacht und einer eindringlichen Stimme, sang er sein Abschiedslied. Es war der Vers aus Psalm 31, den Christus am Kreuz zitierte: »Herr, in deine Hände befehle ich meinen Geist.«

Terazawa gab ein Zeichen und die *Samurai*-Krieger traten mit ihren Bambuslanzen mit den Stahlspitzen vor. Sie stießen einen kehligen Schrei aus und stießen ihre Lanzen in die Körper der sechsundzwanzig. Die Totenstille in der Menge verwandelte sich plötzlich in ein zorniges Getöse und Terazawa zog sich schleunigst zurück, um Bericht zu erstatten. Die öffentliche Demütigung war misslungen. Das Ansehen der Christen stieg beträchtlich und die Taufen nahmen zu.

Diktator Hideyoshi starb und unter den Feudalherrschern entbrannte ein enormer Machtkampf, aus dem Ieyasu Tokugawa als Sieger hervorging. Er war ein noch strengerer Diktator als Hideyoshi und nahm den alten Titel *Shogun* an. Der Oberste der *Tokugawa-Shogune* war extrem argwöhnisch gegenüber dem Christentum, besonders gegenüber dem Katholizismus. Er sah Missionare, die die Eroberer in den kolonialen Unternehmen überall auf der Welt begleiteten, und war beunruhigt, dass Leute aus dem Adel wie Baron Takayama, aber auch einfache Bauern wegen dieser verbotenen fremden Religion dem allmächtigen Hideyoshi nicht gehorcht hatten. Im Jahr 1614 verschärfte der *Shogun* das Verbot des Christentums, nachdem er den letzten Widerstand gegenüber seiner Herrschaft ausgerottet hatte. Große Belohnungen wurden für Informationen ausgesetzt, die zur Gefangennahme von Priestern und Katecheten führten. Als eine große Anzahl der Christen lieber in den Tod ging als ihrem Glauben abzuschwören, entwickelte der *Shogun* ausgefeilte Foltermethoden, um ihren Widerstand zu brechen. In Nagasaki und seiner Umgebung befanden sich viele Regierungsbeamte und Soldaten. Priester, die heimlich nach Japan kamen, um diejenigen zu ersetzen, die hingerichtet worden waren, wurden schnell gefasst, weil ihre westlichen Augen und ihr Akzent sie verrieten. Viele Christen in Nagasaki zogen in die vorgelagerten Inseln oder in abgelegene Gebiete wie Urakami um. Sie ersannen Möglichkeiten, wie sie ihren christlichen Glauben ohne Priester leben und weitergeben konnten.

Sadakichi Moriyamas Ahnen gehörten zu der Gruppe, die in den Norden von Nagasaki in einen rauen Landstrich zogen, wo der kleine Urakami-Fluss in die Nagasaki-Bucht mündete. Sie wurden Farmer und Fischer und gründeten eine Untergrundkirche. Sie setzten einen »Wassermann« zum Taufen ein, einen »Kalendermann« für die Einhaltung der Termine von Advent, Weihnachten, der Fastenzeit, Ostern usw., und einen *Chokata* oder »Leiter« als Verantwortlichen für alles. Sadakichi Moriyamas Vorfahren waren die ersten *Chokata* und jeder älteste Sohn übernahm die Verantwortung, wenn sein Vater starb. Die *Tokugawa-Shogune* blieben zweieinhalb Jahrhunderte lang an der Macht, indem sie einen Polizeistaat errichteten, und ihre absolute Ablehnung des Christentums ließ nie nach. Im Jahr 1856 ging Kichizo Moriyama, der siebte in der Linie der *Chokata*, in eine Falle der Polizei. Er wurde gefangen genommen und starb unter der Folter, doch er verriet die ihm Anvertrauten nicht. Sein kleiner Sohn sollte Sadakichi Moriyamas Vater werden.

Im Jahr 1858 wurde Japan durch die Kriegsschiffe von Brigadegeneral Perry gezwungen, sich der Außenwelt zu öffnen und einen Handelsvertrag mit den Vereinigten Staaten zu unterzeichnen. Schon bald kamen Europäer nach Japan und bezogen Wohnungen in Orten wie Yokohama und Nagasaki. Als sie begannen, Kirchen zu bauen, bestimmte der *Shogun,* dass diese nur von Europäern betreten werden durften. Das Christentum war den Japanern verboten. Im Februar 1864 stellte Pater Petitjean von der Pariser Auslandsmissionsgesellschaft den Bau einer Kirche in Oura, einem südlichen Vorort von Nagasaki, fertig. Diese befand sich knapp unterhalb des heutigen Parkes *Glover Mansion,* der durch *Madame Butterfly* zu Ruhm gelangte, in einer Bucht, sechseinhalb Kilometer von der geheimen christlichen Gemeinde in Urakami entfernt. Die christlichen Leiter, die miterlebt hatten, wie ihr *Chokata* sechs Jahre vorher abgeführt wurde und gewaltsam im Gefängnis sterben musste, reagierten nur sehr zögerlich darauf. Außerdem warfen sie ein, dass die neu erbaute christliche Kirche vielleicht nicht dieselbe sei wie die ihrer Vorfahren, welche ihnen einige einfache Redensarten weitergegeben hatten. Eine davon lautete: Die Kirche wird nach Japan zurückkehren und ihr werdet sie durch drei Zeichen von anderen unterscheiden können: Die Priester werden im Zölibat leben, es wird eine Marienstatue geben und diese Kirche wird dem Papst in Rom gehorchen.

Ein paar Christen aus Urakami gingen an einem Markttag an der neuen Kirche in Oura vorbei. Einer von ihnen schaffte es, sie unbemerkt zu betreten. Dort sah er eine Marienstatue, die das Christkind auf dem Arm trug. Sie befragten dann die in der Nähe Wohnenden über den großen Franzosen in Schwarz und ihnen wurde gesagt, dass er keine Frau habe. Doch sie sahen vor der Kirche auch den verhängnisvollen Anschlag der Regierung, der darauf hinwies, dass diese nur für Ausländer bestimmt war und dass jeder Japaner, der im Inneren vorgefunden wurde, das volle Ausmaß der antichristlichen Verordnungen zu spüren bekommen würde.

Der Sohn des *Chokata* Moriyama war zu jung, um eine Entscheidung zu treffen. Die Ältesten plädierten dafür, zu warten, bis sie mehr Gewissheit über die Kirche in Oura hätten. Ihre Frauen, die sie als feige Zauderer tadelten, kündigten an, dass sie sich mit dem Franzosen treffen wollten, da sie genügend Beweise hätten. Am folgenden Tag, dem 17. März 1865, zogen sie Regenmäntel aus Stroh an, denn der Himmel war stark bewölkt. Sie machten sich mit mehreren Fischerbooten auf den Weg, fuhren fünf Kilometer an der Ostseite der Nagasaki-Bucht entlang und landeten genau unterhalb von Dejima. Sie gingen den Hügel hinauf und versuchten, wie Fischerleute auszusehen, die in die Stadt kamen, um Vorräte zu kaufen. Als sie sahen, dass keine Polizisten oder Beamte in Sichtweite waren, liefen sie schnell die Steintreppe hinauf und in die Kirche hinein.

Im Inneren las Pater Petitjean gerade sein Brevier. Er war deprimiert. Als Priesteramtskandidat in Paris war er fasziniert gewesen, wenn er in den Büchern über die japanischen Christen aus den sechzig Jahren nach Franz Xavers ersten Taufen las. Er hatte die ausführlichen Berichte über die sechsundzwanzig Kreuzigungen in Nagasaki gelesen, über Baron Ukon Takayama, Lady Tama Hosokawa und Tausende Japaner aller Schichten, die lieber den Tod gewählt hatten, anstatt ihrem christlichen Glauben abzuschwören. Als sich Japan für den Westen öffnete, war er mit großen Hoffnungen nach Nagasaki gekommen und hatte erwartet, dort einige überlebende Christen anzutreffen. Zu seinem Leidwesen fand er nur Feindseligkeit gegenüber dem Christentum vor. Das heutige Wetter passte gut zu seiner Stimmung, während er allein in seiner neu erbauten Kirche kniete.

Er schaute erstaunt auf, als die Gruppe der derb gekleideten Japanerinnen aus Urakami über den *Tatami*-Boden zu ihm herüberkam, um ihn zu grüßen. *Santa Maria no gozo wa doko?,* fragte eine Frau namens Yuri, was »Lilie« bedeutet. »Wo ist die Statue der heiligen Maria?« Der Priester war zu überrascht, um sofort zu antworten. Eine andere Frau, Teru, was »Kronleuchter« heißt, versicherte ihm: »Unsere Herzen und Ihr Herz sind gleich.« Sie wiederholte die Frage: *Santa Maria no go zo? – Ah ja, ja. Doozo, doozo.* »Bitte kommen Sie hierher.« Er führte sie um die Ecke zum Seitenaltar an der östlichen Wand. »Ah! Sie ist es! Sie ist es!« Man konnte die Erleichterung des jahrhundelangen Wartens in Terus Stimme hören. »Ja, sie ist es. Sie trägt das Kind Zezus in ihren Armen.« Einige Aussprachen, das musste der Priester entdecken, hatten sich über die Jahrhunderte verändert, doch als er sie fragte, was sie glaubten, entdeckte er, dass sie die Wahrheit gesagt hatten: Ihre Herzen und seines waren gleich.

Pater Petitjean erfuhr, dass der geräumige Viehstall der Moriyamas der Treffpunkt für die verborgenen Christen aus Urakami war. Er sandte eine Botschaft an den Wassermann, den Kalendermann und an die Ältesten. Sie warnten ihn vor der Gefahr, die drohte, falls die Regierungsbeamten der Stadt ihre Identität herausfinden sollten. Deshalb verkleidete er sich als Bauer und ging erst nach Einbruch der Dunkelheit los. Er feierte die Messe in diesem Stall, mit Reisstroh unter seinen Füßen, um den Mist zu überdecken. Die Japaner sind ein Volk, das an Symbole gewöhnt ist, und die Menschen waren begeistert darüber, dass die erste Messe in einem Kuhstall abgehalten wurde. Die Geschichte der kleinen Familie, die in der dunklen Advents- und Weihnachtszeit unterwegs war und der die Stadtbewohner die Unterkunft verweigerten und die schließlich von den Soldaten des Herodes gesucht wurde, war in den fünfundzwanzig Jahrzehnten der Verfolgung zu einer Lieblingsgeschichte geworden. Sie gaben ihrem Vieh am 25. Dezember sogar zusätzliches Stroh!

Die Regierungsbeamten von Nagasaki, die schließlich Wind von den verborgenen Christen und dem französischen Priester bekamen, baten die Zentralregierung um neue Anweisungen. Der *Tokugawa-Shogun* regierte das Land zwar noch immer, doch seine Regierung war geprägt von politischer Unsicherheit. Militante *Daimyō* rekrutierten *Samurai*-Kämpfer für »die glorreiche Sache« der Befreiung des Kaisers von der jahrhundertelangen Gefangenschaft durch das Tokugawa-Regime, das ihn in einem goldenen Käfig in Kyoto gefangen gehalten hatte. Außerdem wollten sie Japan gegen die wachsende Bedrohung aus dem Westens stärken. In diesem letzten Jahr der Tokugawa-Diktatur, durch die beinahe alle japanischen Christen im 17. Jahrhundert ausgerottet worden waren, befahl diese den Regierungsbeamten in Nagasaki, die schwelende christliche Glut auszutreten. Dementsprechend wateten am 15. Juli 1867 um drei Uhr morgens Soldaten durch den strömenden Regen und verhafteten achtundsechzig christliche Leiter. Weitere Verhaftungen folgten und schließlich wurden alle 3 414 Christen aus Urakami, von gebrechlichen, alten Menschen bis hin zu schreienden Babys, in neunzehn Internierungslager gebracht, die extra im ganzen Land erstellt worden waren. Die Regierung verteilte sie auf unterschiedliche Gefangenenlager, um ihre Einheit zu zerstören. Wenn die Christen an ihrer Religion festhielten, wurden Folter und die Todesstrafe eingesetzt.

Weniger als ein Jahr später wurde die Tokugawa-Diktatur gestürzt und der Kaiser wurde in Person des Kaisers Meiji wieder in sein Amt eingesetzt. Angesichts der feindlichen westlichen Kolonialmächte, die sich in Asien ausbreiteten, betrachtete die Meiji-Regierung die nationale Einheit als höchste Priorität. Das Christentum kam aus dem Westen und war ein Störfaktor. Der Shintoismus war rein japanisch und wurde somit zum verbindenden Element der Einheit, da er sowohl die Anbetung des Kaisers als auch die heilige Bestimmung des Landes lehrte. Die Christen waren potenzielle Verräter in einem Japan, das sich gegen die Kolonialmächte aus dem christlichen Westen wappnete. Die Versuche in den Gefangenenlagern, die Christen wieder »zurückzubekehren«, waren brutal und viele Christen starben dabei. Die Europäer, die in Nagasaki lebten, informierten die westliche Presse. Daraufhin erschienen diverse Artikel und die ausländischen Regierungen legten offiziell Protest ein, was schließlich dazu führte, dass die Meiji-Regierung ihre Richtlinien änderte. Nur fünf Jahre, nachdem die Christen aus Urakami gezwungen worden waren, in einem Fußmarsch in ferne Gefängnisse zu gehen, hinkten sie wieder nach Hause. Sechshundertvierundsechzig Menschen, knapp zwanzig Prozent, waren in der Gefangenschaft gestorben und viele andere waren körperlich in einer jämmerlichen Verfassung. Während die Regierung sie als Verräter gebrandmarkt hatte, war ihr Besitz für jedermann freigegeben worden. Ihre landwirtschaftlichen Geräte, Möbel, Boote, Fischereiausrüstung und alles andere, was einen Wert hatte, war verschwunden. Die Wildnis, die ihre einst gepflegten Reisfelder überdeckte, trieb ihnen die Tränen in die Augen.

Eine Kalligrafie von Takayama.

Der christliche *Daimyō,* Baron Ukon Takayama (Taufname: Justo).

7.

Die Glocken von Nagasaki

Mit dem Kommen der französischen Priester waren die traditionellen Ämter des Leiters, Wassermannes und Kalendermannes erloschen. Der letzte Leiter war im Jahr 1856 im Gefängnis gestorben. Sein kleiner Sohn, der im rauen »Exil von Babylon« heranwuchs, kam mit den Verbannten nach Urakami zurück und ließ den Viehhandelsbetrieb der Familie wieder aufleben. Zu gegebener Zeit heiratete er und im Jahr 1907 machte sich sein ältester Sohn Sadakichi auf die Reise nach Ukujima, um dort Vieh einzukaufen. Die Insel, die dreihundertzwanzig Kilometer westlich von Nagasaki liegt, ist die nördlichste der Gotō-Inseln. Viele Christen waren auf die Gotō-Inseln geflohen, als die Verfolgung Anfang des 17. Jahrhunderts ausbrach. Sie gründeten dort heimlich christliche Gemeinschaften, die immer noch bestanden. Doch die Insel Ukujima verweigerte den Christen den Zugang, weil sie Repressalien durch das Tokugawa-Regime befürchtete. Die Einwohner von Ukujima betrachteten die Christen auch jetzt noch als gefährlich. Als Sadakichi und ein Mädchen der Insel, Tsumo Akagi, sich ineinander verliebten, führte dies zu großen Problemen. Der Farmer Akagi war strikt dagegen, dass seine Tochter Tsumo einen Christen aus Nagasaki heirateten wollte.

Das Mädchen floh daraufhin mit dem Schiff, auf dem das Vieh transportiert wurde, nach Nagasaki. Ihr Vater folgte ihr mit dem nächsten Schiff und brachte sie zurück. Sie floh erneut und ihr Vater enterbte sie daraufhin. Der Einzige, der sich sehr freute, sie wiederzusehen, war Sadakichi. Seine Eltern waren entschieden dagegen, dass ihr ältester Sohn eine *Mi-shinja,* eine Ungläubige, heiratete. Die Frauen aus Urakami sahen in ihr eine Rivalin, die ihnen den begehrten Viehhändler abspenstig machte, und sie gaben ihr den Spitznamen »die Krähe«. Dieser zielte auf ihr üppiges pechschwarzes Haar ab, das ihr wunderschönes Gesicht betonte, dem die Sonne und die salzige Luft ihrer Heimatinsel einen besonders schönen Glanz verliehen hatten. Trotz des Widerstandes heirateten die beiden. Im Jahr 1908, in dem Jahr, in dem Takashi Nagai geboren wurde, bekamen sie ihr einziges Kind, eine Tochter namens Midori. Als Sadakichis Vater starb, erbten sie das Haus der Vorfahren und den Viehhandelsbetrieb.

Nun, Ende des Jahres 1931, stand Nagai vor ihrem Haus. Sadakichi und seine Frau lebten dort allein. Ihre Tochter wohnte in einer anderen Stadt, wo sie als Lehrerin arbeitete. Nagai ahnte nicht, dass dieses zweistöckige Haus zweieinhalb Jahrhunderte lang der geheime Treffpunkt der verborgenen Christen gewesen war. Er wusste nur, dass es für ihn als Untermieter ideal zu sein schien. Er rief: *O jama itashimasu?* (»Ist jemand zu Hause?«) Tsumo kam an die Tür, ihr einst üppiges schwarzes Haar war nun an manchen Stellen grau meliert. Nagai stellte sich als Student der nahe gelegenen Medizinischen Fakultät der Universität vor, der auf der Suche nach einer Unterkunft war. Er fragte, ob sie ein Zimmer frei hätten. In seiner strengen Studentenuniform mit den Metallknöpfen, den polierten Schuhe und mit dem netten Lächeln machte er einen guten Eindruck. Tsumo antwortete freundlich und bat ihn, zu warten, während sie sich mit ihrem Ehemann besprach. Er war im Kuhstall draußen und sie entschieden sich schnell, dass sie keinen Untermieter bräuchten. Sie ging zurück und gab Nagai eine höfliche Absage.

Nagai nahm sich eine erste Absage nie zu Herzen. Zwei Tage später stand er wieder vor der Eingangstür und bat, mit einer tieferen Verbeugung und einem breiteren Lächeln, ob sie sein Anliegen nicht noch einmal überdenken könnten. Tsumo lächelte über seine freundliche Hartnäckigkeit und ging ins

Wohnzimmer, um sich mit ihrem Ehemann zu beraten. Sie waren erst vor Kurzem von der Sonntagsmesse zurückgekommen und Sadakichi sagte: »Vielleicht ist es wie in der heutigen Predigt und der Herr hat ihn geschickt. Dann nutzt es nichts, wenn wir ablehnen. Tsumo, was denkst du, sollen wir ihn nehmen?« Sie mochte den Studenten bereits und stimmte bereitwillig zu. Einige Stunden später an jenem Tag summte Takashi eines der prächtigen Volkslieder der Bewohner von Kyūshū vor sich hin, während er seine Sachen in dem geräumigen Zimmer im zweiten Stock auspackte. Er war sehr zufrieden mit sich.

Nagais Aufenthalt im christlichen Urakami erwies sich als maßgeblich und er schrieb darüber ausführlich in einem späteren Buch. Um 5.30 Uhr wurde er jeden Tag durch das Läuten der beiden großen Glocken aufgeweckt, das von der nahe gelegenen Kathedrale erklang. Kurz darauf hörte er die Stimmen der Moriyamas, die unten laut im Nagasaki-Singsang beteten. Es hörte sich fast wie ein Sprechchor an. Am späten Nachmittag um achtzehn Uhr läuteten die Glocken erneut und er stellte fest, dass die Menschen innehielten und den Angelus beteten. Manchmal wurde er von den Moriyamas zum Essen eingeladen und er entdeckte schnell, dass Sadakichi nur zu gern von der christlichen Religion sprach. Nagai empfand seine Heftigkeit, die manchmal von heißem Sake angeheizt wurde, eher abschreckend. Er wollte den Glauben und die Praxis des christlichen Glaubens in Ruhe und auf seine Art kennenlernen.

Etwa drei Monate, nachdem er bei den Moriyamas eingezogen war, machte ein Professor im Unterricht eine beiläufige Bemerkung über die Märtyrer von Nagasaki. Das allein war noch nichts Außergewöhnliches, denn die sechsundzwanzig, die auf dem Nishizaka-Hügel gekreuzigt worden waren, und Tausende, die in und in der Umgebung der Stadt getötet worden waren, kamen in sämtlichen Büchern über Nagasaki und auch in den offiziellen Reiseführen und Prospekten für Touristen vor. Der Professor hatte die Märtyrer als »Fanatiker« abgetan. Die Christen in Urakami sahen für Nagai jedoch nicht wie Fanatiker aus. Er dachte, dass sie den anderen in einigen Gebieten der »Aufklärung« sogar überlegen waren. Zum Beispiel war jeder Sonntag ein freier Tag, an dem die Arbeiter ihre Werkzeuge ruhen ließen und die Familien zusammen die Ruhe genossen. Das übrige Japan war noch Jahrzehnte von einem wöchentlichen Ruhetag für die Arbeiter entfernt. Der Kindergarten, den die Nonnen nicht weit entfernt von der Kathedrale führten, war sechzig Jahre alt und damit der erste Kindergarten in Japan. Das Waisenhaus und diverse Schulen, die die Nonnen leiteten, schienen auf jeden Fall genauso gut zu sein wie jene, die vom Staat unterhalten wurden. Die japanischen Schwestern, Patres und Priester, die er in Urakami und Umgebung traf, brachten eine Saite in ihm zum Schwingen. Ihr Leben in Armut, Keuschheit und Hingabe ähnelte dem Leben der buddhistischen Mönche, die in der Vergangenheit in Japan gelebt hatten, als der Buddhismus noch das Herz des japanischen Lebens war und jedes Dorf seinen *O-tera* bzw. buddhistischen Tempel gehabt hatte. Er war ein architektonisch schönes Gebäude und ein Zentrum des klassischen Lernens. Doch immer wieder geschah in der Geschichte Japans dasselbe: Wenn der Buddhismus einflussreich wurde, mischte er sich in die weltlichen Regierungsangelegenheiten ein und musste daraus wieder verdrängt werden. Die europäische Christenheit schien eine ähnlich verhängnisvolle Schwäche zu haben, dachte Nagai, die sich in den Kreuzzügen, der Inquisition, der Galileo-Affäre und dem Segen, den die Institution Kirche dem Sklavenhandel und dem Missbrauch in Südamerika, Afrika und großen Teilen Asiens gab, widerspiegelte. Vielleicht hatte der Professor recht, wenn er behauptete: Religion ist gefährlich, weil sie immer in Fanatismus endet. Der Einsatz für eine Religion wäre zu hoch, wenn das Ergebnis Fanatismus und der Verlust des gesunden Menschenverstandes wäre.

Nagai hörte, dass der Mesmer der Kathedrale eine Sammlung von christlichen Reliquien hatte, die dreihundert Jahre alt waren. Er stattete ihm einen Besuch ab und der asthmatische alte Mann führte ihn in einen großen Raum, wo er Kruzifixe, Rosenkränze, Bilder und Gemälde von *Maria Kannon* aus dem

17. Jahrhundert aufbewahrte. Die Letzteren weckten Nagais Interesse. *Kannon* ist die buddhistische Göttin des Mitgefühls, die man überall in Asien antrifft: als *Kuan Lin* in China, als *Avolokita Ishvara* in Indien und als *Chen-resigs* in Tibet. Keine Frau kann ins Nirvana gelangen und ein Buddha werden, sondern sie muss zuerst als Mann in einem Zwischenstadium der Erlösung wiedergeboren werden. *Kannon* ist deshalb ein Mann, doch das Gesicht ist immer weiblich, um *Kannons* Sanftmut und ihre alles umfassende Barmherzigkeit zu betonen. Als die Regierungsbeamten ihre Hausdurchsuchungen verstärkten, um die Christen in Nagasaki zur Strecke zu bringen, erstellten die Letzteren Keramikbilder von Maria. Diese Bilder ähnelten *Kannon*. Lediglich ein kleines Kreuz wurde in oder hinter das Bild platziert und häufig trug *Maria Kannon* ein Kind. Als die Beamten sahen, wie die Christen vor diesen Bildern knieten, nahmen sie an, dass sie buddhistische Anhänger von *Kannon* waren, und ließen sie in Ruhe.

Nagai nahm das Angebot einer Kirchenführung des Mesmers an. Die Kathedrale war knapp hundert Meter lang und damit die größte im Fernen Osten. Sie hatte Platz für fünftausend Gottesdienstbesucher und ihre beiden Glockentürme waren über dreißig Meter hoch. Der Mesmer erzählte Nagai, wie viel Mühe es gekostet hatte, die Kathedrale zu bauen und dass er selbst Teil dieser Geschichte war. Er war 1872 noch ein Junge gewesen, als sie nach Jahren der Entbehrung aus den Lagern, die in ganz Japan verstreut waren, nach Urakami zurückkehrten. Die ersten Jahre waren sehr primitiv, weil all ihre Gerätschaften gestohlen worden waren und sie ihre überwucherten Felder mit zerbrochenen Dachziegeln und Keramikscherben umgraben mussten. Sie hatten ihren Blick auf das große Haus gerichtet, das Urakami überragte und den Regierungsbeamten gehört hatte, die für die Vernehmung ihrer Ältesten und für ihren Transport in die Gefangenenlager verantwortlich waren. Nachdem sie hart gearbeitet hatten, um genug Geld zusammenzubringen, hatten sie diese Residenz der Regierungsbeamten gekauft, das Haus abgerissen und an dessen Stelle eine Holzkirche errichtet.

Bis zum Jahr 1895 hatten sie schließlich genug Geld zusammengespart, um die alte Holzkirche abzureißen, und unter der Leitung eines Hobbyarchitekten und Priesters konnten sie mit dem Bau einer Kathedrale aus Stein und Backsteinen beginnen. Fast jede Familie beteiligte sich daran. Einige Männer transportierten mit Lastkähnen die riesigen Steinblöcke für den Grundstein aus Kumamoto, die anschließend den Hügel hinauftransportiert werden mussten. Andere gingen in die Berge, um Bäume zu fällen und das Holz zu behauen. Die Frauen und Kinder arbeiteten in Schichten, um Hunderttausende rote Backsteine herzustellen. Der französische Priester lehrte die Christen, wie man Zement- und Gipsstatuen anfertigt und die von Natur aus begabten Künstler unter ihnen formten Figuren und architektonische Ziergegenstände aus Granit. All dies wurde von Menschen getan, die knapp über der Armutsgrenze lebten, und sehr häufig ging ihnen das Geld und das Material aus und sie mussten ihre Arbeit unterbrechen. Schließlich wurde die Kathedrale, zweiundzwanzig Jahre nachdem sie die riesigen Steinblöcke den Hügel hinaufgeschleppt hatten, fertig. Man schrieb das Jahr 1917, als die Wirtschaftslage besser wurde und Japan zu den Alliierten im Krieg gegen Deutschland gehörte und dabei selbst nur sehr geringe Kosten zu verzeichnen hatte.

Nagai hatte gelesen, dass die berühmten gotischen Kathedralen von Chartres und Köln ebenfalls durch freiwillige Arbeit von ungelernten, gewöhnlichen Menschen gebaut worden waren. Manchmal dauerte es ein ganzes Jahrhundert, um eine Kathedrale zu errichten, und es gab dabei alle möglichen Unstimmigkeiten in der Konstruktion! Gegenüberliegende Wände, zusammenpassende Fenster und Dachabschnitte waren häufig nicht richtig ausgerichtet. Dennoch stehen diese Gebäude nun schon seit sechs Jahrhunderten und länger – erhabene Errungenschaften des menschlichen Geistes. Als Nagai nach Nagasaki kam, war diese Kathedrale in Urakami der erste Störfaktor für ihn gewesen. Alles, von ihren geräuschvollen Glocken bis hin zu ihrer beklemmenden Form und Farbe, war ein

Angriff auf seinen Sinn für das *Nihon-teki,* das rein Japanische. Doch nun wurde sein Urteil milder, als er erfuhr, dass die Kathedrale nicht durch ausländisches Geld gebaut worden war, sondern durch arme japanische Bauern und Fischer. Er empfand Stolz darüber, dass Japaner, deren einziger Ausbildungsort die Reisfelder und Fischerboote waren, etwas so Edles geschaffen hatten.

Nagai machte auf seinem Nachhauseweg von der Kathedrale einen Umweg und ging um den Inasa-Berg herum. Dabei ließ er seine Augen über die Reisfelder und die mit Stroh gedeckten Hausdächer der Bauernhäuser wandern. Sie trugen den Fingerabdruck der japanischen Wertarbeit, die er so liebte. Sogar in den alltäglichen Dingen war die sinnvolle, praktische Nutzbarkeit mit künstlerischer Schönheit verbunden. Nagai liebte diese *Nihon-teki*-Tradition, die er sogar in den Bauernhäusern von Urakami entdeckte. Er liebte die ernste Schönheit der *Tatami*-Matten auf den Fußböden, die durch die unaussprechliche Lieblichkeit des Sonnenlichts zur Geltung kam, das von dem schneeweißen Papier der *Shoji* eingefangen wurde. Die *Shoji,* die Schiebefenster und Trennwände, die es in allen japanischen Häusern gibt, bestehen aus einem äußeren Holzrahmen und aus Gitterstreben aus unlackiertem Weichholz, auf die das Papier aufgeklebt wird. Die *Shoji*-Trennwände können herausgenommen werden, sodass aus dem ganzen Haus ein großer Raum entsteht, in dem man bei den wichtigen Ereignissen im traditionellen Leben der Japaner wie Totenwachen und Jahresgedenkfeiern für die Verstorbenen viele Gäste beherbergen kann.

Nagai war der Meinung, dass die Japaner ihr starkes Gefühl für Schönheit ihren Müttern verdankten. Als Mädchen, egal ob sie aus einem reichen oder armen Haus stammten, wurde ihnen die jahrtausendealte japanische Tradition der weiblichen Eleganz und Anmut beigebracht. Das Erlernen dieser Tradition wurde als grundlegende Vorbereitung für die Ehe betrachtet und sie war der Grund, warum es in jeder Stadt und in jedem Dorf florierende Kurse für *Ikebana,* die Kunst des

Blumenarrangements, und *Cha-no-yu,* die Teezeremonie, gab. Seine Gedanken wanderten zurück zu seiner Mutter. Ihr ganzes Verhalten, die Art und Weise, wie sie den gewöhnlichen grünen Tee bei einer Mahlzeit servierte, bis hin zu ihrer Verbeugung, um Patienten und Besucher willkommen zu heißen und zu verabschieden, war von Anmut gekennzeichnet. Für Nagai war klar, dass die Mutter im japanischen Leben die zentrale Rolle spielte. Die starke Anziehungskraft des Mütterlichen und des Weiblichen wurde durch die allgemeine Beliebtheit der Bilder der buddhistischen Gottheit des Mitgefühls, *Kannon,* unterstrichen. Sogar die verborgenen Christen besaßen *Maria Kannon,* und er hatte auch die auffälligen Marienstatuen in der Kathedrale bemerkt – eine aus Stein von Maria unter dem Kreuz außen am Eingang und eine sanftere Variante im Inneren. Im Haus der Moriyamas stand eine Marienstatue in dem geschmackvollen, schlichten Alkoven, *Tokonoma,* der sich in jeder beliebigen Größe im Hauptraum eines jeden japanischen Hauses befindet, in dem die Familie ihre schönsten Kunstwerke ausstellt.

Eine Stunde später war Nagai in seinem eigenen, mit *Tatami*-Matten ausgelegten Zimmer bei den Moriyamas. Er schob den *Shoji* zur Seite und öffnete das Glasfenster, stützte sich auf die Fensterbank und starrte zu der riesigen roten Backstein-Kathedrale hinüber. Auf der Straße unter ihm ging ein Mädchen in einem verblassten Kimono langsam auf und ab. Sie mochte vielleicht zehn Jahre alt sein und hatte ein Baby auf ihren Rücken gebunden. Nagai wurde von der eigenartigen Melodie, die sie sang, berührt, während sie sich vor- und zurückbewegte, damit das Baby nicht schrie. War dies eines von diesen zauberhaften Volksliedern aus Kyūshū? Ah, jetzt konnte er es erkennen: *Kyrie Eleison, Christe Eleison!* Er erkannte die Worte wieder aus seiner flüchtigen Kenntnis der Beethoven- und Bach-Messen.

Ding – Dong – Dong. Plötzlich läuteten die Glocken der Kathedrale zum Angelus um achtzehn Uhr. Mehrere Feldarbeiter, die sich auf den Feldern in der Nähe der Kathedrale befanden, knieten nieder, um das alte Mariengebet zu beten. Das etwa zehnjährige Mädchen hielt ebenfalls inne. Ein wunderliches Bild tauchte plötzlich vor Nagais innerem Auge auf: Die Glocken hatten Urakami in ein Dörfchen in der Bretagne versetzt und er blickte nun auf ein Gemälde seines Lieblingsmalers Millet. Ebenso schnell wurde er traurig, weil die Christen von Urakami und die Bauern bei Millet einen Glauben besaßen, während er nur ein kompliziert denkender Student war, der viele Fragen hatte.

Ein junger Pflugochse begann unten in der Scheune zu brüllen. Als er gestern Abend von den Gotō-Inseln hergebracht worden war, hatte er versucht davonzulaufen und Moriyama-san hatte ihn im Stall anbinden müssen, wo er die ganze Nacht lang brüllte. Er war heute noch genauso widerborstig und versuchte zu entkommen. War er genauso wie dieser dumme Ochse, der ausbrechen und nach Hause fliehen wollte, obwohl er gar nicht wusste, wo dieses Zuhause war? Er ging zurück an seinen Schreibtisch und zog ein Medizinbuch heraus, um sich auf die morgigen Vorlesungen vorzubereiten. Er begann, den deutschen Text zu lesen und dachte bei sich: Hier ist mein Zuhause, hier ist der feste Boden unter meinen Füßen – in der Wissenschaft und in den überprüfbaren Fakten der Medizinwissenschaft! Sein Verstand war davon überzeugt, doch sein Herz spürte, dass etwas fehlte.

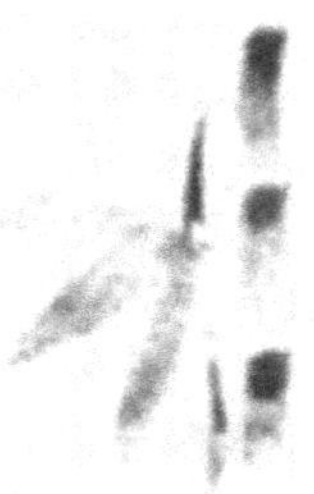

8.

Tau auf einer Ackerwinde

Wie der Tau auf der Ackerkwinde
sind der Mensch und sein Haus.
Keiner weiß, wer den anderen überleben wird.

Kamo-no Chōmei, *The Ten Foot Square Hut*
Kyoto, 13. Jahrhundert

Die Einwohner von Nagasaki feierten den Beginn des neuen Jahres 1932 mit *O-Mochi,* den traditionell gestoßenen Reiskuchen. Die Familien tauschten ihre Alltagskleider gegen herrliche Kimonos und statteten den *Shintō*-Schreinen einen Besuch ab, um den Göttern für das alte Jahr zu danken und sie um Schutz für das neue zu bitten. Die Eltern lächelten stolz ihren in Kimonos gekleideten Kindern zu, die das traditionelle Federballspiel[9] auf den Straßen spielten. Sie ahnten nicht, dass die Gewalt, die sich über der Mandschurei zusammenbraute, sich schon bald zu einem tobenden Flächenbrand entwickeln würde, der über das Gelbe Meer schwappen und die japanischen Städte entflammen würde. Langweilige Militäruniformen und die formlosen *Monpe*-Pumphosen der Frauen würden die prächtigen Kimonos ersetzen. Viele Jungen, die fröhlich Federball auf den Straßen von Nagasaki spielten, würden im grausamen Nahkampf in den chinesischen Bergen oder im malaysischen Dschungel sterben.

---

[9] Ein östlicher Vorläufer von Badminton (Anm. d. Verf.).

China war in Unruhe versetzt wegen des Einflusses, mit dem die Fremden sich in seine Angelegenheiten einmischten. Als Vergeltungsmaßnahme für die letzte japanische Besetzung der Mandschurei rief China einen Boykott für japanische Waren in dem wichtigen Hafen von Schanghai aus. Japans Export, der bereits unter den westlichen Zöllen litt, wurde durch die Blockade in Schanghai massiv in Mitleidenschaft gezogen. Am 28. Januar zogen die japanischen Streitkräfte in der Mandschurei, die Kwantung-Armee, nach Süden und griffen Schanghai an. Die Chinesen leisteten heroischen Widerstand und es entwickelte sich eine militärische Patt-Stellung. Am 3. März wurde der Friedensvertrag unterzeichnet. Doch der Vertrag, der mit gepinselten Schriftzeichen unterschrieben wurde, war nur ein Stück Papier über der Spitze des brodelnden Vulkans. Schon bald sollte glühende Lava hervorbrechen und sich einen Weg bis nach Nagasaki bahnen.

Der junge Nagai verschwendete jedoch kaum einen Gedanken an die Weltpolitik. Seine Prüfungen standen kurz bevor, ein äußerst wichtiger Hügel war zu erklimmen nach einem Marathon von achtzehn Jahren. Damals begannen die japanischen Kinder ihren schulischen Werdegang mit sechs Jahren in der sechsjährigen Grundschule. Wenn sie eine weiterbildende Schule besuchten, folgten fünf Jahre Mittelschule. Die anschließende Highschool dauerte noch einmal drei Jahre lang, sodass sie dann im Alter von etwa zwanzig Jahren zur Universität gehen konnten. Nagai stand einen Monat vor seinem vierundzwanzigsten Geburtstag. Er bereitete sich auf das nationale Examen vor, bei dem er promoviert werden sollte.

Er und seine Kommilitonen gönnten sich während der Neujahrsferien des Jahres 1932 nur wenig Freizeit. Von Anfang Januar bis Mitte März mussten sie sich strengen Prüfungen in neun Fächern unterziehen – Innere Medizin, Chirurgie, Hals-, Nasen-, Ohrenerkrankungen und ihre Behandlung, Psychiatrie, Augenheilkunde, Gynäkologie, Dermatologie, Urologie und Kindermedizin. Nach den schriftlichen Prüfungen bekam jeder Student mehrere Patienten zur Behandlung zugewiesen und ein anwesender Professor sah mit kritischem Blick zu und benotete sie entsprechend den Behandlungsstandards. Nagai, der in allen Fächern in den letzten vier Jahren mit an der Spitze gewesen war, schaffte seine Prüfungen mit Bravour. Er wurde von der Universität mit einer Medaille ausgezeichnet und dazu bestimmt, am Tag der Abschlussfeier die Rede zu halten. Er schrieb seinem Vater, berichtete ihm davon, und fügte hinzu, dass er vorhabe, nach der Abschlussfeier nach Hause zu kommen und unter ihm zu arbeiten. Doch obwohl dieser nun die Strapazen der Arbeit spürte und die milde Fürsorge seiner Frau schmerzlich vermisste, lehnte er das Angebot ab. »Deine Mutter hat gearbeitet und Opfer gebracht, damit du ein erstklassiger Arzt werden kannst. Ich weiß zufällig, dass du eingeladen wurdest, an der Universität zu bleiben und dort zu arbeiten, also nutze die Gelegenheit. Doch ich weiß dein Angebot zu schätzen.«

Vorerst vergaß der junge Nagai alles andere, auch die quälenden Fragen Pascals, und er machte sich daran, Ideen für die Abschlussrede zu sammeln. Sie musste intellektuelle Tiefe aufweisen und wissenschaftlich sein, aber nicht zu kühl. Sie musste den neuen *Yamato-damashii,* den Geist Japans, enthalten, modern, aber mit Emotionen aus der antiken *Man'yōshū*-Poesie angereichert sein. Er schämte sich, weil Japan in medizinischer Hinsicht immer noch zu den unterentwickelten Ländern gehörte. Krankheiten wie Tuberkulose grassierten noch immer. Er wollte seine Ansprache mit einem mitreißenden Aufruf an seine Kommilitonen beenden und sie bitten, alles in ihrer Macht Stehende zu unternehmen, damit sie den westlichen Ärzten mit erhobenem Haupt entgegentreten konnten. Nachdem er sich für den Inhalt entschieden hatte, setzte er sich hin, um die Rede mit Pinsel und chinesischer Tinte niederzuschreiben. Befreit von dem schwierigen Deutsch seiner medizinischen Lehrbücher schrieb er zügig und freute sich darüber, dass seine Muttersprache von Dichtern geschaffen worden war.

Er sollte die Rede jedoch nicht halten. Einige Tage vor der Abschlussfeier ereignete sich eine Tragödie. Anfangs wies nichts auf den unglücklichen Verlauf hin, als das Ganze bei der *Sayōnara*-Party begann, die in Nagasakis elegantem chinesischem Restaurant *Tsutenkaku*, »dem schweren Palast«, stattfand. In den letzten beiden Monaten des Studiums und der Prüfung waren sie alle unter großem Stress gestanden, und in dem Moment, als sie das Restaurant durch den glänzenden Eingang betraten, freuten sich die Studenten auf einen unterhaltsamen Abend. Junge Geishas tauchten auf, die wie herrlich gemalte Schneegänse aussahen. Zuerst sahen sie teilnahmslos und hölzern hinter ihren stark geschminkten weißen Gesichtern aus, doch als der Alkohol zu fließen begann, wurden sie lebendig. An vieles, was auf der Party geschah, konnte sich Nagai später nicht mehr erinnern, doch er erinnerte sich an den Alkohol, den sie in großen Mengen tranken – Bier, chinesischen Schnaps, japanischen Sake und teuren europäischen Wein. Die Geisha begann zu singen und zu tanzen und sie zog die Studenten mit schrillem Lachen und nicht wenigen Stürzen von ihren Tischen.

Nagai war in seinem ganzen Leben noch nie so zuversichtlich gewesen. Die Welt war ein Ball, der in seiner Hand lag und genauso leicht gedreht werden konnte wie diese hübsche Geisha aus Sasebo, die ihre Aufmerksamkeit den Großteil des Abends auf ihn gerichtet hatte. Das kleine Kätzchen dachte, sie könnte ihn betrunken machen, doch sie rang nach Luft und spreizte ihre zierlichen Finger, als er jedes Getränk hinunterschüttete, das sie ihm servierte. Er bemerkte, dass er dennoch beschwipst war, als er aufstand, um eines seiner Talente zum Besten zu geben, den Tanz des Schlangenkopffisch-Fängers. Der Applaus folgte und er trank noch mehr Alkohol.

Das Restaurant schloss, als es schon weit nach Mitternacht war. Die Studenten gratulierten einander lautstark auf der Straße und plauderten mit einer Gruppe angehender Geishas, die an ihnen vorbeiging. Danach verabschiedeten sie sich voneinander und sangen zum Abschluss noch ein stürmisches Studentenlied. Danach wollte er nach Hause. Nach Hause? Wo war sein Zuhause? Hahaha! Ganz Nagasaki drehte sich. War er ein

Schlangenkopffisch in einem Fischglas? Oder stand er still und das Fischglas drehte sich? Ah, das war es – er musste sein Fischglas auf einen Sitz in der Straßenbahn stellen. Straßenbahnen fahren geradeaus, selbst wenn Fischgläser das nicht tun. Hier ist die Haltestelle. Was, keine Straßenbahnen? Na so was! Was für ein dummer Bürgermeister, der die Straßenbahnen so früh schlafen schickte. Tja, auch wenn der Bürgermeister so dumm ist, die Taxifahrer sind das nicht. Sie gehen nie ins Bett. Oh nein! Das kann nicht sein. Ja, pleite! Dieser blöde Schatzmeister! Er hatte nicht genug Geld mitgebracht, um die Rechnung zu bezahlen und wir hatten ihm aushelfen müssen. Egal, was macht es schon. Ich werde die Abschlussrede halten und die Medaille bekommen und dieses Mädchen aus Sasebo mochte mich am liebsten und ein *Samurai*-Dichter liebt es, im Regen zu gehen. Hurra!

Es fiel nur ein feiner Frühlingsnieselregen, doch zu dem Zeitpunkt, als Nagai bei den Moriyamas ankam – und außen herumging, damit die Kühe nicht unruhig wurden und Sadakichi und Tsumo aufweckten –, war er bis auf die Knochen durchnässt. Doch für ihn war es in Ordnung. Wie könnte er ein Schlangenkopffisch in einem Fischglas sein, wenn er nicht nass wäre? Halb schwamm, halb kroch er die Treppe hinauf, zog seinen Futon heraus, die gepolsterte Matte, die auf den *Tatami*-Matten ausgelegt wird, und murmelte: Ihr Schlangenkopffische, jetzt legen wir uns alle für eine Weile auf den Grund des Sees.

Ein dröhnender Kopfschmerz riss ihn aus seiner Schlaftrunkenheit. Die Sonne stand hoch am Frühlingshimmel und das Licht schien grell in seine Augen. Seine Ohren schmerzten und seine Glieder waren bleiern. Eine Stimme rief etwas vom Fuß der Treppe herauf. Nein, antwortete er heiser, er bräuchte keine Mahlzeiten und wäre dankbar, wenn er nicht gestört würde. Er wollte den ganzen Tag in seinem Zimmer bleiben. Nachdem er wieder für sich war, entschied er, dass es sich nur um einen schlimmen Kater handelte. Dann nahm ein paar Kopfschmerztabletten, zog seine feuchte Bekleidung aus, und legte sich wieder hin. Glücklicherweise brach bald die Dunkelheit herein, doch sie leitete gleichzeitig auch die unruhigste Nacht seines Lebens ein.

Am nächsten Tag, lange bevor die Sonne über dem Konpira-Berg auftauchte, kämpfte er sich in seine Bekleidung und ging erschöpft nach unten. Sein Kopf dröhnte so sehr, dass es beinahe jedes andere Geräusch übertönte. Moment – jedes andere Geräusch? Er bemerkte, dass er fast gar nichts hören konnte! Er war froh, dass die Moriyamas draußen im Kuhstall waren und ihn nicht sahen. Er kämpfte sich den knappen Kilometer bis zum Krankenhaus durch und klappte dann zitternd auf einem Stuhl zusammen. Seine alte Freundin, die Oberschwester, warf nur einen Blick auf ihn, dann steckte sie ihn in ein Bett und holte den diensthabenden Arzt.

Es dauerte nicht lange, bis die Diagnose feststand: »akute Mittelohrentzündung und Gefahr einer Meningitis«. Der Arzt wies die Oberschwester darauf hin, dass Nagai, falls seine Krankheit sich zu einer Meningitis entwickeln würde, möglicherweise sterben könnte. Nagai lag ihr sehr am Herzen und er war der diesjährige Topabsolvent der Universität. Sie ließ ihn sofort in ein Privatzimmer verlegen und rief einen Professor an, der ein erstklassiger Ohrenspezialist war, und den sie bat, sofort zu kommen. Der junge Nagai schaute auf, als der Arzt seine Schulter berührte, und sah, dass es sich um genau den Mann handelte, der versucht hatte, ihn mit der Tochter eines Millionärs zu verheiraten! Nagai fühlte sich zu schwach, um die Komik der Situation zu erkennen.

Der Professor entnahm Flüssigkeit aus Nagais Rückgrat und stieß einen leisen Pfiff aus, als er die verräterischen Zeichen einer Meningitis erkannte. Der junge Nagai, ein Mensch – robust, immer aktiv, der Beste seiner Klasse. Nun konnte alles für ihn vorbei sein! Die Hämolyse hatte bereits begonnen, Nagais rote Blutkörperchen zu zerstören. Es blieb nur die Option, eine gefährliche Operation durchzuführen. Selbst wenn der Patient diese überstand, könnte es sein, dass sein Gehirn Schaden erleiden würde, sodass er für den Rest seines Lebens geistig behindert sein würde. Doch dieses Risiko musste eingegangen werden.

Die Operation wendete die unmittelbare Krise ab, doch für eine Zeit lang war Nagai in einem kritischen Zustand und fiel immer wieder ins Delirium. In Japan ist es üblich, dass eine weibliche Verwandte bei dem Patienten im Krankenhaus bleibt. Sie wird *Tsukisoi* bzw. Begleitperson genannt. Auch wenn die *Tsukisoi* aus den modernen japanischen Krankenhäusern verschwunden ist, wurde sie von den Patienten immer sehr geschätzt. Sie war den ganzen Tag beim Patienten und bereit, ihm zu helfen, indem sie das Kissen aufschüttelte, ihm ein Glas Wasser brachte oder einen schmerzenden Rücken massierte. Nachts schlief sie auf einer Matratze auf dem Boden neben dem Bett, eine sehr tröstliche Anwesenheit. Nagai hatte keine Verwandten in Nagasaki, also suchten die Moriyamas eine etwas ältere Frau, die seine *Tsukisoi* wurde.

Sie war aus Urakami und ähnelte den bretonischen Bäuerinnen, die Nagai in Millets Gemälden bewunderte. Sie kannte Nagai nicht, doch sie war tief bewegt, als sie erkannte, dass dieser nette junge Mann an der Schwelle des Todes stand. Sie verbrachte viel Zeit mit dem Rosenkranz, den sie halblaut im typischen Nagasaki-Singsang betete. Dies störte ihn nicht; dieses Gebet hatte er schon oft im Hause der Moriyamas gehört. Er wusste, dass er zwischen Leben und Tod hing und fand Trost in den Gebeten der alten Dame.

Allmählich ebbte die Krise ab und sein Kopf wurde wieder klarer, doch er war taub auf seinem rechten Ohr. Ein anderer hatte die Abschlussrede gehalten und Nagai spürte zum ersten Mal in seinem Leben, dass er körperlich und psychisch am Ende war. Die klassische japanische Literatur, die er liebte, war voller Anspielungen auf die Vergänglichkeit des Ruhms und auf die Unbeständigkeit des Lebens. Nagai stellte fest, dass er immer wieder über die ersten Zeilen aus Kamo-no Chōmeis *The Ten Foot Square Hut*[10] nachdachte. Das Buch war 1212 n. Chr.

---

10 »Die Ein-Quadratmeter-Hütte« (wörtliche Übersetzung aus dem Englischen, Anm. d. Verl.).

geschrieben worden und bestand nur aus einundzwanzig Seiten, doch es ist so sehr im Einklang mit dem japanischen Empfinden, dass es immer noch eines der meistgelesenen Bücher Japans ist. Der erste Abschnitt gibt das Thema vor: »Unaufhörlich fließt der Fluss. [...] Die Schaumkronen sammeln sich wirbelnd und dann sind sie verschwunden, sie bleiben nicht einen Moment stehen. Genauso ist es mit dem Menschen und seiner Behausung.« Diese Worte, die einst wunderschöne Poesie waren, waren nun grausame Realität. Die Kirschblüten, die bezaubernd sind, wenn sie plötzlich aus den dunklen blattlosen Ästen hervorbrechen, bringen riesige Menschenmengen zum *Hanami,* dem Kirschblütenfest. Doch innerhalb von drei Tagen liegen die zarten Blütenblätter auf den Straßen und Fußwegen und die beschäftigten Menschen laufen rücksichtslos darüber. Seine Abschlussrede lag ebenfalls zertrampelt unter den Füßen einer wankelmütigen Zuhörerschaft, die sich genauso gut ohne ihn amüsierte. Ein Gefühl der Übelkeit stieg in ihm hoch. Lag es daran, dass das Leben so herzlos und ungerecht sein konnte? Oder wurde die Übelkeit von seiner eigenen Oberflächlichkeit und Arroganz hervorgerufen? Die letzten Verse aus *The Ten Foot Square Hut* kamen ihm wieder in den Sinn:

> Mein Herz ist traurig,
> wenn die silberne Scheibe des hellen Mondes
> hinter den Bergen verschwindet.
> Wie friedlich wird es sein,
> Amidas[11] ewiges Licht!

Lebte Amida-Buddha in ewigem Licht? Lebte Jesus Christus dort? Lebte seine Mutter dort? Oder gab es so etwas nicht? War alle Wirklichkeit genauso unbeständig und bedeutungslos wie die Schaumkronen auf dem Uji-Fluss? War Chōmeis Poesie nur ein weiterer edler Versuch, um das arme menschliche Herz in

---

[11] Amida ist eine japanische Namensform eines Buddhas (Anm. d. Verl.).

der *Ukiyo,* der Welt, die im Fluss ist, zu trösten – eine Welt, in der unser Leben wie die Wellen im offenen Meer ansteigt, abfällt und wieder verschwindet?

Seiza, die formelle Sitzhaltung.

9.

Stille Nacht und ein kostbares Leben

Etwa zur selben Zeit in jenem Jahr 1932 ließ sich Professor Itsuma Suetsugu schwer in seinen Stuhl in einem schäbigen Büro an der Medizinischen Fakultät an der Universität Nagasaki fallen. Er war deprimiert. Letztes Jahr war er an diese Universität gekommen, um, so hatte er geglaubt, eine radiologische Abteilung neu aufzubauen. Viele Schwierigkeiten hatte er in diesem neuen Zweig der Medizin überwinden müssen, der sogar in Europa noch in den Kinderschuhen steckte. Für Suetsugu hatte es noch viel größere Probleme gegeben, weil er sein Studium und seine Forschungen in Deutschland absolviert hatte, auch wenn das Krankenhaus St. Georg in Hamburg ein erstklassiger Ort zum Studieren und Arbeiten gewesen war.

Der Professor dachte, er wäre auf alles vorbereitet, doch er hatte den unberechenbaren Faktor Mensch nicht berücksichtigt. In den Herzen von nicht wenigen einflussreichen Professoren der Medizinischen Fakultät der Universität in Nagasaki, die so engagiert für die Medizin und die Wahrheit zu sein schienen, wenn sie eloquent in ihren Seminarräumen Vorlesungen gaben, lauerte ein alter Dämon – der Konkurrenzneid! Vielleicht befürchteten sie auch, dass Professor Suetsugus neues Röntgengerät ihre hart erarbeitete Anwendung der Diagnose mit dem Stethoskop überflüssig machen würde. Er war über den kühlen Empfang, der ihm und seinem Gerät zuteilwurde, schockiert. Es war vereinbart worden, dass er alles zur Verfügung erhalten würde, was er für eine eigenständige Abteilung brauchte, wenn er aus Deutschland zurückkäme. Doch dann musste er feststellen, dass er und seine Ausrüstung in ein paar altmodische Räume abgeschoben wurden. Es gab hier noch nicht einmal eine Toilette. Ihm wurde beiläufig mitgeteilt, dass er die Toilette in der Nachbarabteilung benutzen sollte. Außerdem hatte ihm der Universitätsrat nicht genehmigt, ein Schild mit der Aufschrift »Radiologische Abteilung« anzubringen. Die Medizinstudenten spürten sehr schnell die negativen Schwingungen, die von den anderen Professoren ausgingen. Sie hatten ohnehin bereits mehr als genug für ihre Abschlussprüfungen zu tun und verwendeten nur wenig Zeit für die Aufgaben, die Dr. Suetsugu ihnen stellte. Die Radiologie nahm im Examen nicht viel Raum ein, eine weitere Zurücksetzung für Suetsugu, doch er konnte sich rächen, als er die Arbeiten der Studenten benotete. Er gab vielen von seinen Studenten das, was sie und die Verwaltung seiner Meinung nach verdient hatten – eine Null! Nagai war einer von denjenigen, die eine Null als Benotung bekamen.

Inzwischen war es bereits spätes Frühjahr. Nagai hatte sich erholt, doch er lag immer noch im Krankenhaus, als ein Bote von der Universitätsverwaltung mit einem Angebot zu ihm kam, das eine sofortige Antwort erforderte. Der Besucher saß auf der linken Seite, weil Nagai so gut wie taub auf dem rechten Ohr war. Er rückte näher zu ihm hin und erklärte ihm, dass die Arbeit mit dem Stethoskop für ihn nicht möglich sei, weil sein Gehör dauerhaft geschädigt war. Die Verwaltung bot ihm an, Assistent von Dr. Suetsugu in der Radiologie zu werden. Den Beschwerden des Letzteren über den absolut nicht befriedigenden Umgang mit der Radiologie war letztendlich Gehör geschenkt worden. Seine Null-Zensuren, die er sich weigerte, nochmals zu überdenken, hatten die Verwaltung schließlich dazu gebracht, etwas zu unternehmen. Nagai war verblüfft, aber gleichzeitig fühlte er sich in die Enge getrieben. Wenn er nicht darauf einging, würden sie ihre Aufforderung an ihn, an der Universität zu arbeiten, zurückziehen. Obwohl er der Meinung war, dass Suetsugu nicht nur ein bisschen eigenartig war, sagte er zu.

Einige Wochen später hörte Nagai zu, wie der Professor ihm seine Pläne unterbreitete: »Die Röntgentechnologie ist die Technologie der Zukunft. Japan muss sich mit der Tatsache auseinandersetzen, dass wir in der Radiologie beinahe vierzig Jahre hinter Europa zurückliegen. Nagai, ich will ganz offen mit Ihnen sprechen. Die Röntgentechnologie ist bereits jetzt eine revolutionäre Medizin und sie wird sich noch stark weiterentwickeln. Aber ...« Der Professor klang plötzlich bedrückt und schaute seinem jungen Assistenten direkt in die Augen: »... wir können die Strahlen noch nicht komplett kontrollieren. Sehen Sie sich dieses Bild an. Es ist von Dr. Holzknecht aus Wien. Er war mein Lehrer im Ausland. Er war einer der großen Pioniere und gab sein Leben buchstäblich für die Radiologie hin. Zunächst verlor er einen Finger durch die Strahleneinwirkung und dann einen weiteren. Schließlich mussten sie seinen rechten Arm amputieren. Sehen Sie, hier ist eine Kopie der Aufzeichnungen, die er erstellt hat, wie Ärzte und Techniker sich besser vor der Strahlung schützen können.«

Nagai nahm die Aufzeichnungen. Er konnte zwar Deutsch lesen, doch die Schrift war für ihn beinahe unleserlich. »Ach ja«, fügte der Professor hinzu, »es ist schwer zu entziffern. Nach der Amputation musste er mit der linken Hand schreiben. Ich habe ein Denkmal aus Stein im Park der Hamburger Universität gesehen, auf dem mindestens hundert Namen standen – Namen von Menschen, die aufgrund der Strahlung starben, der sie sich bei radiologischen Forschungsarbeiten ausgesetzt hatten. Es waren Namen von Professoren, Ärzten, Krankenschwestern, Technikern, sogar von einer Nonne, die als Wissenschaftlerin gearbeitet hatte. Sie sind Märtyrer, jeder Einzelne von ihnen – Märtyrer für die wissenschaftliche Wahrheit. Sie sind für Patienten auf der ganzen Welt gestorben, die einmal durch die Röntgentechnologie gerettet werden können. Auf diesem Stein standen Namen aus vielen verschiedenen Nationen: Polen, Deutschland, Belgien, Dänemark, Frankreich, England – aber kein Einziger aus Japan. Wir sind verpflichtet, uns dieser gefährlichen wissenschaftlichen Herausforderung zu stellen, bis es in jedem großen Krankenhaus eine sichere Röntgenabteilung gibt, Nagai-kun« (*Kun* ist ein Namenszusatz, den die Männer häufig anstelle von *san* verwenden, wenn sie keinen Vorgesetzten ansprechen. Es ist eine vertrauliche Form von »Herr«).

»Betrachten Sie die schäbigen Räume, die mir hier zugeteilt wurden. Sie haben absolut keine Ahnung davon, wie wichtig die Radiologie werden wird, und wir müssen die Zähne zusammenbeißen und arbeiten, bis diese Dummköpfe es verstehen. Ich bin sicher, dass Sie schon von Pierre und Marie Curie gehört haben. Sie waren so arm, bevor sie den Nobelpreis erhielten, weil sie Radium und Polonium nachweisen konnten, dass Marie einen Nebenjob an einer Mädchenschule übernehmen musste, um über die Runden zu kommen. Stellen Sie sich das vor – die beste Wissenschaftlerin der Welt war gezwungen, Schulkindern Gleichungen in der Mathematik beizubringen! Nagai-kun, ich kann Ihnen nicht viel mehr als harte Arbeit und einen abgrundtiefen Mangel an Anerkennung vonseiten der Universitätsangehörigen und Studenten versprechen.« Er warf dem jungen Mann einen scharfen Blick zu, der diesem unter die Haut ging. »Und darüber hinaus, Nagai-kun, eine ernste Gefahr für Ihre Gesundheit. Doch Sie werden ein Pionier in einem lebenswichtigen medizinischen Bereich in Japan sein.«

Suetsugu wurde lebhaft. »Wir werden neue Wahrheiten entdecken, die für immer bestehen bleiben. Für immer! Wenn etwas wahr ist, dann ist es ewig. Wenn Sie Politiker geworden wären, dann würden sie sich für zeitweilige Dinge einsetzen, die häufig falsch sind.« Mit einem eindeutigen Bezug auf das Militär, das im Sommer des Jahres 1932 immer mehr Einfluss in der japanischen Regierung gewann, füge er trocken hinzu: »Schauen Sie sich doch die Mongolen von Dschingis Khan an. Sie eroberten Asien und Teile von Europa, doch heute haben sie kein Land mehr, das sie ihr eigen nennen können. *Natsu kusa ya tsuwamono domo no yume no ato!*« Das Letztere war ein *Haiku*-Gedicht von Bashō, einem von Nagais Lieblingsdichtern aus dem 17. Jahrhundert. Es war auf einem Schlachtfeld verfasst worden, auf dem einst zwei riesige Armeen aufeinandertrafen. Stolze Banner, vergoldete Helme der Heerführer, sogar die Knochen der gefallenen Krieger und getöteten Pferde waren schon seit Langem wieder von der Natur zurückerobert worden und nur eine friedliche Grasfläche war übrig geblieben. Die Prägnanz und der Rhythmus gehen verloren, wenn man ein *Haiku*-Gedicht ins Deutsche übersetzt, doch der Sinn lautet etwa folgendermaßen: »Ah, Sommergras. Alles was übrig bleibt von diesen militärischen Träumen!« Nagai wurde schon bald zum enthusiastischen Anhänger von Suetsugu.

Nun stand er neben dem Professor, als der erste Patient in den verdunkelten Raum hereinkam. Es war eine attraktive junge Frau mit einer Dauerwelle im Haar, immer noch eine Neuheit in Nagasaki. Suetsugu sprach mit Nagai auf Deutsch und verfolgte die Barium-Flüssigkeit, um ihm zu zeigen, dass Fadenwürmer im Darm die Ursache für ihre Schmerzen waren. Nagai fragte sich, ob es einen verliebten jungen Mann an ihrer Seite gab und ob seine Bewunderung gedämpft würde, wenn er das sehen könnte, was sie sahen! Der nächste Patient war ein Lehrer, der tuberkulös aussah. Er flehte sie an, ihm eine einwandfreie Gesundheit zu bescheinigen, da er Frau und Familie versorgen musste und entlassen würde, wenn er eine ernsthafte Krankheit hätte. Japan war nun mitten in der Depression angelangt und wehe, wenn jemand seinen Job verlor!

Suetsugu kam beim Mittagessen auf das Thema Finanzen zu sprechen. »In Amerika unterstützen sowohl große Unternehmer als auch die Regierung die wissenschaftliche Forschung. Wir müssen immer noch um die Anerkennung kämpfen, ganz abgesehen von der finanziellen Unterstützung. Eine Röntgenuntersuchung kostet sieben Yen. Das ist in etwa Ihr Gehalt für vier Tage. Nagai-kun, wir müssen Geld für die Forschung auftreiben und Wege finden, wie das Röntgen billiger wird. Wissen Sie, was die amerikanischen Wissenschaftler gerade betreiben? Atomforschung. Das ist selbstverständlich eine natürliche Entwicklung auf unserem Gebiet und es gibt eine enorme

Menge atomarer Energie, die nur darauf wartet, freigesetzt zu werden. Ernest Lawrence von der Universität Kalifornien besitzt ein Zyklotron[12] für die atomare Umwandlung. Es ist eine riesige Maschine, die etwa viermal so groß ist wie all unsere Gebäude hier zusammen.« Dies war der Anfang, aus dem sich schon bald ein Interesse entwickelte, das Nagai ganz in Beschlag nahm: das Studium der Atome, der Strahlung und der Möglichkeiten der atomaren Energie. Er sollte eine Art Experte auf dem theoretischen Gebiet der atomaren Strukturen und Kernfusion werden.

Mitte Dezember 1932 war es außergewöhnlich kalt. Nagai blieb nach seinem Arbeitstag meistens noch im Krankenhaus, weil er trotz der schlecht beheizten Räume voll in die radiologische Forschung vertieft war. Er war verwundert, wie er früher so desinteressiert an der neuen Wissenschaft gewesen sein konnte, die Dr. Suetsugu vorgestellt hatte. Heute Abend wollte er früh nach Hause gehen, weil es der 24. Dezember war und er die Einladung der Moriyamas angenommen hatte, an ihrem besonderen Heiligabend-Essen teilzunehmen. Weihnachten war in Japan kein offizieller Feiertag und die Militärs versuchten zu verhindern, dass die Menschen Weihnachten feierten, weil es »unjapanisch und fremdartig« sei. Nagai hatte es noch nie zuvor gefeiert, doch er wollte es heute aus Freundschaft und Respekt für seine guten Vermieter tun.

Der Esstisch im japanischen Stil war nur etwa dreißig Zentimeter höher als der *Tatami*-Boden. Alle saßen in der formellen *Seiza*-Haltung auf dem Boden, mit dem Rücken gerade aufgerichtet, kniend und den Füßen flach unter das Gesäß gelegt. Als der Gastgeber Moriyama sagte: *Dozo, O raku ni* (»Bitte, setzen Sie sich bequem hin«), änderten die Männer ihre Sitzhaltung in eine bequemere und kreuzten ihre Beine vor sich. Höfliche Frauen nehmen nie eine entspanntere Haltung ein, sondern bleiben

---

12 Teilchenbeschleuniger, und zwar ein Kreisbeschleuniger. Ein Magnetfeld bringt die zu beschleunigenden Teilchen in eine spiralähnliche Bahn, auf der die Beschleunigungsstrecken immer wieder durchlaufen werden (Anm. d. Verl.).

in der strengen, aber ästhetischen *Seiza*-Haltung. An diesem speziellen Abend war das einzige Kind der Moriyamas, Midori, wegen der Winterferien zu Hause. Midori bedeutet »Grün«, doch das, was Nagais Blick sofort fesselte, war das rabenschwarze volle Haar mit dem außergewöhnlichen Glanz. Dies war ein Erbe von Midoris Mutter Tsumo, »der Krähe«. Midoris dunkler Teint und ihre starken, geschmeidigen Gliedmaßen stammten ebenfalls vom Volk ihrer Mutter, das auf Ukujima seit Beginn des 17. Jahrhunderts als Bauern und Fischer im Freien gelebt hatte. Midori bediente sie an diesem Abend und obwohl sie nicht viel sprach, bemerkte Nagai, wie attraktiv sie war, wenn sie lächelte. Eine stolze Tsumo hatte ihm einmal Schulbilder von Midori als Siegerin im Sprintlauf und als Spielerin in der mittleren Abwehr des siegreichen Volleyballteams gezeigt. Er konnte an dem geschmeidigen Ablauf ihrer Bewegungen erkennen, dass sie immer noch ein athletisches Mädchen war.

Der Vater, der schon bald vom heißen Sake glühte, übernahm den Großteil der Unterhaltung. Er erzählte mit Begeisterung von seinen christlichen Ahnen während der Verfolgung. Sie hatten sich am Heiligabend im Kuhstall der Moriyamas getroffen, den sie *Natara* nannten. Das Wort *Natara* ist ein Beispiel für die merkwürdigen Worte, die sich unter den verborgenen Christen herausgebildet hatten, Worte, die man in keinem Japanisch-Lexikon findet. Die Worte waren ursprünglich lateinisch oder portugiesisch gewesen, doch ihre Aussprache hatte sich während der rein mündlichen Überlieferung von drei Jahrhunderten verändert. *Orassho* war ihr Wort für Gebet, das vom lateinischen Wort *Oratio* abstammte. »Vor Heiligabend«, fuhr Moriyama in seiner Erzählung fort, »wurden die Stallungen und die Scheune gereinigt. Dann wurden Speisen gebracht, dazu heißes Wasser, das daneben auf einem Holzkohleofen bereitstand. Da immer Polizisten oder Vertreter der Regierung auf Streife sein konnten, wurden jeweils Späher aufgestellt, die gegebenenfalls ein Signal geben konnten. Falls die Polizei tatsächlich kam und überprüfen wollte, was hier los war, wie das während der strengen Tokugawa-Diktatur häufig der Fall war, dann waren die Christen lediglich eine Gruppe, die einen verstorbenen Moriyama im traditionellen buddhistischen Stil ehrte.« Der Höhepunkt des Abends war gekommen, wenn einer von den Ältesten die Geschichte von Maria und Josef nacherzählte, die kein Quartier fanden und in der winterlichen Dunkelheit umherziehen mussten, bis sie einen Unterschlupf in einem Tierstall fanden. Das Erzählen der Geschichte ließ Weihnachten von Neuem geschehen und gab den Christen Mut, einem weiteren Jahr der Gefahr standzuhalten. »Wir haben auch heute Probleme mit der Polizei«, sagte Moriyama »doch wenn man bedenkt, dass wir heute Abend eine öffentliche Messe in der Kathedrale feiern können, dann haben wir es im Vergleich zu unseren Vorfahren sehr leicht.«

Der Viehtreiber Moriyama trank noch mehr heißen Sake mit Nagai und beugte sich dann nach vorn, bis sein rötliches Gesicht ganz nah an dem des Arztes war. »*Sensei* (›Doktor‹), warum kommen Sie heute Abend nicht mit uns zur Mitternachtsmesse?« Seit jenem Sonntag, als der hartnäckige Student ein zweites Mal um eine Unterkunft gebeten hatte, hatte Moriyama seine Frau und Midori ermuntert, dafür zu beten, dass Nagai Christ würde. Er hatte hinzugefügt: »Vielleicht hat Gott Nagai genau deshalb zu uns geschickt.« Midori hatte sich das zu Herzen genommen. Nun richtete sie ihre Augen auf Nagai, um genau zu erkennen, wie er auf diese Einladung zur Mitternachtsmesse reagieren würde. »Aber ich bin kein Christ«, antwortete Nagai. »Das macht nichts«, erwiderte der Vater. »Die Hirten und die Weisen vom Morgenland, die zum Stall kamen, waren auch keine. Doch als sie ihn sahen, konnten sie glauben. Sie können nie glauben, wenn Sie nicht zur Kirche mitkommen und beten.« Zwei Sätze von Pascal kamen Nagai in den Sinn: »Geh auf deine Knie« und »Geh zur Messe«. Er war selbst überrascht, als er sich antworten hörte: »Ja, ich möchte Sie heute Abend gern begleiten.«

Obwohl es in dieser Nacht schneite, zwängten sich beinahe fünftausend Menschen in die Kathedrale zur Mitternachtsmesse. Sogar einfache Bauern und Arbeiter hatten sich schön angezogen und die Kimonos der Frauen und Mädchen glänzten in herrlichen Farben in der Menschenansammlung. Nagai war beeindruckt von der Kraft des gemeinsamen Gesangs und von der Stille, die eintrat, wenn das Lied vorüber war. In seinem Buch *Horobinu Mono Wo* schreibt er ausführlich über diese erste Messe und seine ihn überraschende »… Ahnung, dass hier in der Urakami-Kathedrale das lebendige Wort Gottes als Person anwesend war«. Nagai kannte das berühmte buddhistische Wort und den Begriff *Mu*. Das Schriftzeichen für *Mu* bedeutet wörtlich: »Ein Mann, der ein Bündel über einem Feuer verbrennt.« Es wird unterschiedlich übersetzt als »Leere«, »das Nichts« oder »kein Ding«. Der Buddhismus pocht darauf, dass jeder von uns eigentlich eine Leere oder ein Nichts ist, weil wir alles, was wir besitzen, von einem anderen empfangen haben. Mein Körper, mein Gesicht, meine Worte, mein ganz persönlicher Akzent stammen von meinen Vorfahren, Eltern, meiner Familie und meinen Lehrern. Jedes bisschen Nahrung, das ich esse, alles, was ich nutze, kommt von anderen. Nagai stellte fest, dass er in den langen Momenten der Stille über diesen uralten asiatischen Begriff nachdachte.

Seine Gedanken wanderten zu einer anderen buddhistischen Vorstellung, die ihn stets amüsiert und begeistert hatte: Die Natur hat unseren Nabel bewusst genau an die Stelle gesetzt, wo wir ihn täglich beim Baden sehen. Er ist dort als Zeichen und Symbol, dass unser Körper und jeder Teil von uns ein Geschenk ist. Wir lebten buchstäblich neun Monate lang von unserer Mutter. Wir taten absolut gar nichts, um dies zu verdienen, sondern wir waren passive Empfänger ihrer Nahrung und Versorgung. Deshalb sind wir aus uns selbst wahrhaftig *Mu*, wir sind nichts, wir sind die Leere. Doch da gibt es ein anderes *Mu*. Es ist nicht »Nichts«, sondern »kein Ding« – etwas, das vollkommen über und neben den »Dingen« steht, die für unser beschränktes Denken erreichbar sind. Nagai fragte sich, ob Pascals »absoluter, grenzenloser Gott« dasselbe war wie »kein Ding« und »das Nichts« des Buddhismus. Er hatte in *Les Pensées* gelesen, dass »… Gott unbeschreiblich und die

Bibel deshalb voller Metaphern ist …« und dass »… unser Denken sehr beschränkt ist, genauso wie unsere Sinne – zu viel oder zu wenig Licht und wir sind blind; zu viele oder zu wenige Geräusche und wir sind taub«. Pascal hatte mit einer Aussage geschlossen, die im Einklang mit dem großartigen japanischen Zen-Mönch Dōgen aus dem 13. Jahrhundert steht: Auch wenn wir die Wahrheit mit unserem winzigen Verstand nicht erfassen können, können wir sie in unserem Herzen erfahren. Nagai stöhnte innerlich auf: Der einzig sichere Pfad eines jeden Menschen war derjenige der Vernunft. Doch Pascal und Dōgen behaupteten, dass der Verstand nie zur vollen Wahrheit gelangen kann. War dies der fatale blinde Fleck eines religiösen Gläubigen? War diese unselige, offenkundige Ablehnung der Vernunft der Grund für den Fanatismus und die Kriege, die die Ansprüche jeder Religion, von der Nagai gelesen hatte, scheinbar widerlegten? Dennoch hatten Pascal und Dōgen gleichzeitig etwas Edelmütiges an sich, das den rein »vernunftgesteuerten« Menschen offensichtlich fehlte.

Der alte Priester stieg auf die Kanzel und unterbrach Nagais Gedankenverlorenheit. Fünftausend Menschen wurden vollkommen still, als die durchdringende Stimme des Priesters das Wunder Gottes pries, der einen armen Zimmermann und eine Jungfrau erwählt hatte. »Hier ist die Demut, die unser Geist als die Wahrheit erkennt, die uns frei macht. Hier ist die Erlösung, nach der sich unser Herz sehnt. Wie können wir über Nöte klagen, wenn die Heilige Familie die Dunkelheit und den Schmerz in dieser Nacht akzeptierte, weil es der liebevolle Plan des Vaters war?« Die Worte trafen Nagai wie der Hieb, den ein Zen-Meister seinem schläfrigen Jünger versetzt, um ihm all den Egoismus, Materialismus und die Heuchelei in seinem Herzen bewusst zu machen.

Der Priester verließ die Kanzel und alle standen auf, um das lateinische Credo zu singen. Die Worte, die auch in den Messen der großen Komponisten vorkamen, waren Nagai nicht völlig unbekannt. Das heutige Credo beunruhigte ihn jedoch, weil seine strenge Dogmatik nicht durch die wunderschöne

Polyfonie Beethovens oder Mozarts abgemildert wurde. Dieses Credo aus den fünftausend Kehlen in Urakami hörte sich eher wie ein herausforderndes Getöse und ein Schlachtruf an. Warum war er so aufgewühlt? War das eine vernünftige Reaktion auf den »Fanatismus«, der besonders beunruhigend war, weil er auf diese unjapanische Art zum Ausdruck kam? Oder, überlegte er reumütig, war er beunruhigt, weil diese gewöhnlichen Menschen auf unkomplizierte Weise eine Einstellung für Güte und Wahrheit bezeugen konnten, während er ein ungebundener Wissenschaftler und ethischer Dilettant war, der das nicht konnte?

Der Gesang endete und Weihrauch stieg über dem mit Kerzen beleuchteten Altar auf. Er erinnerte ihn an *Haru-gasumi,* den schwachen blauen Nebel, der im Frühling über den japanischen Bergen hängt und stets etwas grenzenlos Zartes an sich hat. Dann durchdrangen silberne Glocken den *Haru-gasumi* und alle knieten erneut nieder. Als er während der Stille in den Kerzenschein auf dem Altar blickte, weckte dies eine Erinnerung in seinem Innersten. Es war die Erinnerung an einen Urlaub in den Semesterferien, als er mit einigen Freunden durch die große Stille der Berge gewandert war. Jeden Abend saßen sie an der Glut des Lagerfeuers, häufig schwiegen sie. Nagai blickte damals in den klaren Nachthimmel und suchte seine Lieblingssternbilder. Dann hörte er ihnen zu, als ob sie Teile eines Orchesters wären, das man nur in seinem eigenen *Kokoro,* seinem Herzen, hören konnte. Die Konstellationen damals und nun dieser Kerzenschein deuteten beide auf ein mystisches Jenseits hin.

Die Messe in der Kathedrale kam zu einem Ende und Nagai befand sich wieder in seinem Zimmer bei den Moriyamas. Er lag gemütlich unter einer gut gefütterten japanischen Decke, doch trotz des langen Tages, der beinahe vierundzwanzig Stunden gedauert hatte, war er hellwach. Seine Gedanken waren genauso rastlos wie der Himmel von Nagasaki im April beim *Hata-age,* dem Drachenfest, wenn Hunderte von kunterbunten Drachen in die Luft aufsteigen, untereinander durchtauchen und einander ausweichen, während diejenigen, die die Leinen halten, versuchen, die Schnüre der anderen durchzutrennen. Widerstreitende Gedanken und Gefühle kämpften gegeneinander und raubten ihm den Schlaf. Der Rückblick auf die prächtige mittelalterliche Zeremonie des Abends prallte mit einer dem Wissenschaftler angeborenen Furcht vor Gefühlsbetontheit zusammen. Er bewunderte diesen Glauben der fünftausend Menschen, die größtenteils aus der Arbeiterklasse kamen, die abwechselnd in tiefste Stille und dann wieder in einen überbordenden Gesang von Schuberts *Ave Maria* fielen. Sein gesunder Menschenverstand als Arzt warnte ihn andererseits davor, dass Religionen mit einer strengen Disziplin und schwarzweißen Antworten genau diejenigen waren, die besonders militant und zerstörerisch auftraten. Die Kreuzzüge, der Nichiren-Buddhismus und der Islam kamen ihm in den Sinn. Die Erinnerung an seine Intuition von einer liebenden Gegenwart bei der Messe geriet ins Wanken, als Stimmen aus der Vergangenheit laut wurden, Stimmen von Professoren, die ihre Studenten vor den pathologischen Auswirkungen von Autosuggestion, Hysterie und psychologischer Manipulation warnten. Und dennoch … Pascal war sich dieser Gefahren bewusst gewesen und er war sich sicher, dass diese liebende Gegenwart in der Urakami-Kathedrale anwesend war. Pascal in Urakami? Nein, das stimmte nicht – das war die St. Georgs-Kathedrale in Hamburg. Er dachte nach und zweifelte, doch bevor er wieder klar denken konnte, wurden sein Verstand und seine Gefühle von Schläfrigkeit übermannt, die das Licht in seinem Bewusstsein auslöschten.

Am nächsten Tag arbeitete er wie gewöhnlich in der Radiologischen Abteilung, doch als er wieder zu Hause war, bereitete er sich auf eine frühe Schlafenszeit vor. Er hatte kaum seinen *Nemaki* angezogen und sich unter die flauschige Steppdecke gelegt, da war er auch schon eingeschlafen. Er hörte nicht, was unten vor sich ging, als Midori ihre Eltern gegen Mitternacht aufweckte, weil sie schreckliche Bauchschmerzen hatte. Ihre Mutter hatte sofort den Verdacht, dass es sich um

Darmwürmer handelte. Japan hatte Anfang der 1930er-Jahre noch nicht die vollen hygienischen Standards erreicht. Die Bauern waren arm und konnten sich keinen chemischen Dünger leisten, außerdem hatten nur die reichsten Häuser eine Abwassergrube angelegt. Die Lösung für beide Probleme war, dass man den Inhalt der Toilettengruben entleerte, indem man ihn auf die Gemüsegärten und Felder ausbrachte. Es war in Japan ein normaler Anblick, dass ein Bauer durch die Gemüsereihen lief und über seinen Schultern eine Stange mit übelriechenden »Honigtöpfen« an jedem Ende trug. Eine unglückselige Folge dieses Verfahrens war ein vermehrtes Auftreten von Darmwürmern nach dem Konsum von Gemüse. Tsumo hatte stets ein Wurmmittel zur Hand und deshalb gab sie Midori sofort eine Dosis, doch es half nichts. Midori stöhnte nun und wand sich vor Schmerzen.

Draußen schneite es heftig und es würde ewig dauern, bis um diese Zeit ein Arzt kommen könnte. Deshalb ging Sadakichi nach oben und weckte den jungen Dr. Nagai. Mit vielen Verbeugungen und Entschuldigungen erklärte er die Notlage. Takashi ging sofort mit nach unten und diagnostizierte schnell eine akute Blinddarmentzündung. Midori musste sofort operiert werden. Als er sich von Midoris Bett abwandte, sah er, dass Sadakichi vor einer Statue der Jungfrau Maria kniete und eine Kerze anzündete. Der arme Sadakichi murmelte: »Es ist alles Gottes Wille und wer weiß, was Gutes aus dieser Situation entstehen wird.« Die Bemerkung kam Takashi eigenartig vor.

Er sagte ihnen, dass sie Midori sofort für den Transport in das Universitätskrankenhaus bereit machen sollten. Dann lief Nagai schnell zu der nahe gelegenen Yamazato-Grundschule, wobei er darauf achtete, dass er nicht im Schnee ausrutschte. Der Nachtwächter antwortete auf sein Klopfen und war einverstanden, dass Dr. Nagai das Telefon benutzen durfte. »*Moshi moshi* (›Hallo, hallo‹). Drei, zwei, null, null, bitte. Es ist dringend; beeilen Sie sich bitte … Ah, *moshi moshi*. Nagai hier. Wer hat heute Notdienst im Krankenhaus? Gut, gut. Würden Sie ihn bitte rufen? Hier spricht Nagai von der Röntgenabteilung.« Einer seiner Freunde kam ans Telefon und Nagai fragte ihn, ob er sofort eine Blinddarmoperation vornehmen könne. Mit der freundlichen Zusage im Ohr ging Nagai wieder in den Schnee hinaus und zurück zu den Moriyamas. Midori war in eine Decke gewickelt worden und stöhnte leise.

»Es würde zu lange dauern, bis wir in diesem Schneesturm ein Taxi bekommen. Wir können die Verzögerung nicht riskieren.« Sadakichi hatte schon seit einigen Monaten gesundheitliche Probleme. Tsumo war noch im Hinterzimmer, wo sie Dinge zusammenpackte, die Midori und sie selbst als *Tsukisoi* für ihre Tochter im Krankenhaus brauchen würden. *Otōsan,* sagte Nagai und benutzte dabei den Ausdruck, den Familienmitglieder und enge Freunde für Sadakichi verwendeten. Er bedeutet »Papa« und hört sich sehr vertraut an, auch wenn er ziemlich respektvoll ist. »Wenn Sie die Laterne vor uns hertragen, kann ich Midori-san gut tragen.« Midori bekam einen solchen Schock, dass sie ihre Schmerzen vergaß. Durch die Straßen von einem Mann getragen werden? Doch dann überlegte sie: Wer würde uns schon um diese Stunde sehen? Ihr japanisches Gefühl für Schicklichkeit war beruhigt und deshalb sprach nichts dagegen, auf Nagais Rücken gehoben zu werden. Sie stapften hinaus in die Wirbel aus großen Schneeflocken. Sadakichi wies ihnen den Weg mit der flüchtigen Ansammlung von gelbem Licht, das durch die Wachspapier-Laterne schien. Ihre Fußtritte waren fast geräuschlos auf der schneebedeckten Straße und die Stadt schien in Frieden eingehüllt zu sein, bis plötzlich ein Hund auf sie zurannte und sie anbellte. Die erschreckte kleine Gruppe blieb stehen und Nagai brüllte den Hund an. Als er sich davonschlich, wurde ihm Midoris schneller Herzschlag und ihr heißer Atem an seinem Nacken bewusst. Da ihr Leben nun in Gefahr war, setzte sich Nagai sofort wieder in Bewegung und versuchte, sie nicht zu sehr durchzurütteln, während der keuchende Sadakichi sein Bestes gab, um mit der Lampe vorn zu bleiben. Als sie schließlich das Krankenhaus betraten, hallten ihre Fußtritte gespenstisch auf dem unbeleuchteten Holzkorridor. Nagai ging um die Ecke und sah, dass die Lichter im Operationssaal bereits brannten. Dampf trat aus dem Abzugsrohr des Raumes hervor und stieg in zarten grauen Spiralen durch den gelben Lichtstrahl, der durch ein Fenster hereinschien. »Wie wunderschön ist all das«, dachte er, »die Lichter brennen, das Wasser ist angeheizt, der Operationstisch ist bereit, die Instrumente sind ausgelegt – alles ist bereit, um ein kostbares Leben zu retten.«

Sieben Minuten, nachdem er sie auf den Operationstisch gelegt hatte, war die Operation schon vorbei. Der Blinddarm war kurz vor dem Durchbruch gewesen. Eine Schwester legte ihn in eine Flasche mit Formaldehyd-Lösung und gab ihn dem verwirrten Sadakichi, der im Verlauf einer halben Nacht alle möglichen Gefühlslagen durchlebt hatte.

Tsumo war mittlerweile ebenfalls angekommen und hatte Laken, eine Steppdecke und Toilettensachen auf ihrem Rücken mitgebracht. Außerdem trug sie noch ein pralles *Furoshiki,* dieses überall verbreitete quadratische Stück bunten Stoffes, das die Japaner als Tragetasche verwenden. Sie gab es Nagai und sagte, dass darin etwas für den guten Arzt sei, der operiert hatte. Nagai nahm die Tasche mit in das Zimmer des Chirurgen und dieser öffnete sie. Es befanden sich mehrere Flaschen Wein, ein Schinken und hausgemachte Würste darin. Der Chirurg schenkte Nagai und sich selbst ein Glas Wein ein. Nachdem er das Glas erhoben hatte, sagte er: »Auf die schnelle Genesung deiner Liebsten.« Nagai errötete und warf ein, dass Midori nicht seine Liebste sei. »Komm schon, mein Freund«, lachte der junge Chirurg. »Willst du mir etwa erzählen, dass sie erlaubt hätte, von dir durch die Straßen von Urakami getragen zu werden, wenn sie es nicht wäre? Und die ach so sanfte Art, wie du sie getragen hast! Das ist doch nichts, wofür man sich schämen muss. Man kann dir zu deiner Wahl gratulieren. Trinken wir auf sie.«

Stille Nacht – im *Nihon-teki*-Stil.

10.

Die Jungfrau und die Prostituierte

Im Januar 1933 verschlug es Nagai den Atem, als er eine einfache offizielle Postkarte erhielt, die ihn zum Militärdienst beim elften Regiment von Hiroshima einberief. Die japanischen Generäle, die die Besetzung der Mandschurei ohne Absprache mit den gewählten Politikern in Tokio begonnen hatten, versicherten, dass der Sieg schnell und sicher errungen würde. Sie irrten sich; die Chinesen waren genug gedemütigt worden! Ihr Widerstand schickte Schockwellen durch das Japanische Meer, die sogar die Räume der Radiologie an der Universität Nagasaki erreichten. Bei seiner medizinischen Arbeit musste Nagai auch von der schrecklich hohen Zahl der Gefallenen und Verwundeten in China erfahren. Als er erkannte, dass seine Einberufung möglicherweise auch sein Todesurteil bedeuten konnte, überfiel ihn eine große Melancholie. Sein erstes wirkliches Forschungsprojekt, die Auswirkungen von Röntgenstrahlen auf Kaninchen, hatte seit Monaten seine ganze Aufmerksamkeit in Anspruch genommen. Es musste liegen bleiben, ergebnislos. Er hatte schaurige Vorahnungen, dass sein Leben ebenfalls bald auf diese Weise enden würde – ergebnislos.

Am 21. Januar, seinem letzten Abend in Nagasaki, gaben alte Freunde aus dem Basketballteam der Universität eine Abschiedsparty für ihn. Sie begann voller Ausgelassenheit, doch die Tochter des Restaurantbesitzers verdarb die Stimmung, als sie in lautes Schluchzen ausbrach, während sie seinen

Sake-Becher füllte. Sie hatte bereits zu viele Abschiedspartys für nette junge Männer wie Nagai ausgerichtet. Alle hatten ihr mit Sake zugeprostet mit der Zusicherung eines schnellen Sieges, nur damit man einige Monate später von ihrem Tod in der Ferne hören musste. Die Stimmung auf Nagais Party verflachte sich und bald darauf war die Party zu Ende.

Es schneite leicht, während er nach Hause zu den Moriyamas ging. Nur vor wenigen Wochen war er dieselbe Straße mit Midori auf dem Rücken entlanggegangen. Er konnte sich noch lebhaft an ihren Herzschlag erinnern, als er sie auf dem Rücken trug. Hatte sein Kollege recht, war Midori seine Liebste? Tja, selbst wenn sie das wäre, musste er sie und alles andere, was sein Leben vielversprechend aussehen ließ, verlassen. Dies alles waren nur schöne Träume, um vielleicht für immer in einem anonymen Grab unter dem Schnee in der Mandschurei begraben zu werden. Er öffnete die Haustür der Moriyamas und schleppte sich niedergeschlagen in sein Zimmer hinauf. Er überlegte, ob er einfach die ganze Nacht dort sitzen bleiben sollte, um so die letzten Stunden seiner Jugend und seiner Hoffnungen zu genießen. Oder er könnte sich betrinken, um den Schmerz zu dämpfen. Plötzlich hörte er, wie leichte Schritte die Treppe heraufkamen, und dann hörte er ein schwaches: *Gomen kudasai* (»Verzeihung«). Er stand auf, öffnete die Schiebetür und sah Midori, die in einen ihrer geschmackvollen Kimonos gekleidet war und aufrecht in der formellen *Seiza*-Haltung auf dem Holzfußboden des Flurs saß. Sie hatte ihre beiden Hände flach auf den Boden vor sich hingelegt und sich so tief verbeugt, dass ihr fülliges Haar nach vorn über die Hände fiel. »Ich bin gekommen, um auf Wiedersehen zu sagen und mich noch einmal für die Rettung meines Lebens zu bedanken.« Er setzte sich ebenfalls in der formellen Art hin und erwiderte ihre tiefe Verbeugung, doch er merkte, dass ihm die Worte fehlten. Sie streckte ihm eine dicke Wolljacke entgegen. Sie habe sie gestrickt, während sie sich von der Krankheit erholt habe, sagte sie, als praktisches Dankeschön für seine Einschiffung in die kalte Mandschurei. In Midoris Herz hallte ein Gebet nach, das sie schon den ganzen Tag gesprochen hatte: »Bitte, Herr, lass diesen jungen Mann von den Kugeln nicht getroffen werden. Bitte, Herr, bring ihn zurück.«

Er starrte sie nur an. Sie war wie eine wunderschöne Blume am Wegesrand, doch er befand sich auf einem Gewaltmarsch und musste an ihr vorübergehen. Alles in ihm rebellierte dagegen, während er sie so ansah, ein beinahe perfektes Exemplar der Weiblichkeit, auf deren ausgestreckten Händen die Wollweste lag. Auch er streckte seine Hände aus, um sie anzunehmen, und spürte dabei die Berührung ihrer warmen Hände. Eine große Sehnsucht stieg in ihm auf und mit einer Bewegung packte er ihre Hände und zog sie zu sich heran. Dieses Mal schlug ihr Herz ganz nah an seinem eigenen, als er sie leidenschaftlich küsste. Dann, genauso plötzlich, ließ er sie wieder los. Er schaute ihr in die Augen, um eine Reaktion festzustellen, doch er konnte nichts erkennen, nur Tränen. Sie verbeugte sich tief, wobei ihr wunderschönes Haar ungeordnet auf den Holzboden fiel. »Bitte, kommen Sie sicher zurück«, flüsterte sie, »ich werde jeden Tag für Sie beten.« Er hörte das Rascheln ihres Kimonos, als sie die Treppe hinunterging, und dies bewirkte bei ihm, dass er sich allein, schwach und schuldig fühlte. Wenn Midori auf seinen Annäherungsversuch reagiert hätte, wie weit wäre er gegangen? Hätte er das Vertrauen missbraucht, das die Moriyamas in ihn gesetzt hatten?

Am nächsten Tag standen viele Freunde aus der Universität auf dem Bahnhof von Nagasaki, um Nagai zu verabschieden, und er gab ihrer Forderung nach, noch einmal den Tanz des Schlangenkopffisch-Fängers darzubieten. Die Durchsage »Alle einsteigen« wurde von ihrem Jubel übertönt und der Bahnhofsvorsteher murmelte unhöfliche Worte über »diese Idioten aus dem Elfenbeinturm«. Neben Nagai verließen noch andere Rekruten die Stadt und die Nachbarschaftsvereinigung war da, um darauf zu achten, dass jeder Rekrut genügend Sympathisanten und Gratulanten hatte, die Flaggen der aufgehenden Sonne schwenkten und patriotische Lieder sangen.

Der Zug fuhr nach Osten und Nagai fühlte sich schrecklich allein. Er hatte schon früher überschwängliche Verabschiedungen erlebt, doch die Flaggen der aufgehenden Sonne waren keine Zauberstäbe, die chinesische Kugeln abwenden konnten. Er hatte verletzte und sterbende Soldaten in überfüllten Krankensälen behandelt, doch dorthin war die Nachbarschaftsvereinigung nicht gekommen, um ihnen zu zeigen, wie sie in Frieden sterben konnten. Einfache Soldaten waren ersetzbar und wenn einer starb, wurden die schmutzigen Laken im Krankenhaus schnell für den nächsten Soldaten ausgewechselt. Sie schrieben einen neuen Namen über das Bett und vergaßen denjenigen, der zuvor dort lag.

An jenem Morgen saß Midori, die sich immer noch erholen musste, auf der verglasten Veranda im schwachen Sonnenschein und strickte dicke Wollhandschuhe. Sie war eine Frau mit einem tiefen Glauben, für die Beten genauso natürlich wie Atmen war. Während sich die Nadeln flink hin- und herbewegten, redete sie mit dem Herrn: »Bitte, lass ihn nicht in der Mandschurei sterben; bitte, bring ihn sicher zurück. Er kennt dich noch nicht, lieber Herr, doch jeder im Krankenhaus sprach von seinem Edelmut und seiner Hingabe an seine Patienten. Maria, er sah letzte Nacht so traurig aus, als er allein war. Du weißt, dass er seine Mutter verloren hat. Bitte, nimm ihren Platz ein. Ich verspreche dir, dass ich jeden Tag einen Rosenkranz für ihn beten werde. Ich werde auch versuchen, ihm so ermutigende Briefe zu schreiben, wie seine Mutter sie ihm geschrieben hätte. Bitte hilf mir, dass mir das gelingt.«

Hiroshima war keine alte Stadt wie die historischen Orte in Nagais Heimatpräfektur Shimane. Im Jahr 1594, was für Japan noch nicht lange her ist, hatte ein einheimischer *Daimyō*, Baron Mori, diesen strategischen Platz, der über einer geschützten Bucht liegt, für sein Schloss ausgewählt. Hiroshima bedeutet »weiträumige Insel«. Der Ota-Fluss, der aus einem Bergmassiv im Norden entspringt, teilt sich dort auf der Ebene in der Nähe des Meeres in sechs Ströme, die das Hiroshima-Delta bilden und die die jetzige Stadt durchziehen. Im Laufe der Jahrhunderte waren in diesem Delta sechs schlanke Inseln entstanden. Gegen Ende des 19. Jahrhunderts wurden moderne Hafenanlagen gebaut, um große Schiffe abfertigen zu können. Außerdem wurde Hiroshima als zentraler Bahnhof für die neue Zugstrecke zwischen Osaka und Shimonoseki ausgewählt. Als 1894 der Japanisch-Chinesische Krieg ausbrach, wurde das Schloss Hiroshima zum kaiserlichen Hauptquartier umgewandelt und bis 1945 blieb Hiroshima eine zentrale Militärbasis.

Während Nagais Zug durch die Berge westlich der Stadt in Richtung Osten raste, ertönte schon frühzeitig eine Ansage, wie das normalerweise in japanischen Zügen der Fall ist: »Bald werden wir einen kurzen Aufenthalt in Hiroshima haben. Danke, dass Sie mit uns reisen. Bitte überprüfen Sie das Gepäckfach, um sicherzugehen, dass Sie keine persönlichen Dinge vergessen haben. Noch einmal danke, und wir hoffen, dass wir Ihnen in Zukunft wieder zu Diensten sein können.« Nagai blickte aus dem Fenster und sah, wie die Nebenflüsse des Ota-Flusses in Sicht kamen.

In nur dreizehn Jahren würde der US-Brigadegeneral Paul Tibbets sich ebenfalls anstrengen, um genau diese Nebenflüsse zu entdecken. Er würde knapp tausend Meter hoch in dem B-29-Langstreckenbomber sitzen, den er nach seiner Mutter *Enola Gay* genannt hatte, und darauf hoffen, dass er sie beim ersten Atombombenangriff der Welt mit einem perfekten Abwurf von *Little Boy*[13] ehren würde. Die vier Tonnen schwere Bombe würde mit mehr Sprengkraft explodieren als zwanzigtausend Tonnen TNT. Der grelle Blitz der Kernfusion am 6. August 1945 um 8.15 Uhr würde sich wie ein Brandmal in das Gedächtnis der Stadt einbrennen. Auch Jahrzehnte später würden ihre Bewohner diesen Moment an jedem Jahrestag auf schmerzvolle Weise neu durchleben und es kaum fassen können. Sie würden im Epizentrum das Skelett eines Gebäudes aus Beton stehen lassen, eine dunkle und tote Silhouette, die für immer das Bild der sich ausbreitenden Stadt prägen würde, ein

[13] *Little Boy* war der Codename für die erste militärisch eingesetzte Atombombe (Anm. d. Verl.).

leerer Grabstein für 120 000 verkohlte Einwohner. Kleine Kinder würden das schreckliche Monument anschauen wie das Skelett eines unheimlichen Monsters, das einst gekommen war und ein Drittel der Bevölkerung von Hiroshima verschlungen sowie neunzig Prozent der Gebäude zum Einsturz gebracht hatte. Die Bürger, die »diesen Tag« überlebt hatten, würden jahrelang Albträume haben und immer wieder vor ihren inneren Augen sehen, wie der Ota-Fluss mit blasigen, enthäuteten und aufgedunsenen Leichnamen verstopft war.

Doch an diesem ersten Tag im Februar 1932 kam Nagais Schnellzug in Hiroshima zum Stehen, das auf seinen großen Armeestützpunkt vertraute und stolz auf seine Handwerkskünste, seine Papierschirm-Fabriken und seine Sake-Brennereien war. Das friedliche Wasser des Ota-Flusses floss sanft in eine Bucht, in der sich eine berühmte Delikatesse tummelte, die Hiroshima-Austern.

Nagai ging direkt zur Kompanie Nr. 1 des Maschinengewehr-Korps, 11. Infanterie-Regiment Hiroshima, und betrat das Büro. Um einen Ofen herum saßen Soldaten und unterhielten sich lautstark über Sake. Keiner nahm auch nur die geringste Notiz von ihm. Er stellte sich selbst vor: »Takashi Nagai meldet sich zum Dienst.« Eine Stimme brüllte zurück: »Und was genau, denken Sie, tut ihre Mütze gerade?« – »Ah! Entschuldigung, Sir«, sagte Nagai und griff mit seiner freien linken Hand nach ihr.

»Wissen Sie nicht, mit welcher Hand man die Mütze abnimmt?«, ertönte eine andere Stimme, dieses Mal sehr leise. »Oh ja, Sir. Man sollte dazu die rechte Hand verwenden«, sagte ein ziemlich verunsicherter Nagai mit einer Stimme, die genauso leise war wie die seines neuen Fragestellers. »Sprechen Sie laut, Mann! Denken Sie, dass Sie in einer Mädchenschule sind?« – »Entschuldigung, Sir«, schrie Nagai. »Ich hätte die Mütze mit meiner rechten Hand abnehmen sollen, Sirrrr!« Ein Hauptgefreiter, der an einem Tisch saß und las, brüllte zurück: »Nagai, wer zur Hölle denken Sie, dass Sie sind – ein General? So wie Sie hier herumbrüllen?« Die Schikane setzte sich fort, und zu dem Zeitpunkt, als die Soldaten schließlich ihrer überdrüssig wurden, machte Nagai sich keine Illusionen mehr über einen Dienstgrad, der seinen Beruf als Arzt und Assistent eines Pioniers und Professors der Radiologie berücksichtigte! Er war kein Doktor Soundso, sondern nur der Gefreite Nagai.

Die Armee und die Marine, die durch die Meiji-Restauration[14] geschaffen wurden, rekrutierten die Mehrheit ihrer Offiziere aus den alten *Samurai*-Familien. Die Basis, besonders in der Armee, wurde aus der großen verarmten Landbevölkerung rekrutiert. 267 Jahre lang hatten die *Tokugawa-Shogune* die Bauern erfolgreich recht- und schutzlos gehalten, wodurch sie sich zu einer völlig unterwürfigen Schicht entwickelt hatten. Seit 1868 ließen die neuen Oligarchen unter Kaiser Meiji den unterdrückten Bauern nun mitteilen, dass sie einer glorreichen und unbesiegbaren Rasse von Kriegern angehören könnten. Wenn sie sich für die Armee verpflichteten, dann könnten sie sogar *Samurai* werden, echte Mitglieder dieser erhabenen und einst verbotenen Elite.

Bis heute ist *Bushidō* – was wörtlich »die Art der *Bushi*«, d. h. der *Samurai*, bedeutet – für die Japaner das große, Energie spendende Ideal, das Carl Jung als Archetyp bezeichnet hat. Es ist die Grundlage für Heldenlegenden und das japanische Pendant zum Rittertum, das durch König Artus und die Ritter der Tafelrunde entstanden ist – und dies findet sich auch in der eher modernen amerikanischen Alternative »Die Leute von der Shiloh Ranch«, in jenen einsamen, aufrechten, selbstsicheren Helden der amerikanischen Grenze, bei denen jeder Schuss tödlich war.

Die Armeeanwärter, die größtenteils verarmte Farmen verlassen hatten, um die Ausbildung bei der Armee zu absolvieren – einige bereits im Alter von vierzehn Jahren – werden gründlich mit Neo-*Bushidō* indoktriniert. Den größten Ruhm,

---

[14] Die Meiji-Restauration bezeichnet formal die Erneuerung der Macht des Tennō ab 1868. Damit verbunden war der Aufbau eines neuen politischen Systems nach westlichem Vorbild und die völlige Umgestaltung der japanischen Gesellschaft (Anm. d. Verf.).

den ein Soldat bzw. ein moderner *Samurai* erlangen konnte, war, sein Leben für den himmlischen Kaiser auf dem Chrysanthementhron hinzugeben. Die Streitkräfte bestraften alle Bürger, die bei den seltenen Anlässen, zu denen der Kaiser sich in der Öffentlichkeit zeigte, ihren Blick nicht senkten. Das Problem war, dass die Armee den Willen des Kaisers besser kannte als er selbst! Sie verursachte den Zwischenfall in der Mandschurei, der 1931 den Japanisch-Chinesischen Krieg auslöste, ohne zuvor den Kaiser zu befragen. Auch wenn er vor Wut kochte, als er die Nachrichten hörte, beglückwünschten die Soldaten sich in der Öffentlichkeit dafür, dass sie seine »wahren« Untertanen seien, bereit, Leib und Leben für ihn einzusetzen. Dieselbe Sturheit sollte später zum Krieg mit den Vereinigten Staaten führen, obwohl der Kaiser dem Premierminister General Hideki Tojo befohlen hatte, diesen um jeden Preis zu verhindern. Faktisch war der Chrysanthementhron genauso machtlos wie die Blütenblätter der Chrysanthemen im Winterwind.

Ein *Samurai* musste zäh sein. Die Hände der Bauern, die in die Armee eintraten, waren ein gewisser Ausgleich für ihre ärmliche Herkunft und ihre mittelmäßige Bildung, weil sie in dieser Schule der Härte von Vorteil waren. Die Rekruten wurden von den Korporälen und Feldwebeln häufig geschlagen. Manchmal war die erste Anweisung für eine Gruppe von Neuankömmlingen brutal einfach: Sie mussten sich in ihren Armeeuniformen in einer Reihe aufstellen und dann wurde einer nach dem anderen von einem bulligen Feldwebel niedergeschlagen. Von Anfang an mussten sie täglich das Meiji-Reskript für das Militär[15] aufsagen, in dem auch das alte Sprichwort enthalten war: Ein wahrer *Samurai* ergibt sich niemals. Deshalb sollte es den japanischen Soldaten im Pazifik auch so schwerfallen, die vielen alliierten Soldaten zu respektieren, die sich ergaben. Sie waren in engstirnigen Armeeschulen ausgebildet

---

[15] Ein Reskript ist ein schriftlicher Erlass des japanischen Kaisers, der die Position des Staates festlegt. Der Erlass gilt sowohl im weltlichen als auch im religiösen Bereich (Anm. d. Verf.).

worden und kannten die lange Tradition der ehrenwerten Kapitulation des Westens nicht. Jeder Japaner, der zumindest die Mittelschule absolviert hatte, hatte ein Buch mit Essays mit dem Titel *Tsurezure-gusa* gelesen, das Kenko, ein Gerichtsbeamter, der später ein buddhistischer Mönch wurde, geschrieben hatte. Sein Buch, das um 1330 n. Chr. entstanden ist, hatte einen prägenden Einfluss auf die nachfolgende japanische Kultur, der bis heute anhält. Ein bahnbrechender Satz des Werkes lautet folgendermaßen: »Nur wenn ein Mann den Tod ruhig akzeptiert, weil sein Schwert gebrochen und seine Pfeile aufgebraucht sind, und sich bis zum Ende weigert, sich zu ergeben, beweist er, dass er ein Held ist.«

Den neuen Rekruten des Maschinengewehr-Korps, Kompanie Nr. 1, wurde schon bald schmerzlich bewusst, wie ungehobelt und dumm der Ausbilder meinte, dass sie seien. Die strenge Disziplin verfolgte sie Tag und Nacht, selbst wenn sie nicht exerzierten. Auch für die kleinsten und unabsichtlichen Verstöße gab es harte Bestrafungen. An ihrem ersten freien Tag verließ Nagai mit einer Gruppe anderer Rekruten voller Erleichterung das Lager. Sie steuerten eines dieser kleinen Speiselokale an, die man in jeder japanischen Ortschaft und Stadt vorfindet. Im Ersten aßen sie gekochten Aal, den sie mit viel Bier hinunterspülten. Dann, ein paar Häuser weiter, gab es frittierte Speisen und noch mehr Bier. Dann ging es einige hundert Meter weiter in ein noch schäbigeres Lokal, in dem es *Oden,* einen dicken japanischen Eintopf, und noch mehr Bier gab. Sie torkelten bereits und ihre Gesichter glühten, doch der weitere Weg wurde nicht zufällig eingeschlagen. Einige hundert Meter weiter hatten sie ihr Ziel erreicht – das Bordell. »Hurra! Hier ist es, Kameraden. Los – hinauf und zu ihnen!«

Nagai war allein in einem kleinen Raum und sprach mit einer neunzehnjährigen Prostituierten. Er erfuhr, dass sie von einer Insel im Binnenmeer zwischen Hiroshima und Shikoku stammte. Ihr Make-up war durch die Mittagshitze nicht mehr frisch und ihr Auftreten war bereits unverkennbar abgestumpft. War das Herpes an ihren Lippen? Als er zusah, wie sie das Essen in ihren Mund stopfte, war alles Verlangen nach ihr in ihm erloschen. Er beugte sich vor und legte ihr den vereinbarten Lohn in die freie Hand. Dann öffnete er die Schiebetür und ging hinaus. Sie war verblüfft und schnaubte: »Begehrst du mich nicht, du Bastard?«, und warf ihm das Essen hinterher. »In genau diesem Moment«, schrieb er später in seinem Buch *Horobinu Mono Wo,* »betete eine junge Frau vor einer Statue der heiligen Jungfrau in der Kathedrale von Nagasaki für mich.« Er entdeckte dies, als einige Tage später ein Brief von Midori Moriyama eintraf.

Shintō-Schrein in der Nähe von Hiroshima.

11.

Der grosse Pan ist tot

Einige Tage nach seinem Besuch im Bordell wurde Nagai in das Büro des Kommandanten gerufen und angewiesen, dort vor den Schreibtisch eines Untergebenen zu treten. Nagai salutierte und wurde sofort mit der folgenden Frage überrascht: »Wer ist diese Midori und welche Art von Verbindung haben Sie mit ihr?« – »Keine besondere Verbindung, Sir, nur eine Bekanntschaft.« – »Nur eine Bekanntschaft? Warum sind Sie dann rot geworden? Sie können die Handschuhe behalten, die sie Ihnen geschickt hat, aber nicht das Buch *Ein katholischer Katechismus.* Das Büro für Sonderaufgaben wird es überprüfen und falls sie darin etwas Subversives entdecken, werden Sie Probleme bekommen.«

Der beiliegende Brief von Midori war kurz und Nagai las ihn schnell durch. Doch als er das Päckchen öffnete, in dem die Handschuhe lagen, bemerkte er sofort den schwachen Geruch des Parfüms. Er nahm die Handschuhe heraus, hielt sie unter seine Nase und atmete tief ein. Das war das Parfüm, das seit der Nacht, als er sie geküsst hatte, in seinem Gedächtnis geblieben war!

Drei Tage später wurde er in das Büro des Kommandanten gerufen und dort erhielt er den Katechismus. »Das Buch ist voll mit komplizierten Gedanken über das Christentum. Das Büro für Sonderaufgaben hat festgestellt, dass es nicht linksorientiert ist, aber wenn Sie Zeit haben, sinnloses Zeug über westliche Götter zu lesen, dann wäre es besser, den Inhalt des Soldatenhandbuches gründlich zu kennen!«

Etwas später nahm er sich den Katechismus vor, ein unkompliziertes Buch im Frage-und-Antwort-Stil. In dem Buch standen in präzisen, wenn auch teilweise eigenartigen Worten die Antworten genau auf die Fragen, über die er sich schon seit Langem den Kopf zerbrochen hatte: »Was sind die wichtigsten Dinge im Leben?« – »Warum wurden wir geboren?« – »Was ist der Sinn des Leides?« – »Was kommt nach dem Tod?« Seit er vom Atheismus zum Agnostizismus übergegangen war, hatte Nagai sich über einige herausragende religiöse Führer in Japan Gedanken gemacht, wie zum Beispiel Kōbō-daishi aus dem 9. Jahrhundert oder Dōgen aus dem 13. Jahrhundert, die beide gefährliche Seereisen unternommen hatten, um spirituelle Meister in China zu aufzusuchen. Nach ihrer Rückkehr nach Japan lehnten sie einflussreiche Positionen ab und führten ein asketisches Leben. Sie lehrten und schrieben unermüdlich und berieten einen endlosen Strom von Menschen, die nach Weisheit suchten. In ihrem Leben hatten sie entschieden nach Antworten auf die Fragen gesucht, die in Midoris Katechismus ziemlich einfach gestellt wurden. Suchen und Fragen, ja, doch wer hatte die Antworten? Gab es überhaupt welche?

Er kam zu den Zehn Geboten und las sie mit Beschämung. »Ich fühlte mich plötzlich schmutzig. Wenn es einen Gott und wenn es einen Teufel gab, dann hatte ich mein ganzes Leben damit verbracht, die Zehn Gebote des Teufels zu erfüllen – Stolz, Lust, Habsucht, Völlerei, Zorn … Ich hatte alles getan, was dieses Buch als falsch bezeichnete.« An seinem letzten freien Tag hatten ihm seine Kameraden zugejubelt, als er ein halbes Dutzend Sake-Flaschen hinuntergekippt und sich dann auf die belebte Hauptstraße in Senda Machi gesetzt hatte. Plötzlich kam ihm dies und vieles andere aus seiner Vergangenheit so minderwertig vor. Und seine Zukunft? Ein vorzeitiger Tod in der Mandschurei? Ein schmaler Lichtstrahl durchbrach die Finsternis – eine gläubige Frau in Nagasaki, die versprochen hatte, täglich für ihn zu beten. Ihr Versprechen gab ihm Trost, obwohl er selbst weder an Gott noch an Buddha glaubte.

Nagais Tagebuch fährt mit der Geschichte über eine Mandschurei fort, die mit beißendem Kordit[16] gefüllt ist. Der vermessene Angriff der japanischen Armee auf die chinesischen Truppen war nun schon zwei Jahre her. Damals hatte man dem bestürzten Premierminister Wakatsuki versichert, dass dieser »chinesische Vorfall« in kürzester Zeit beendet sein würde. Doch nun war daraus der schreckliche »chinesische Sumpf« geworden und Nagai arbeitete an Operationstischen auf dem Schlachtfeld, die rund um die Uhr mit Blut befleckt waren.

Er schreibt darüber, wie schmerzvoll es war, immer mehr Männern erklären zu müssen, warum er amputieren musste. Er beschreibt einen Soldaten, der von einer explodierten Granate getroffen wurde und nun vollkommen blind und taub war. Viel später, als der Soldat sein Bewusstsein wiedererlangte, dachte er, er sei in chinesischer Gefangenschaft, und flehte wiederholt, ihm den Gnadenschuss zu geben. Als Nagais Einheit hinter die Linie des Artilleriefeuers vordrang, drehte es ihm den Magen um, als sie an zerstückelten toten Chinesen vorbeikamen, viele davon ältere Menschen und Kinder. Am schrecklichsten war es, die kleinen Waisen zu sehen, die sich verzweifelt an die Leichname ihrer Eltern klammerten, weinten und in die Luft starrten. War der Himmel, der ihm einst so wunderschön vorgekommen war, in Wirklichkeit nur eine endlose bedeutungslose Leere?

Früher war seine Sicht der Wissenschaft und des menschlichen Fortschritts eine Quelle der Energie und des Optimismus für ihn gewesen. Nun wich diese Sicht wie ein Trugbild zurück, während er rund um die Uhr operierte und versuchte, seine geröteten Augen auf die Opfer der wissenschaftlichen Kriegsführung zu konzentrieren. Sein Glaube und sein Vertrauen in den Verlauf der zweitausendjährigen japanischen Geschichte und Kultur gerieten ebenfalls ins Wanken. Er hatte die Propaganda der Armee im Sammellager von Hiroshima

---

16 Kordit ist ein Explosivstoff, der durch eine Presse zu Schnüren gepresst und anschließend wieder getrocknet wird. Kordit zählt zu den zweibasigen rauchschwachen Schießpulvern (Anm. d. Verf.).

akzeptiert: »Japan hat eine heilige Verantwortung, das Vakuum in der Mandschurei auszufüllen und den Vormarsch des unmenschlichen Bolschewismus aufzuhalten. Außerdem muss Japan Asien von den westlichen Kolonialmächten befreien und auch in Asien die Ära des Wohlstands einläuten.« Doch die Brutalität der japanischen Armee beunruhigte ihn zutiefst.

Nagai war müde, zündete seine Sturmlampe an und öffnete *Les Pensées* an der Stelle, an der Pascal die traurigen Worte des griechischen Schriftstellers Plutarch zitierte: »Der große Pan ist tot.«[17] Das Pantheon war in einen »eklatanten Aberglauben bzw. völligen Atheismus« verfallen. Er dachte an das japanische Pantheon, die acht Millionen *Shintō*-Gottheiten. Einst waren sie in der Meiji-Restauration starke, verbindende Symbole gewesen und die Militärs hatten sie sich auf ihre Fahnen geschrieben. Alle japanischen Soldaten verneigten sich vor ihnen in den *Shintō*-Schreinen, die überall im Land zu finden waren, bevor sie in den Krieg zogen. Doch wenn dieselben Soldaten dann in den Krankensälen lagen und auf den Tod warteten, den Pascal als Moment der ultimativen Ehrlichkeit bezeichnete, konnten nur wenige bei ihren Göttern Trost finden.

Pascal behauptete weiterhin beharrlich, dass man den lebendigen Gott nur »auf den Knien« finden könnte. Midori und ihre Eltern und auch der zähe alte Mesmer, der mitgeholfen hatte, die Urakami-Kathedrale zu bauen, hatten sich niedergekniet. In Midoris Katechismus stand geschrieben, dass Gebet für den menschlichen Geist genauso notwendig sei wie die Luft für die Lungen. Nagai wollte dies glauben, weil er glauben wollte, dass es einen Sinn des Universums gab und dass der Tod dieser jungen Soldaten, die hier in einem fremden Land starben, nicht sinnlos war, ebenso wie der Tod seiner Mutter und der chinesischen Mütter, Kinder und Soldaten.

---

17 Plutarch, Priester von Delphi, gest. 120 n. Chr., überliefert, dass zurzeit des Tiberius ein ägyptischer Steuermann vor der Küste Griechenlands eine Stimme gehört habe, die ihm befahl, kundzutun, dass »der große Pan gestorben sei«. Der Steuermann habe die Nachricht über das Wasser gerufen, wonach ein Wehklagen vieler Stimmen zu hören gewesen sei (Anm. d. Verl.).

Wenn es keinen letzten Sinn im Leben gab, könnte er wie dieser taube und blinde Soldat enden, der seine »Entführer« bat, ihm den Gnadenschuss zu geben! Er hatte einen Freund, der ebenfalls Arzt war, der mit dem Krieg fertigwurde, indem er Morphium nahm. Er verstand die Qual des Mannes, doch er bedauerte sein Verhalten. Pascals Gelassenheit, ebenso die der Moriyamas und der geistlichen Meister wie Dōgen und Kōbōdaishi, war sehr anziehend, doch wenn er sich blindlings in den Glauben und das Gebet hineinstürzen würde, wäre das nicht Feigheit und Ergebung? Glaube war vielleicht eine subtilere Form der Ergebung als Morphium, doch war es nicht dennoch eine Ergebung?

Chinesischer Drache, ein Symbol der Transformation.

12.

Zu Füssen des »Sensei«-Hausmeisters

Richard Wagner greift in seiner Oper *Tannhäuser* auf eine mittelalterliche Symbolik zurück, um eine mitreißende Geschichte zu erzählen. Der Ritter Tannhäuser, der die Sorgen und Unsicherheiten des Lebens satthat, liefert sich mit Leib und Seele der Venus, der Göttin der Sinnlichkeit, aus. Doch leider wird er ihres Genusses bald überdrüssig und fällt in tiefe Verzweiflung, weil er nicht die Kraft hat, sich aus ihren eifersüchtigen Fängen zu befreien. Die treue Magd Elisabeth, die nie aufgehört hat, den kleinmütigen Ritter zu lieben, schüttet ihr Herz der heiligen Jungfrau aus und bittet sie, für Tannhäuser Fürbitte einzulegen. Der Ritter entkommt Venus' erstickender Liebe und erlangt ewige Erlösung. Nagai beschreibt seine Rückkehr von der Front aus der Mandschurei mit einer ähnlichen Metapher. Er kam nach Nagasaki zurück und war desillusioniert und am Rande der Verzweiflung, als er die Landungsbrücke hinunterging. Er stand am Kai und schaute »zu den beiden Nagasakis« hinauf. Das eine war das Nagasaki der Sinnlichkeit, das man in den Vororten wie Maruyama, Hama no Machi, Ohato und Minato Machi antreffen kann, Orte der Nacht, den leichten Mädchen, dem Sake und dem Spaß vorbehalten. Ganz in der Nähe dieses sinnlichen Teils von Nagasaki liegt die andere Stadt, das Nagasaki der Jungfrau Maria, ebenfalls ein Ort der Liebe, doch einer Liebe, die durch Gebet, Opfer und Dienen aufrechterhalten wird. Man kann dieses zweite Nagasaki in der Urakami-Kathedrale, auf dem Hügel der sechsundzwanzig Märtyrer, in der Oura-Wallfahrtskirche und in dem von Maximilian Kolbe erbauten Kloster entdecken.

Nagai stand am Kai und versuchte sich zu entscheiden. Sollte er den steilen Hügel zur Kathedrale erklimmen oder in die Innenstadt von Nagasaki gehen, um dort an den bekannten Orten der sinnlichen Liebe getröstet zu werden? Die Magd Elisabeth gab bei *Tannhäuser* den Ausschlag und der Gedanke an Midori bewirkte das Gleiche bei Nagai. Er wollte sofort zu ihr gehen und sich für sein Verhalten in jener letzten Nacht entschuldigen. Er hatte gehofft, sie eines Tages zu heiraten, doch sie war eine treue Gläubige, die nie die Reinheit ihres Herzens verloren hatte. Er war trostlos und verzweifelt, ein Mann, der seine Integrität verloren hatte, weil er dem Drängen seiner Leidenschaft nachgegeben hatte. Heiratsabsichten oder nicht, er wollte zu ihr gehen und sich dafür entschuldigen, dass er sie wie ein sinnliches Spielzeug gepackt hatte. Dann wollte er zur Kathedrale hinaufgehen und einen Lichtstrahl für die Finsternis in seinem Herzen suchen.

Midori öffnete die Tür, rang unwillkürlich nach Luft und stand einfach da. Nagai stellte fest, dass es ihm untypischerweise die Sprache verschlagen hatte. Er war es nicht gewohnt, sich zu entschuldigen. Wie Männer das manchmal machen, wenn sie nicht wissen, was sie sagen sollen, versuchte Nagai, seine Verwirrung dadurch zu verstecken, dass er etwas unternahm. Er zog seinen Militärmantel aus, danach den Wollpullover, den sie ihm gestrickt hatte, und legte ihn auf den *Tatami*-Boden, auf dem Midori bewegungslos in ihrer knienden Sitzhaltung verharrte. Als er so auf dem Boden vor ihr stand, zwei Stufen unterhalb der *Tatami*-Matten, machte er eine ruckartige Verbeugung und sagte abrupt: »Dank des von Ihnen gestrickten Pullovers habe ich nicht einmal eine Grippe bekommen. Danke.« Midori verbeugte sich bedachtsam und nahm den ausgefransten Pullover an sich, der noch warm von seinem Körper war. Sie hielt den Pullover in beiden Händen und sagte nichts. Es war ein kalter Wintertag und er begann zu frösteln. Schlimmer noch, er fand immer noch keine passenden Worte, um mit seiner Entschuldigung zu beginnen. Die Stille war nun auch für Midori bedrückend geworden; auch sie war ratlos. Plötzlich ergriff sie den Pullover, verbeugte sich, und stand auf. »Wo gehen Sie hin?«, platzte es aus ihm heraus. Sie antwortete: »Ich denke nicht, dass er Ihnen jetzt noch viel nutzen wird«, und dann hörte er das Trippeln ihrer nackten Füße, während sie im Hinterzimmer verschwand.

Er zog seinen Mantel wieder an und schämte sich, dass er so ungeschickt beim Vorbringen seiner Entschuldigung war. Midoris Reaktion wies darauf hin, dass es keine Hoffnung auf eine Ehe gab. Sie hatte lediglich Mitleid mit der orientierungslosen Person gehabt, die er war. Nun, da er von der Front zurück war, hatte sie ihre Pflicht erfüllt! Schweren Herzens verließ er das Haus und ging durch das vordere Tor der Moriyamas den Hügel hinunter, um die steilen Steintreppen zur Urakami-Kathedrale hinaufzusteigen.

Gomen kudasi (»Darf ich eintreten?«), rief er nervös auf den Stufen des Pfarramtes aus. Der gebrechliche Priester, der an die Tür kam, war derselbe, der die Mitternachtsmesse an Weihnachten gefeiert hatte. Pater Moriyama nahm die Hand des Soldaten in seine, als wäre er sein wiedergefundener Bruder und führte ihn in sein Arbeitszimmer. Nagai bemerkte die vielen Bücher auf den Regalen an den Wänden und fühlte sich etwas mehr heimisch. Der Priester reichte ihm seine Karte und Nagai bemerkte, dass die Schriftzeichen für »Moriyama« andere waren als die in Midoris Nachnamen, auch wenn *Yama* bzw. »Berg« in beiden Namen gleich war.

Nagai fragte Pater Moriyama höflich, ob er mit Jinzaburo Moriyama verwandt sei, der in der Nähe von Sadakichi Moriyama lebte. »Ja, er ist mein Vater. Hat er Sie schon einmal in die Enge gedrängt und Ihnen einige von diesen endlosen Geschichten erzählt?« Sie lachten beide, doch Nagais Lachen klang nervös. Der Krieg hatte seinen Optimismus und auch jegliche Form von Ausgelassenheit in ihm zerstört. Nun musste er diesem Fremden erzählen, wie moralisch verdorben er war. Vielleicht würde Pater Moriyama ja ärgerlich zurückschrecken.

»*Shinpu-sama* (›Herr Pfarrer‹), ich bin mir nicht sicher, was ich hier mache und ich habe wirklich kein Recht, Ihre Zeit in Anspruch zu nehmen. Ich habe den Frieden in meinem Herzen verloren. Vielleicht habe ich jedes Recht darauf verwirkt – ich habe beinahe alles getan, was laut Ihrem Katechismus falsch ist. Vielleicht habe ich sogar das getan, was darin als Sünde wider den Heiligen Geist bezeichnet wird.« Nagai konnte den Satz gerade noch beenden, denn seine Stimme und sein Atem waren plötzlich sehr gepresst. Der Priester sagte nichts, doch sein Herz schlug für diesen müden Soldaten, der gerade von der Front zurückgekehrt war. Er nahm den Kessel vom Holzofen und bereitete eine Kanne *O-Cha* (»grünen Tee«), das japanischen Allheilmittel. Nagai trank dankbar eine Tasse und erlangte dabei seine Fassung wieder. Ermutigt durch die Wärme in den Augen des Priesters erzählte er die Geschichte seines Lebens. Er berichtete von seinem alten selbstgerechten Atheismus, von den Zweifeln, die nach dem Tod seiner Mutter aufgekommen waren, von seinem Ringen mit Pascal, von seinen Trinkgelagen und den Besuchen im Bordell. »Manchmal denke ich, dass es einen Gott und ein Leben nach dem Tod geben muss«, fuhr Nagai fort, »aber diese Sicherheit hält nie lange an. *Shinpu-sama,* was machte Sie so sicher in alldem, dass Sie Priester werden konnten?«

Pater Moriyama, der ein weiser Mann des Ostens war, antwortete mit einer Geschichte. Seine Großeltern und ihre Familie, begann er, waren im Jahr 1864 zusammengetrieben worden, als der antichristliche Erlass erneut in Kraft trat. Seine Großmutter starb im Sakura-Machi-Gefängnis in Nagasaki; sein Großvater kurz darauf im Gefängnis in Tsuwano. Damals war sein ältester Sohn Jinzaburo unverheiratet und erst zweiundzwanzig Jahre alt. Er trat die Nachfolge seines Vaters als christlicher Leiter an. Die Stadt Tsuwano rühmte sich für ihre reine *Shintō*-Tradition und die Gefängniswärter versicherten der Zentralregierung in Tokio, dass sie die dummen christlichen Bauern zum Shintoismus zurückbringen würden. Als alle langatmigen philosophischen Überredungsversuche versagten, wurde eine raffinierte Folter eingesetzt. Im bitterkalten Winter wurden Jinzaburo und andere Christen in einen zugefrorenen Teich geworfen, wobei das das Eis brach, und mit Stangen unter Wasser gehalten. Man fischte sie erst aus dem Wasser, als sie gerade noch am Leben waren. Dann wurden sie nah an ein Feuer gestoßen. Diese Prozedur wurde mehrmals wiederholt und die Opfer wurden häufig ohnmächtig. Einige Christen brachen zusammen und erklärten sich bereit, zum Shintoismus überzutreten. Sie wurden in bequeme Quartiere verlegt und bekamen jede Menge zu essen. Doch um die christliche Gruppe wirklich zu demoralisieren, mussten die Polizisten den felsenfesten und wortgewandten Jinzaburo psychisch brechen. Der Kommandant war ein ehemaliger *Samurai* namens Morioka, der ursprünglich damit geprahlt hatte, dass jeder einzelne Christ zum Shintoismus zurückkehren würde. Über Jinzaburos Unnachgiebigkeit wurde er immer ärgerlicher und versuchte es deshalb mit einer subtileren Methode. Er hatte bemerkt, wie fürsorglich Jinzaburo gegenüber seinem vierzehnjährigen Bruder Yujiro war, dem Jüngsten in der Familie, der offensichtlich verwöhnt worden war.

Der Junge wurde in die Nähe von Jinzaburos Zelle gebracht, ausgezogen und gnadenlos ausgepeitscht. Er stöhnte vor Schmerz, doch er harrte aus. Dann wurde er nackt an ein Kreuz gebunden, mit Bambusstäben gestochen und verspottet, weil er einem fremden Aberglauben anhing. Danach wurde er auf Bambuslatten gebunden, die in seine Knie schnitten, und man goss eiskaltes Wasser über ihn, bis er blau anlief. Vierzehn Tage lang erduldete der Junge solche Grausamkeiten, während er kaum etwas zu essen bekam. Schließlich konnte sein Körper die Strapazen nicht länger aushalten und er fiel in Ohnmacht. Morioka hatte vorgehabt, Yujiro psychisch zu brechen und nicht zu töten, doch nun lag der Junge im Sterben und Morioka fragte sich: »Bin ich ein *Samurai,* bin ich ein Mann, der einen Jugendlichen zu Tode foltert?« Er ließ den bewusstlosen Jungen zu seiner älteren Schwester Matsu ins Frauengefängnis bringen. Sie wiegte ihn in ihren Armen und versuchte, ihn durch die

Wärme ihres eigenen Körpers wiederzubeleben. Yujiro öffnete die Augen und sah, dass sie weinte. Da bat er sie um Vergebung, weil er wie ein Feigling geschrien hatte, als sie ihn auspeitschten.

Bevor er später an diesem Tag starb, erzählte er ihr Dinge, die die Familie niemals vergessen sollte. Sie glaubten, dass es keine Wortfetzen aus dem Delirium waren, sondern Worte der Ermutigung von Gott, »... der seinen Kindern Dinge offenbart«. Er erzählte seiner Schwester, dass sie nach Urakami zurückkehren würde, und bat sie, sich um Kinder zu kümmern. Nach ihrer Rückkehr begann sie, sich um christliche Kinder zu kümmern, die während der Verfolgung zu Waisen geworden waren. Sie wurde die erste katholische Nonne im modernen Japan und verbrachte ihr ganzes Leben mit der Fürsorge für Kinder. Der Junge sagte, dass Jinzaburo ebenfalls sicher heimkehren würde und dass sein Sohn Priester werden würde. Jinzaburo überlebte die Verfolgung und heiratete, als er zurück in Urakami war. Und an dem Tag, als sein Sohn Nummer eins geboren wurde, eilte er mit ihm zum Wohnsitz des französischen Priesters. »*Shinpu-sama,* ein Junge. Bitte, beten Sie, dass er Priester wird.« Das rotgesichtige, brüllende kleine Bündel, das der Pariser Missionar segnete, war niemand anderes als Pater Moriyama.

Der Priester fuhr fort: »Meinen Glauben habe ich von meinen Eltern bekommen. Doch seit ich Priester wurde, habe ich viele kennengelernt, die vom Atheismus zum Glauben gekommen sind. Sie verehren Pascal und ich bin überzeugt, dass er durch sein nachdrückliches Beharren auf dem Gebet einen unbezahlbaren Beitrag geleistet hat, um den Weg aufzuzeigen, Gott zu begegnen. Sie erwähnten den Zen-Mönch Dōgen. Die Intellektuellen des 13. Jahrhunderts kamen aus Kyoto zu seinem Kloster, das hoch oben in den Eiheiji-Bergen lag, und hofften auf eine philosophische Diskussion mit ihm. Er lehnte jedoch üblicherweise lange Diskussionen ab und sagte: *Tada suware* (›Meditieren Sie einfach‹). Ein französischer Priester, der mir im theologischen Seminar sehr geholfen hat, zitierte sehr gern Origenes, der eine Art christlicher Dōgen war, um 254 n. Chr. starb und einen tiefgreifenden Einfluss auf die frühe Christenheit hatte. Origenes wies oft darauf hin, dass das Evangelium nach Johannes die Quintessenz der Bibel sei. Man kann es nur verstehen, ›wenn man sich an die Brust Jesu lehnt‹, mit anderen Worten, wenn man betet. Im Christentum geht es immer um Gottes Offenbarung. Man kann sie nicht intellektuell erfassen wie die Radiologie, sondern man muss sie im Gebet erfahren. Ich werde Ihnen später noch ein paar Hinweise zum Gebet geben.

Sie sagten, Sie befürchten, gegen den Heiligen Geist gesündigt zu haben. Mit Sicherheit nicht! Diese Sünde ist die bewusste und totale Ablehnung des Heiligen Geistes und ich denke, dass dies sehr selten vorkommt. Der Gott der Bibel ist eine Person, die mein französischer Professor im Priesterseminar als den guten Gott bezeichnet hat. Er ist der Vater, der hinausläuft, um den zurückkehrenden verlorenen Sohn zu umarmen. Jesus, von dem wir glauben, dass er der Sohn Gottes ist, sagte, er sei gekommen, um die Sünder zu retten, nicht um sie zu verurteilen.«

Midori war eine Frau mit bemerkenswerter Charakterstärke und Selbstbeherrschung, die sowohl im Klassenzimmer als auch sonst nur selten nervös wurde. Doch der Mann namens Nagai hatte sie völlig aus dem Gleichgewicht gebracht. Als er ohne Ankündigung auf der Treppe des Vorbaus auftauchte, konnte sie die Gefühle, die durch ihren Körper jagten, nicht kontrollieren. Zurück in ihrem Zimmer legte sie die Weste an den Fuß des wertvollsten Besitzes der Moriyamas, des Kruzifixes, das ihre Familie durch sieben Generationen der Verfolgung gerettet hatte. Ihr liefen Tränen über die Wangen und sie betete: »Jesus, hier ist seine Jacke. Ich habe dich angefleht, ihn zurückzubringen, und du hast es getan. Danke. Du weißt, dass ich ihn liebe, Herr, doch seine zukünftige Frau muss viel gebildeter sein als ich. Ich nehme an, dass du über mich lächelst, Herr, weil ich überhaupt davon geträumt habe, ihn zu heiraten! Nun, da er sicher aus dem Krieg zurück ist, soll ich mich mit einigen der Männer treffen, die mir meine Eltern und der Vermittler vorgeschlagen haben. Ich übergebe dir den Schmerz, Herr, den er mir bereitet hat, als Gebet dafür, dass er das Geschenk des Glaubens empfangen wird.«

Sie fühlte sich ausgelaugt und versuchte, sich irgendwie zu beschäftigen, doch schließlich schlich sie aus dem Haus und lief die vierhundert Meter zur Kathedrale hinüber. An ihrem Eingang war die Kreuzigung aus Stein dargestellt. Sie blickte zu der Schmerzensmutter empor und murmelte innerlich, während sie vorüberging: »Du hast stets Ja zu Gott gesagt. Hilf mir, Muttergottes, Ja zu sagen. Doch warum hat Gott das Leben so schmerzvoll gemacht? Ich fühle mich verloren. Zeige mir den Weg.« Sie betrat die dämmrige Kathedrale, kniete nieder und nahm ihren Rosenkranz heraus. Es war Freitag, der Tag der fünf schmerzhaften Geheimnisse. Das passte zu dem Schmerz in ihrem Herzen. Zwanzig Minuten später hob sie den Kopf, während sie sich von den Knien erhob – und erstarrte. Nagai kniete vorn in der Kathedrale, versunken im Gebet, wie es schien. Ihr kam es vor, als ob Christus sagen würde: »Midori, deine Aufgabe ist erfüllt. Nun, da er bei mir zu Hause ist, musst du ihn vergessen.« Ihre Kniebeuge war die schwerste, die sie je gemacht hatte.

Es war nicht leicht, ihn zu vergessen. Er begann, die Messe am Sonntag zu besuchen, und sie bemerkte ihn sofort. Sie war nun fünfundzwanzig, ein Alter, in dem die meisten japanischen Mädchen verheiratet waren. Sie hatte eine Reihe von Angeboten abgelehnt, ohne ihren besorgten Eltern zu sagen, dass sie nicht heiraten wollte, solange Nagai sein Leben an der Front in der Mandschurei aufs Spiel setzte. Dennoch kam sie der Bitte ihrer Eltern nach, die Stelle als Vollzeitlehrerin zu kündigen und nach Hause zu kommen, wo sie einige Fächer an der örtlichen katholischen Mädchenschule *Junshin* (»reines Herz«) übernahm. Das Frühjahr kam und die jubilierenden Töne des *Uguisu,* des japanischen Buschsängers, erfüllten von Neuem die Luft und die Kirschbäume blühten in voller Pracht. Doch all das ging an Midori vollkommen vorbei.

Nagai kehrte an seine alte Stelle in der Röntgenabteilung zurück, doch er verbrachte seine gesamte Freizeit damit, die Bibel und den Katechismus zu lesen und mit Pater Moriyama zu sprechen. Er bekam zusätzlichen Unterricht in katholischer Praxis, Liturgie und im Gebet. Sein *Sensei,* ein Wort, das sowohl für »Lehrer« als auch für »Doktor« verwendet wird, war ein alter Einwohner von Urakami, der zwar sehr wenig über Philosophie wusste, der jedoch, wie Nagai bald feststellen sollte, eine unerwartete Quelle der Weisheit und Güte war. Dieser *Sensei* arbeitete ebenfalls im Universitätskrankenhaus – als Hausmeister!

Yujiro Moriyama, rechts unten, mit Mitgefangenen.

Jinzaburo Moriyama.

13.

Das weisse Australien und die gelbe Gefahr

Die Schwalben flogen im Juni 1934 unbekümmert über die leuchtend grüne Landschaft Japans, während die liberalen Soziologen verdrießlich auf die Stimmung des Volkes schauten. Die »Progressiven« (diejenigen, die Roosevelts »New Deal«[18] bei den US-Wahlen 1932 befürwortet hatten) bewegten sich nun ganz nach rechts. Die Japaner waren durch die Weltwirtschaftskrise in den späten 1920-er Jahren erschüttert worden. Als die westlichen Nationen auf japanische Waren enorme Zölle erhoben, waren die Japaner dagegen schutzlos und isoliert. Sie waren sich sehr wohl bewusst, dass sie die einzige starke Nation in ganz Asien und Afrika darstellten, die keine Kolonie war. Außerdem waren sie der Überzeugung, dass der Westen sie als minderwertige »farbige Rasse« ansah. Als Japan nach dem Ersten Weltkrieg als eine der Siegernationen an der Friedenskonferenz von Versailles teilnahm, versuchte es verzweifelt, im Friedensvertrag eine Klausel einzufügen, die rassistische Diskriminierung anprangerte. Der Australier Billy Hughes führte die erbitterte Opposition an, die den japanischen Antrag ablehnte. Er begründete die Ablehnung damit, dass dies der erste Schritt wäre, um das »weiße Australien« zu verändern, eine

[18] Roosevelts New-Deal-Programm bezog sich besonders auf die Landwirtschaft. Durch Reduzierung der Produktion und Beschränkung des Anbaus bestimmter Getreidearten sollten höhere Preise erzielt werden. In der Industrie wurde die Überproduktion durch Arbeitszeitverkürzung gedrosselt. Ein weiterer Schwerpunkt des »New Deal« war eine Arbeitsgesetzgebung, die den Aufbau starker Gewerkschaften förderte (Anm. d. Verl.).

Ausführung, über die sich die Japaner ärgerten. Ein weiterer Begriff, den sie als verletzend und rassistisch betrachteten, lautete »die gelbe Gefahr«. Der deutsche Kaiser Wilhelm II hatte diesen Ausdruck 1895 geprägt, nachdem er in einem Traum miterlebte, wie orientalische Horden die europäischen Städte verwüsteten. Er verbreitete diese »prophetische« Warnung mit einem geradezu religiösen Eifer. Die Japaner waren vestimmt über die bereitwillige Akzeptanz einer solchen Prophetie aus dem Munde eines Mannes, der selbst so viele europäische Städte verwüstet hatte! Doch »die gelbe Gefahr« blieb haften und die japanische Presse berichtete pflichtschuldig über die regelmäßige Verwendung des Begriffes im Westen. Immer mehr Japaner waren überzeugt, dass der Westen nicht beabsichtigte, Japan weiterhin eine mächtige »farbige« Nation sein zu lassen.

Die Japaner, die die öffentliche Meinung prägten – Schriftsteller, Journalisten, Professoren, Lehrer und Staatsdiener – hatten sich nach dem Ersten Weltkrieg bis in die 1920er-Jahre hinein für das westliche Konzept der Demokratie eingesetzt. Doch die Ereignisse Anfang der 1930er-Jahre ließen ihre Begeisterung deutlich schwinden. Es hatte sich nicht nur herausgestellt, dass die Demokraten Rassisten waren, sondern sie waren auch wirtschaftlich festgefahren und es herrschte ein Chaos auf moralischer Ebene: Die Scheidungs- und Kriminalitätsrate war auf ein alarmierendes Maß angestiegen und Verbrecher im Stil eines Al Capone führten die Polizei an der Nase herum. Die neue schrille Musik, die Tänze und die freizügige Kleidung aus dem Westen waren weitere Zeichen der Dekadenz für die konservativen konfuzianischen Japaner.

Die ultrarechten Japaner und die Angehörigen des Militärs nutzten all diese Entwicklungen schnell für eine aggressive Propaganda mit einer simplen Botschaft: Nur wenn Japan genauso mächtig wird wie der Westen, sowohl militärisch als auch wirtschaftlich, ist die Nation sicher. Die westlichen Demokratien, so argumentierten sie, würden versuchen, Japan zu einer drittklassigen Macht wie China oder Indien zu degradieren. Nun war der Westen zum Feind geworden und diejenigen

Japaner, die die westlichen Ideologien wie den Kommunismus oder das Christentum angenommen hatten, wurden angesichts dieser Gefahr zu Verrätern des halbgöttlichen Nippons.

Das starke Wiederaufleben des Nationalismus und Shintoismus war im christlichen Urakami schon bald zu spüren. Pater Moriyama und die Kathedrale rückten plötzlich in den Fokus von rechtsgerichteten Polizisten und Dr. Nagai erkannte, dass sein Interesse am Christentum seine Beförderung an der Staatlichen Medizinischen Fakultät der Universität gefährden könnte. Als sein Vater von den neuen Interessen seines Sohnes hörte, befahl er ihm, umgehend nach Hause zu kommen. Mehrere Tage lang setzte Nagai senior seine Autorität als Oberhaupt der Familie sowie seine beträchtlichen persönlichen Fähigkeiten ein, um seinen Sohn davon abzubringen. Er bestand darauf, dass er als *Chonan,* als Sohn Nummer eins, den übrigen Familienmitgliedern, den Lebenden wie den Toten, besonders verpflichtet sei. »Die Vorfahren«, schrie der ältere Nagai, »könnten kaum mehr beleidigt werden als durch einen *Chonan,* der den Respekt gegenüber den Eltern missachtet und seine althergebrachte Religion aufgibt.« Der Sohn antwortete, dass die Vorfahren sich dem Taisha-Shintoismus angeschlossen hatten, weil sie auf der Suche nach der Wahrheit waren, und dass sie nicht über ihn verärgert sein würden, wenn er Christ würde, falls er diese Wahrheit in den Evangelien gefunden hätte. Hatten die Vorfahren nicht ebenfalls eine andere Religion verlassen, als sie zum *Shintō*-Glauben übergegangen waren? Der Vater wurde wütend und donnerte los: »Der Shintoismus geht bis ganz an den Anfang zurück.«

Takashi respektierte und liebte seinen Vater, der ihm von klein an bis ins Erwachsenendasein den rechten Weg gezeigt hatte. Und dennoch: wie der Vater, so der Sohn! Vielleicht schmunzelten die Ahnen, weil derselbe Vater vor Jahren ebenfalls seine eigene Entscheidung getroffen und sich auf eine seltsame Reise begeben hatte, um Arzt der neuen westlichen Medizin zu werden. Der alternde »Dr. Gelassenheit« widersetzte sich der Taufe seines Sohnes jedoch unerbittlich.

Nagai war sehr beunruhigt, als er nach Nagasaki zurückkehrte. Er rief sofort seinen Katecheten, den Hausmeister, an. Dieser hatte schreckliche Kindheitserinnerungen an das Exil in Babylon. Das kürzliche Wiedererwachen der antichristlichen Einstellung in der japanischen Gesellschaft hatte diese alten Wunden wieder aufgerissen und die Verbitterung gegen die *Mi-shinja,* die Ungläubigen, zeigte ihr hässliches Angesicht. Als er von Nagais Dilemma hörte, antwortete er unverblümt: »Der Meister sagte: Wer nicht Vater und Mutter um meinetwillen verlässt, ist meiner nicht würdig.« Das schockierte Nagai und beunruhigte ihn noch mehr. Am nächsten Tag wandte sich Nagai an einen Mann, der für seinen weisen Rat bekannt war, den alten Jinzaburo Moriyama. Moriyama hörte Nagai zu, ohne ihn zu unterbrechen, und nickte mitfühlend mit dem Kopf. Dann antwortete er mit der folgenden Geschichte:

Etliche Jahre, nachdem er und die anderen Christen von Urakami aus dem Gefängnis in Tsuwano entlassen worden waren, bekam er einen Brief von einem Bruder Morioka. Der Schreiber berichtete, dass sein Vater der zuständige Beamte gewesen sei, der die Christen in Tsuwano verhört habe und deshalb für den Tod von sechsundzwanzig Christen, darunter auch Jinzaburos jüngerem Bruder Yujiro, verantwortlich sei. Er, Moriokas Sohn, war Christ geworden und hatte sich einem religiösen Orden angeschlossen. Dem Brief hatte er Geld beigefügt, um Jinzaburos Reisekosten zu decken, in der Hoffnung, dass dieser ihm die große Ehre erweisen würde, ihn in Tsuwano zu treffen. Jinzaburo fuhr hin und traf ihn am Bahnhof von Tsuwano. Die beiden Männer gingen zwanzig Minuten lang schweigend zur der Stelle, an der sich das Gefangenenlager befunden hatte, nicht weit von der Stadt entfernt. In Jinzaburos Erinnerung tauchte urplötzlich das früher Geschehene wieder auf. Das Hauptgebäude des Gefängnisses war zwar verschwunden, aber dort war der Teich! Und diese niedrige Steinmauer dahinter – dies war der Ort, an dem sein lieber Freund, der sechsundzwanzigjährige Yasutaro, in einer Kiste gestorben war, die so klein war, dass er darin weder sitzen noch stehen oder liegen konnte. Die Kiste war vernagelt worden und im tiefsten Winter dort stehen geblieben, bis der Tod ihn zwanzig Tage später erlöst hatte und er nach Hause zu Gott gehen konnte.

Jinzaburo sank auf seine Knie. Augenblicklich kniete Bruder Morioka neben ihm nieder und sein Kopf berührte fast den Boden. Er schluchzte vor Schmerz über das, was sein Vater ihnen angetan hatte. Jinzaburo wandte sich ihm zu und umarmte ihn. »Ihr Vater dachte, er würde seine Pflicht als Regierungsbeamter erfüllen. Er glaubte wirklich, dass der christliche Glaube staatsfeindlich und eine Gefahr für Japan sei. Er bekannte seinen Fehler auf seine eigene Weise, als er meinen Bruder zu meiner Schwester Matsu trug. Wissen Sie, ich habe seit damals für Ihren Vater gebetet und ich bin sicher, dass Yujiro vom Himmel aus auch für ihn betete. Da ich nun weiß, dass Sie sich zum christlichen Glauben bekehrt haben, macht dies den Tod meines Bruders umso bedeutungsvoller. Es ist ein weiteres Beispiel für die große Wahrheit, die Sie besser verstehen als ich, Bruder – Gott ist immer am Werk. Wenn wir treu bleiben, werden Schwierigkeiten, Dunkelheit und Leid neue Gnaden bewirken.« Jinzaburo hatte seine Geschichte beendet. Er besorgte in der Küche eine weitere Kanne Tee und wechselte das Thema.

Nagai ging auf einer Straße am Rande des Konpira-Berges langsam nach Hause. Wenn er sich taufen ließe, würde das seinen Vater verletzen und gegen den Respekt vor den Eltern verstoßen, dieser konfuzianischen Ethik, die er mit der Muttermilch aufgesogen hatte. Es gab noch andere negative Gesichtspunkte. Zum Beispiel behaupteten einige deutsche Bibelkritiker, dass umfangreichere Nachforschungen erforderlich wären, bevor man mit Gewissheit sagen könnte, was Jesus tatsächlich gelehrt hätte. Oder auch: Wäre es nicht vernünftig, wenn er die Taufe aufschieben würde, bis sein Vater den Gedanken akzeptierte? Und da gab es auch noch seine Verpflichtung für die Pionierarbeit auf dem Gebiet der Radiologie in Japan. Warum sollte er die Taufe nicht verschieben, bis seine Beförderung ausgesprochen und er an der Staatlichen Universität nicht mehr nur der Assistent des Professors wäre? Nach der Beförderung könnte er sich taufen lassen und sich dann mehr für die Christenheit einsetzen.

Mittlerweile war er zu Hause angelangt und setzte sich an den niedrigen Tisch auf dem *Tatami*-Boden. Er nahm Pascals *Les Pensées* zur Hand und kaum hatte er einen Abschnitt gelesen, als er über einen Satz stolperte, der seine Aufmerksamkeit erregte: »Es gibt Licht genug für die, welche nichts anderes wollen als sehen, und Dunkelheit genug für die, welche eine entgegengesetzte Veranlagung haben.« Plötzlich war es eindeutig für ihn: Wenn er die Taufe verschob, würde er weiterhin in der Dunkelheit leben!

Er traf seine Entscheidung, doch der Schmerz blieb bestehen. Mit ähnlichen Gefühlen wie damals, als er an die Front in der Mandschurei fuhr, schaute er bei Pater Moriyama vorbei. »Ich bin mir meiner Unzulänglichkeit vollkommen bewusst, doch ich bitte Sie dennoch um die große Gunst der Taufe, *Shinpu-sama*.« Der Priester fragte, ob er sich auch ausreichend Zeit genommen habe, denn für die Taufe sollte man sich nicht überstürzt entscheiden. Doch Nagai antwortete: »*Shinpu-sama,* meine Überzeugung steht fest – und mein Vater vertritt ebenfalls seine Überzeugung, dass ich einen Fehler mache. Wir hatten eine unangenehme Auseinandersetzung und je länger ich die Taufe hinauszögere, desto schlimmer wird es für uns beide. Bitte prüfen Sie mich und entscheiden Sie, ob ich für die Taufe bereit bin.« Genau das tat der Priester an Ort und Stelle und danach hatte er keinen Zweifel mehr über Nagais Verständnis und seine Hingabe. Pater Moriyama stimmte zu, ihn ein paar Wochen später vor der Morgenmesse zu taufen.

Das war im Juni 1934, kurz nach dem Beginn der *Tsuyu,* der einmonatige Regenzeit, die für die jungen Reispflanzen im Mai lebenswichtig ist. Nagai stand noch vor der Morgendämmerung im Dunkeln auf und stapfte durch den unaufhörlich fallenden Regen zur Kathedrale. Das Gebäude im ausländischen Stil tauchte undeutlich auf und unterstrich die Anschuldigungen seines Vaters, dass er seiner Familie und seiner Kultur untreu würde. Der Priester, Nagais Katechet und ein dritter Mann warteten in der Sakristei auf ihn. Letzterer war jener rotgesichtige, grobschlächtige Bauer, dessen mittelalterliches Chorgewand Nagai bei seiner ersten Messe an Heiligabend irgendwie lächerlich vorgekommen war. Dieser Mann, den Pater Moriyama als Nagais Taufpaten ausgewählt hatte, war Midoris Cousin, ein Faktor, der für seine Zukunft noch bedeutsam werden sollte.

Die vier gingen zu der schwach beleuchteten Taufkapelle und Nagai schrieb später, dass ihn Panik befiel, als der Priester das Taufbecken vorbereitete. Er wusste, dass er »Satan und all seinen Verlockungen des Bösen widersagen« musste. Plötzlich schienen die Konsequenzen dieses Versprechens fast unmenschlich zu sein. Wie konnte er sich von Dingen lossagen, die er die meiste Zeit seines Erwachsenenlebens getan hatte, von Dingen, die seine Altersgenossen als Teil des normalen Lebens betrachteten? Wie konnte er versprechen, dass er nur noch ein halber Mann, ein halber Japaner sein würde? Der Priester legte Salz auf Nagais Zunge. Nagai betete, dass er von den alten Begierden befreit würde und langsam kehrte Frieden ein. Das Latein hörte sich nicht länger fremdartig an. Stattdessen war es die harmonische Muttersprache einer weltweiten Familie, die aus allen Kulturen und Rassen zusammengesetzt ist. Es war die großartige Sprache, die in den unvergleichlichen Messen von Beethoven, Bach und Haydn zu hören war. Den Teil von sich selbst, den er für Christus verleugnete, war das »kleine Selbst«, von dem die alten Weisen des Ostens sprachen. Es stand im Gegensatz zum »großen Selbst«, das das Universum lebendig und unser kleines Selbst bedeutsam macht.

Als Taufname hatte Nagai den Namen des Jesuiten und Märtyrers Paul Miki gewählt. Er war einer der sechsundzwanzig Gekreuzigten von Nagasaki aus dem Jahre 1597. Nagai bewunderte sowohl Paul Mikis tiefgreifende Spiritualität als auch sein Gefühl für *Nihon-teki,* das durch und durch Japanische – etwas, das Paul Miki von seinem Vater, einem General in Ukon Takayamas Schloss, gelernt hatte.

Pater Moriyama, der von Midori häufig gebeten worden war, während seiner Zeit an der Front in der Mandschurei für

Nagai zu beten, ahnte von ihren Gefühlen füreinander und erwähnte dies gegenüber Nagais Paten. Der schwergewichtige und sich langsam bewegende Bauer erwies sich als leichtfüßiger *Nakodo* bzw. Vermittler. Nachdem er das gegenseitige Interesse bestätigt fand, arrangierte er ein offizielles Treffen. Anschließend befragte er sie unabhängig voneinander, ob sie diese Angelegenheit weiter verfolgen wollten. Das einzige Problem kam von Nagai, der ihm sagte: »Ich habe mich auf Röntgendiagnostik spezialisiert. Sie ist sehr wichtig für die Zukunft der Medizin, doch es ist immer noch eine unsichere Wissenschaft. Viele Radiologen haben sich Krebs zugezogen und sind gestorben. Ich muss mit dem Risiko leben, dass ich möglicherweise früh sterbe. Midori muss sich dessen bewusst sein, bevor sie einwilligt, mich zu heiraten.«

Es gibt einen Abschnitt im Buch Rut, den Midori liebte und den sie den Mädchen an der Junshin-Schule manchmal vorlas. Für sie fasste er die Ehe zusammen: »Wohin du gehst, dahin gehe auch ich, und wo du bleibst, da bleibe auch ich. Dein Volk ist mein Volk und dein Gott ist mein Gott. Wo du stirbst, da sterbe auch ich, da will ich begraben sein. Der Herr soll mir dies und das antun – nur der Tod wird mich von dir scheiden.«[19] Nagai war zu einem der Ihren geworden und hatte ihren Gott gewählt. Es war eine Kleinigkeit für sie, das Risiko zu tragen, das seine Pionierarbeit mit sich brachte, die darauf abzielte, Leben zu retten. Ihr Leben hatte er bereits gerettet. Sie verbeugte sich tief und antwortete dem Vermittler: *Donna koto de mo, doko made mo, go issho sasete itadakito gozaimasu* (»Es ist mir eine Ehre, seinen Weg mit ihm zu teilen, wo immer er hinführt und was immer auch auf dem Weg geschieht«).

Nachdem er Midoris Einverständnis erhalten hatte, besuchte Takashi zwei Bekannte, Dr. Furuse und seine Frau. Sie waren enge Freunde seines Vaters. Nagai erzählte ihnen, dass er Christ geworden sei und eine Christin heiraten wolle, Midori Moriyama. Dies zu akzeptieren, sei für seinen Vater schwierig.

---

[19] Rut 1,16–17.

Da er ihn jedoch sehr verehrte, war es für ihn schmerzlich, etwas gegen seinen Willen zu tun. Doch diese beiden Entscheidungen waren eine Gewissenssache und er musste dem Pfad folgen, den er als wahr und richtig erkannt hatte. Er bat die Furuses, ihm die Freundlichkeit zu erweisen, dies seinem Vater zu erklären. Er sei sich sicher, dass Midori eine seines Vaters würdige Schwiegertochter sei, und er und Midori seien sich ihrer Verpflichtung gegenüber seiner Familie, der Lebenden und Toten, stets bewusst. Die Furuses, die keinen Zweifel an Takashis Entschlossenheit hatten, luden Midori zu sich nach Hause ein und waren sehr positiv überrascht. Sie fuhren nach Nordosten in das entfernte Mitoya und durch ihre Vermittlung stimmte der ältere Dr. Nagai der Heirat widerwillig zu. Er nahm mit der Familie an der Hochzeitsfeier teil, jedoch trug dies nichts dazu bei, Gefallen an Nagais neuer Religion zu finden. Die lateinische Sprache war ein Spiegelbild für all das Fremdartige, das sie zu dieser unguten frühen Stunde sahen und hörten: eine Hochzeit, die vor dem Frühstück gefeiert wurde!

Doch durch Midori veränderten sie sich im Laufe der Zeit. Von Anfang begann sie, eine *Wa*-Beziehung mit der Familie ihres Mannes aufzubauen. *Wa,* ein entscheidendes japanisches Wort, ist vergleichbar mit dem biblischen *Shalom*. Das Kenkyusha-Lexikon definiert *Wa* als »Frieden, Harmonie, Versöhnung, Einheit im Trost«. Nagai und seine Frau reisten so oft sie konnten zum Haus seiner Vorfahren in die Shimane-Präfektur. Zu der Zeit, als ihr erstes Kind friedlich in den Armen von Großvater Nagai lag, war seine negative Einstellung verschwunden und *Wa* war zurückgekehrt.

Wa, »Frieden«, ist aus den Schriftzeichen für »Korn« (Reis) und »Mund« zusammengesetzt; das bedeutet, wenn man nicht hungrig ist, kämpft man nicht.

14.

Taifune und der anmutige Bambus

Im Jahr 1934 war Takashi Assistent des Leiters der Radiologie-Abteilung mit einem Gehalt von vierzig Yen im Monat. Der Viehhandelsbetrieb war mit dem Tod von Midoris Vater eingestellt worden und vierzig Yen reichten, bedingt durch die sich verschlechternde japanische Wirtschaftslage, nicht für Midori, ihren Ehemann und ihre Mutter. Zwischen 1930 und 1936 waren die Exporte dramatisch zurückgegangen, während die Importrate um 29 Prozent angestiegen war. Der Yen war in diesen sechs Jahren zweimal abgewertet worden und im Jahr 1936 nur noch halb so viel wert wie 1930. Um über die Runden zu kommen, begann Midori, das Weideland zum Anbau von Gemüse zu nutzen. Ihre Mutter Tsumo lachte. Midori bedeutet »Grün« und sie hatte auf jeden Fall einen grünen Daumen! Sie liebte nichts mehr als einen Arbeitstag im Garten. Ja, vielleicht gab es etwas, was ihr noch mehr lag – das Nähen – und Takashi freute sich über ihr Talent. Seit ihrer Hochzeit hatte er sich keine Kleider mehr in einem Ladengeschäft gekauft. Sie fand heraus, dass er keine Kunstfasern wie zum Beispiel Kunstseide mochte. Als seine Junggesellenkleider abgetragen waren, stellte er fest, dass all seine Kleidungsstücke – von den Handschuhen über die Socken bis hin zur Unterwäsche – aus reiner Baumwolle, Wolle oder Seide bestanden, alle von Midori hergestellt. Sie nähte ihm einen Tweed-Mantel, der als Standardartikel in den Schaufenstern der Schneider von Urakami ausgestellt wurde. Er entdeckte, dass Midori sehr viel mit der idealen Ehefrau gemeinsam hatte, wie sie im Buch der Sprichwörter, Kapitel 31, beschrieben wird.

Ausländer, die Japan einen Besuch abstatten, sind normalerweise beeindruckt von der Sanftheit und Anmut der Frauen. Diese weibliche Eigenschaft hat eine lang dokumentierte Geschichte. Während die europäischen Frauen erstmals im 16. Jahrhundert lesen und schreiben lernten, verfassten ihre japanischen Geschlechtsgenossinnen bereits im 8. Jahrhundert geschliffene *Man'yōshū*-Poesie. In der ersten Dekade des 11. Jahrhunderts schrieb die Richterin Shikibu Murasaki das neunhundert Seiten dicke Buch *Die Geschichte vom Prinzen Genji,* einen Klassiker der Weltliteratur, der als erste große Novelle nach Homers *Ilias* und *Odyssee* gilt. Dieses frühe und weitverbreitete Phänomen von weiblicher Literatur schuf in den Oberschichten eine klare Vorstellung von weiblicher Anmut. Aufgrund der einzigartigen Homogenität der japanischen Gesellschaft beeinflusste diese Sichtweise schnell auch die niedrigeren Schichten.

Die ideale japanische Frau sollte wie der Bambus sein, anmutig, sanft, sensibel und stark. Der leistete Windstoß bewegt die filigranen Blätter des Bambus, doch selbst die Taifune im Herbst können ihn nicht entwurzeln. Auch wenn nach solchen Stürmen überall riesige Zedern und Zypressen entwurzelt herumliegen, steht der schlanke Bambus noch fest in der Erde.

Abgesehen von der umfangreichen Literatur, durch die die weiblichen Ideale weitergegeben wurden, gibt es in jedem japanischen Ort und jeder Stadt gut besuchte Kurse in *Cha-no-yu,* der Teezeremonie, in *Ikebana,* der Kunst des Blumenarrangements, sowie in edler Handarbeit. Die Belegung der Kurse ist sehr wichtig, da sie eine Vorstufe zum *Michi,* dem Weg, sich auf die Ehe und die Mutterrolle vorzubereiten, sind. Nagai war begeistert, als er feststellte, dass seine Frau ein Diplom als Lehrerin für *Ikebana* und für edle Handarbeit hatte und dass sie die Teezeremonie liebte. Nach ihrer Hochzeit eröffnete sie eine Abendschule in ihrem geräumigen Haus, in der sie *Ikebana* und Handarbeit unterrichtete.

In Midoris Vorratskammer mangelte es nie an frischem Gemüse. Sie pflanzte Kartoffeln, chinesischen und westlichen Kohl, Zwiebeln, Süßkartoffeln, Sareptasenf, Rettich und ganze Felder mit Gerste an, wobei sie den größten Teil davon verschenkte. Nagai neckte sie und sagte, er habe Angst, dass eines Tages riesige grüne Ranken das ganze Haus ergreifen und sie alle verschlingen würden. Sie bei ihrer Tagesarbeit zu sehen, erfüllte ihn immer mit viel Freude: Midori, die draußen im Garten mit einer *Monpe,* der einfachen Arbeitshose, die durch die Sparmaßnahmen der Kriegsregierung zur Standard-Arbeitskleidung der Frauen geworden war, arbeitete. Wohlhabende Mädchen aus der *Junshin*-Schule, an der sie unterrichtete, kamen in prachtvollen Kimonos vorbei. Sie hielten an, verbeugten sich feierlich, und riefen: *Sensei, konnichi wa* (»Guten Tag, Frau Lehrerin«). Sie zeigte nie auch nur die leiseste Spur von Verlegenheit, sondern unterbrach ihr Hacken, stand aufrecht und erwiderte feierlich die Verbeugung mit ein oder zwei gefälligen Höflichkeitsbekundungen. Dann folgten feierliche *Sayōnara*-Verbeugungen auf beiden Seiten. Er liebte diese Frau, deren starke, feingliedrige Hände genauso gut die klassische Teezeremonie ausüben wie die schwere Hacke benutzen und einsetzen konnten.

An der Universität gewannen sie ihren Kampf, als Radiologie-Abteilung unabhängig zu werden. Die Arbeit vervielfachte sich und Nagais Forschung über Nierensteine wurde in einer medizinischen Fachzeitschrift veröffentlicht. Midori amüsierte sich, dass er immer mehr die Züge eines zerstreuten Professors annahm. Wenn er in seiner medizinischen Forschung kurz vor einem Durchbruch stand, sprach er tagelang fast gar nichts. Dann zog er seine Kleider aus und ließ sie einfach an der Stelle liegen, wo sie gerade hinfielen. Sein Schreibtisch verschwand unter Patientenakten, Zeitschriften und Büchern. Manchmal rief er sie dann und fragte ein bisschen verlegen: »Midori, hast du einen Moment Zeit? Ich kann diesen Bericht von der Universität Kyoto einfach nicht finden.« Sie war in den Zeiten, in denen er durch seine wissenschaftliche Arbeit so abwesend und zerstreut war, nie verärgert. Ihrer Mutter erklärte sie, dass seine Arbeit in der Radiologie die absolute Priorität haben musste. Er ließ sie den Haushalt vollkommen selbstständig führen. Sie übernahm das Haushaltsbudget, den Einkauf, die Bankangelegenheiten und sämtliche Entscheidungen im Hinblick auf Junshin, ihre Abendschule und den stets wachsenden Gemüsegarten.

Bei der Messe an Sonn- und Feiertagen hörten die Nagais oft, wie Pater Moriyama über die Schönheit des einfachen Familienlebens in Nazareth sprach. Daran erkennt man, sagte er, den großen Wert des normalen Familienalltags und die Gnade Gottes, die auch in unserer eintönigen täglichen Arbeit gegenwärtig ist. Das erinnerte Nagai an seine Kindheit, als seine Mutter ihm beibrachte, wie er das Universum in einer Schüssel Reis finden konnte: »Schau dir den Reis genau an und entdecke darin die unzähligen Generationen von Bauern, die das wilde Land urbar gemacht haben und die Reisfelder in Zeiten der Dürre und der Überschwemmungen, der Not, des Krieges und der Seuchen gehegt und gepflegt haben. Achte auch auf die Generationen von Kunsthandwerkern, die du in der einfachen, praktischen Schönheit der Schüssel und in den Stäbchen erkennst, und auf all die Händler, die sie verkauft haben. Und dann entdecke deine Eltern, die hart gearbeitet haben, um den Reis kaufen und kochen zu können.« Nagais Mutter hatte ihre Unterrichtseinheit damit beendet, dass sie ihre Hände zusammenlegte und sich mit einer Geste der tiefen Dankbarkeit verbeugte. Dabei rezitierte sie ein Gebet, das all dies einschloss und ebenfalls das Universum: *Namu Amida Butsu* (»Wir sind vollkommen von dir abhängig«), *Amida Buddha.*

Die Familie des jungen Nagai gehörte dem Shintoismus an, doch es war in Japan keineswegs verwunderlich, ein buddhistisches Gebet aus dem Munde eines *Shintō*-Gläubigen zu hören. Wie bei den meisten alten *Samurai*-Familien war die Familie von Takashis Mutter im Zen-Buddhismus beheimatet. Sie erzählte ihm, wie der *Bonze*[20] in ihrem Zen-Tempel ihnen die

---

20 Buddhistischer Mönch (Anm. d. Verl.).

tiefere Bedeutung der Schriftzeichen beigebracht hatte. Zum Beispiel bedeuten die beiden Schriftzeichen, die das Wort *Arigato* (»danke«) bilden, wörtlich: »Dies entstand mit Schwierigkeiten.« Hinter allem, was wir empfangen, verwenden oder besitzen, fuhr der *Bonze* fort, liegen Schwierigkeiten, die durch große Anstrengungen überwunden wurden. *Shigoto* (»Arbeit«) setzt sich aus zwei Schriftzeichen zusammen, die »etwas, was ein Dienst ist«, bedeuten. Wir alle sind Nutznießer von unzähligen anderen »Arbeitern« und wir schulden es unserer Gemeinschaft, dass wir unsere eigene Arbeit gut machen, nicht nur für den materiellen Lohn, sondern aus Dankbarkeit. So wurde der Junge in die berühmte japanische Arbeitsethik eingeführt. Nagai, der Christ, erinnerte sich mit Dankbarkeit an die sanfte und schlichte Spiritualität seiner Mutter.

Professor Suetsugu, der Dekan der neuen radiologischen Abteilung, hatte viele Eisen im Feuer. Immer mehr Ärzte forderten Vorlesungen über die Röntgendiagnostik. Nagai wurde gebeten, Abhilfe zu schaffen, und so begann er eine Vortragsreihe für Allgemeinmediziner. Sein Publikum wuchs schnell und damit wuchs auch das Vertrauen des Dekans in seinen Assistenten. Nagai wurde gebeten, einige Kapitel für ein Lehrbuch der Universität zu verfassen. Die Verwaltung war beeindruckt von Nagais Energie und Kompetenz und berief ihn zum Leiter des medizinischen Personals am Universitätskrankenhaus.

Ein führender Christ aus Urakami namens Tagawa lud Nagai ein, sich der Vinzenzgemeinschaft anzuschließen. Nagai hatte sich noch nie auf etwas Neues eingelassen, bevor er es nicht gründlich studiert hatte. Er lieh sich in der Bibliothek mehrere Bücher über die Gemeinschaft aus, die von dem Franzosen Frédéric Ozanam im Jahr 1833 gegründet worden war, um den Armen zu helfen. Ozanam, wie Nagai ebenfalls Wissenschaftler, war Professor an der Sorbonne. Bevor er ein überzeugter Christ wurde, durchlebte er eine grauenvolle Zeit des Zweifels, was dazu führte, dass er sein ganzes Leben lang großes Mitleid mit Atheisten und Agnostikern empfand. Nagai las darüber mit wachsendem Interesse.

Als Ozanam noch Student an der Sorbonne war, machte er eines Nachmittags einen Spaziergang durch die Pariser Armenviertel. Niedergeschlagen betrat er anschließend die dunkle Pfarrkirche St. Étienne-du-Mont und war überrascht, André-Marie Ampère dort vorzufinden, der dort kniete und betete! Ampère war einer der führenden Wissenschaftler der Welt. Als Ampère die Kirche verlassen wollte, sprach Ozanam ihn an: »Herr Professor, wie ich sehe, glauben Sie an das Gebet.« Ampère antwortete: »Jeder muss beten.« Diese Antwort traf Nagai mit voller Wucht. Sie erinnerte ihn daran, dass er selbst Gott durch das Gebet gefunden hatte und jetzt nur sehr wenig unternahm, um anderen ebenfalls dazu zu verhelfen.

Nagai schloss sich der Vinzenzgemeinschaft an und war schockiert, als er auf seinem ersten Einsatz feststellte, dass jede Person in dem Dörfchen Kainoshima an Bindehautentzündung litt. Er begann, an Sonntagen regelmäßig Fahrten zu organisieren und überredete andere Universitätsärzte und Krankenschwestern, sich ihm anzuschließen, um die Armen kostenlos zu behandeln. An einem Sonntag besuchte er eine Frau, die sich Gonorrhöe zugezogen hatte und vor Scham mit ihrem fünfjährigen Sohn in die Berge geflohen war. Sie war fast blind und die beiden überlebten in einem Unterstand, den sie sich mit ihren einzigen Freunden und Unterstützern, den Legehennen, teilten. Als Nagai das erste Mal zu ihnen kam, war die Frau feindselig und weigerte sich, mit ihm zu sprechen. In der Woche darauf kam er mit Kleidung, Nahrungsmitteln und sprach freundlich zu der Frau. Bevor er ging, sagte sie: »Herr Doktor, ich kann riechen, dass in der Nähe Pflaumen blühen. Sind sie nicht wunderschön?« Er kletterte den Hang hinauf, brach einen Zweig ab und brachte ihn ihr, damit sie den süßen Duft einatmen konnte. »Die Hilfe ist echt«, schrieb er in seinem Tagebuch nieder, »wenn sie dazu beiträgt, die Würde einer Person wiederherzustellen.«

In einer kalten Februarnacht im Jahr 1935 arbeitete er noch bis spät am Abend in einem unbeheizten Labor und wachte am nächsten Morgen mit Halsschmerzen und erhöhter Temperatur auf. Midori schlug vor, dass er im Bett bleiben sollte, doch er hatte versprochen, an diesem Tag bei einer komplizierten Operation zu assistieren. Er fühlte sich krank, als er im Krankenhaus ankam, und ließ sich deshalb von einem Hals-Nasen-Ohren-Arzt eine Spritze geben. Zehn Minuten später war er im OP. Er fühlte sich nicht wohl und plötzlich hatte er Sehstörungen, sein Magen fing an zu schmerzen und sein Herz raste. Er erkannte, dass er krank war, und entschuldigte sich mit einer knappen Verbeugung, indem er den Raum verließ, wo er mehrere Liter schwärzliches Blut erbrach und asthmatisch nach Luft rang. Professor Suetsugu brachte ihn zu einem Bett und gab seinem mittlerweile bewusstlosen Assistenten eine hoch dosierte Injektion. Er diagnostizierte eine Anaphylaxie, eine Überempfindlichkeit auf bestimmte Spritzen, die zu inneren Blutungen, Geschwülsten und zum Tod führen konnte.

Nagai war blutüberströmt, seine Augen waren beinahe geschlossen und sein gesamtes Gesicht war auf die Größe eines Fußballs angeschwollen. Schon bald beugte sich ein Priester aus der Kathedrale über ihn. Nagai bemühte sich, sein asthmatisches Röcheln zu stoppen, um die Worte des Priesters zu verstehen. Er spürte, dass das Ende nahe war. »Kind Gottes, bekenne all deinen Sünden, die du im Leben begangen hast, bitte um Vergebung, weil sie im Gegensatz zu Gott begangen wurden, der die Liebe ist … Wende dich Christus zu, der für unsere Sünden gelitten hat und gestorben ist … Nimm deine Krankheit mit Dankbarkeit an, denn du kannst sie mit dem Opfer Christi am Kreuz verbinden … Lass uns zum Vater beten, dass deine Gesundheit wiederhergestellt wird …« Nagai flüsterte dem Priester seine Sünden zu, der ihm die Absolution erteilte und ihm die Letzte Ölung spendete. Der tröstende Geruch des Salböls schien aus einer anderen Welt zu kommen. Sein Verstand wurde nun vernebelt. Er spürte, dass der Tod nahe war, doch er hatte Frieden.

Jemand hielt seine Hand. Eine Frau? Sie hielt seine Hand in ihrer und weinte. Ah, Midori. Plötzlich wollte er nicht sterben. Eine angespannte Stimme sagte: »Puls 130, Atmung 36.« Eine weitere Injektion. Er dachte: Wenn ich sterbe, dann ist dies ein guter Ort, mit Midori und meinen Kollegen an meiner Seite. Ein Sprichwort von Konfuzius kam ihm in den Sinn, das er als Schuljunge gelernt und geliebt hatte: »In der Frühe die Wahrheit vernehmen und am Abend sterben: Das ist nicht schlimm.«

Er erholte sich wieder, doch diese Erfahrung veränderte ihn zutiefst. Bis dahin hatte er nie geglaubt, dass der Tod unmittelbar bevorstehen könnte, nicht einmal bei den schlimmsten Kämpfen in der Mandschurei. Doch nun hatte er in dessen kalte Augen gesehen. Eine Spritze, sagte er, überzeugte ihn von dem Sinn des zentralen Themas der alten japanischen Literatur: Das Leben ist genauso flüchtig »... wie der Tau von Adashino und der Rauch über Toribeyama«: Orte, wo die Toten im alten Kyoto verbrannt wurden und die mit zerfallenen, jahrhundertealten Grabsteinen übersät waren. Nagai »fühlte« zum ersten Mal seine eigene Sterblichkeit und begann anschließend, mehr Zeit mit Bibellesen oder allein in der Kathedrale zu verbringen.

Außerdem litt er nach diesem Ereignis an Asthma. Kalte Luft, die Kaninchen im Labor, sein eigenes herzhaftes Lachen, Sake und ein schweres Essen, ein mit Rauch gefüllter Raum oder eine plötzliche Anstrengung konnten ihn zum Keuchen bringen. An einem verschneiten Abend, als er ziemlich erschöpft war, überredete Midori ihn, früh ins Bett zu gehen. Er hatte sich kaum hingelegt, als ein Besucher mit der Botschaft kam, dass der alte Bauer in Ippongi, den der Arzt bei seinen »Vinzenzgemeinschaft«-Einsätzen besucht hatte, so schlimm an Asthma litt, dass er kaum noch atmen konnte. Nagai sagte, er würde sofort kommen, trotz Midoris lautstark geäußerten Bedenken. Da er nicht darauf hörte, half sie ihm in seine Kleider und legte ihm seinen gefütterten Kimonomantel und einen Umhang über. Dann gab sie ihm trotz seines Protests noch ein zweites Paar Socken, Handschuhe und eine Baumwollmaske für seine Nase und seinen Mund mit. Erst jetzt gab sie widerwillig ihre Zustimmung und half ihm in seine Gummistiefel. Mit seiner Arzttasche in der einen Hand und einem kräftigen

Stock in der anderen verließ er das Haus. Er sah aus wie ein Eskimo, wie er später schrieb.

Der Bauer lebte zwei Kilometer entfernt in den Bergen und Nagai passte seine Gangart und seinen Atem sorgfältig der Strecke an. Er traf den alten Mann aufrecht sitzend an. Seine Schultern hoben sich jedes Mal, wenn er keuchend um Atem rang. Er konnte nicht mehr sprechen, doch seine Augen flehten um Hilfe. »Es wird bald wieder gut sein, alter Freund«, sagte Nagai, während er in den lederartigen Arm des Mannes Adrenalin sowie Kampfer injizierte. Innerhalb von dreißig Sekunden entspannte sich das verkrampfte Gesicht mehr und mehr und das Atmen wurde leichter. Der Arzt gab ihm Medikamente für die nächsten fünf Tage und verabschiedete sich von ihm: *O genki de* (»Gute Besserung«). Der alte Mann verbeugte sich dankbar und gab dem Arzt »zwei leuchtende Diamanten, einen in jedem Augenwinkel erkennbar«.

Nagai ging wieder in die Nacht hinaus. Der Schnee fiel nun stärker und der Mond war vollkommen verschwunden. Ich werde das schaffen – es geht ja bergab, dachte er, und ging törichterweise schneller. Er war noch nicht weit gekommen, als er von einem Asthmaanfall betroffen wurde. Er sah ein großes ausgegrabenes Loch im Hang rechts neben der Straße, das für die Lagerung von Kartoffeln bestimmt war. Der Schnee fiel ihm in die Augen, als er in das Loch hineintaumelte und auf dem Boden zusammenbrach. Er schnappte nach Luft und zitterte am ganzen Leib. In diesem Zustand wollte er sich Adrenalin injizieren, doch er wusste, dass er dies in der stockfinsteren Nacht mit seinen zitternden Händen nicht tun konnte. Panik stieg in ihm hoch, die den Asthmaanfall noch steigerte. Es dauert bestimmt noch sieben Stunden bis Tagesanbruch, dachte er, und in einem solchen Schneesturm wird niemand auf dieser Straße unterwegs sein. Er war nicht mehr der Arzt, sondern nur noch ein verängstigter Patient.

Nicht lange danach sah er außerhalb der Grube Licht – dann eine Laterne und den schweren Stock von jemandem. Dann hörte er eine erschöpfte Stimme, die das Geräusch seines kurzen, keuchenden Atems übertönte: »Du bist es, nicht wahr, du bist es?« – »Ja«, keuchte er. »Schnell, Midori, das Licht.« Sie öffnete seine Tasche, zog die Spritze auf und stach die Nadel in seinen Körper. Der furchtbare Kloß auf seiner Brust begann sich aufzulösen. Als er da so wartete, seinen Kopf an Midoris Brust gelehnt, dachte er: So muss sich eine Seele fühlen, wenn sie aus dem Fegefeuer herauskommt.

Midori sagte ihm, dass sie ihn auf ihrem Rücken nach Hause tragen würde. Obwohl sie ihn *Shujin* (»Herr«) nannte, wie die meisten japanischen Ehefrauen ihre Männer nennen, gab es viele Bereiche im Familienleben, in denen sie und die meisten Frauen die wahren Herrscher waren. Die Lohntüte wurde ihr zum Beispiel ungeöffnet überreicht und das monatliche Budget, auch das Taschengeld ihres Mannes, wurde von ihr festgelegt. In diesem Moment ging aus Midoris Ton klar hervor, dass sie beschlossen hatte, ihn auf ihrem Rücken nach Hause zu tragen. Sie ließ sich in ihren schweren *Monpe*-Hosen auf ein Knie nieder und er lehnte sich erschöpft auf ihren Rücken. Eine Vorwärts- und Hochbewegung und sie konnten losgehen. Sie trug sogar die Laterne und ihr warmes und sanftes Licht fing das Wunder des friedlichen Schneefalls ein. In seiner Erschöpfung dachte er an den damaligen »Notfallweg« zum Krankenhaus. Sie war leicht gewesen, während er über 75 Kilo wog! Doch der anmutige Bambus brach nicht.

15.

Ein christliches *Nembutsu* und die dunkle Nacht

In den ersten Jahren seiner Ehe fanden gigantische Umbrüche im öffentlichen Leben Japans statt, doch Dr. Nagai war zu sehr mit Vorlesungen, dem Schreiben von medizinischen Artikeln und der Röntgenforschung beschäftigt, um sich über die Politik Sorgen zu machen. Sein Sohn Nummer eins wurde am 4. April 1935 geboren. Sie nannten ihn Makoto, was »Ehrlichkeit« bedeutet.

Mitte der 1930er-Jahre gab es drei Säulen der Macht in Tokio. Zum einen gab es den Kaiser Hirohito, doch seine Machtstellung war unklar. Hirohitos Großvater, der Kaiser Meiji, hatte echte Macht ausgeübt, doch sein Nachkomme war der psychisch kranke Kaiser Taisho, der Grund für eine nationale Verlegenheit wurde. Deshalb wurde Taishos Sohn Hirohito von klein auf streng erzogen, um ein Kaiser zu sein, der »herrschen, aber nicht regieren« würde. Die zweite Säule der Macht bestand aus Politikern, Bankiers und Industriellen, einer relativ neuen Gruppe in der sich immer noch entwickelnden Demokratie, in der weniger als die Hälfte der Bevölkerung das Wahlrecht hatte. Die dritte und mächtigste Säule bildeten die Militärs, die überzeugt waren, dass sie eine halbgöttliche Verpflichtung hatten, Japan zu militärischer und wirtschaftlicher Größe zu verhelfen.

Als einige Politiker und Unternehmer entschieden gegen die Annektierung der Mandschurei durch das Militär und die riesigen Ausgaben für Waffen protestierten, war die Vergeltung tödlich. Sieben der Personen, die protestiert hatten, wurden ermordet. Zweimal erhob Kaiser Hirohito seine Stimme im Protest gegen dieses Blutvergießen, nur um eine scharfe Ermahnung von seinem Mentor, Prinz Saionji, zu erhalten. Obwohl dieser Letztere gegen die Militärs war, erinnerte er den Kaiser an seine erste Pflicht, zu herrschen und nicht zu regieren. Durch die Morde wurde die Opposition eingeschüchtert und Japan wurde zu einer Militärdiktatur. In dieser Zeit gab es eine vollständige Medienzensur und der Polizeiapparat wurde zum rechten Arm des Militärs. Die gefürchtete *Kempeitai* (»Militärpolizei der Kaiserlich Japanischen Armee«) tauchte plötzlich überall auf. Pater Moriyamas Name stand in ihrem Dossier, weil »... das Christentum eine fremde Ideologie ist, die von potenziellen Spionen erdacht wurde«.

Im Jahr 1937 wurde die Tochter Ikuko Nagai geboren. Am Abend des 7. Juli eilte Nagai nach Hause, um dieses kleine Bündel der Freude zu sehen. Seine Augen saugten die farbenfrohen Szenen des *Tanabata* auf, eines Volksfestes, das bei Jung und Alt beliebt war. Es war die Nacht des tragischen Liebespaares Shokujo, der wunderschönen Sternenprinzessin, und Kengyu, des niedrigen Rinderhirtensterns. Sie hatten sich so unsterblich ineinander verliebt, dass Shokujo aufhörte, kaiserlichen Brokat zu weben. Die zornige Kaiserin setzte die Milchstraße zwischen sie, doch an jedem 7. Juli formten Elstern eine Brücke aus Flügeln, die die beiden überqueren konnten, um sich zu treffen. Die Japaner feierten diese Nacht, indem sie Bambushalme aufstellten, verziert mit bunten Papierbändern und -fäden, an denen auch Gedichte hingen. Darauf waren Wünsche geschrieben: Jugendliche im heiratsfähigen Alter baten um treue Ehepartner und Kinder baten um Hilfe in den Künsten der Musik, der Poesie, der Kalligrafie und der Handarbeit. Nagai stand dort und beobachtete die Kinder mit ihren offenen Gesichtern, die in fröhliche Baumwollkimonos gekleidet waren und das traurige Tanabata-Lied sangen, das er in seiner eigenen Kindheit so geliebt hatte. Die Seele dieses Volksliedes war *Akogare,* also das Sehnen nach etwas, was den

Menschen übersteigt, erinnerte er sich, und er war traurig, dass so viele Menschen seines Volkes nicht über dieses *Akogare* des Sternenfestivals hinauskamen – und sie hatten auch noch nie das reine Licht des Sterns von Bethlehem gesehen. Im Augenblick schienen sie sogar mehr am brutalen Rotlicht des Mars, des Kriegsgottes, interessiert zu sein!

Im Radio wurden am nächsten Morgen beängstigende Nachrichten gesendet. Zwischen den chinesischen und japanischen Truppen waren groß angelegte Feindseligkeiten in der Nähe der Marco-Polo-Brücke ausgebrochen, weniger als fünfundzwanzig Kilometer von Peking entfernt. Nagai ging niedergeschlagen zur Universität, betroffen von der Ironie, dass Japan, das Land seiner kulturellen Wurzeln, ausgerechnet am 7. Juli angegriffen hatte. Tanabata war, wie so vieles in Japan, ein Geschenk aus dem alten China! Im Gegensatz zu Nagai jubelten die japanischen Offiziere, denn sie waren zuversichtlich, dass es einen schnellen Sieg geben würde, nun, da ein offener Krieg ausgebrochen war.

Die japanische Armee verlor keine Zeit, um jeden zu mobilisieren, der Kriegserfahrung hatte. Midori wurde es ganz mulmig zumute, als sie nur wenige Tage später die offizielle Postkarte im Briefkasten fand. Bevor der Monat vorüber war, befand Nagai sich als Oberleutnant und Chefarzt der Chirurgie in der Fünften Division des medizinischen Korps auf dem Weg nach China. Die folgenden dreißig Monate in China, die er fast ausschließlich an der Front verbrachte, öffneten ihm die Augen für die moderne Barbarei des Militärs und erzeugten Schuldgefühlen in ihm, weil er nichts unternommen hatte, um ihre wachsende Macht zu stoppen. Nagai schrieb während dieses zweiten Kriegsdienstes viel: Briefe nach Hause und Einträge in sein Tagebuch. Dadurch ist es uns möglich, das Schicksal der Fünften Division in China mit allen Höhen und Tiefen nachzuverfolgen.

Sie waren kaum in China angekommen, als sie am 19. August 1937 durch ein Tal im Norden, ganz in der Nähe der Chinesischen Mauer, marschierten und unter Beschuss gerieten.

Bis zu dem Zeitpunkt, als sie sich neu formiert hatten, waren vierhundert japanische Soldaten getötet oder verletzt und die komplette Funkausstattung zerstört worden, zusammen mit dem Großteil ihrer Waffen, Medikamente und Nahrungsmittel. Sie waren ausweglos von ihrem Basislager abgeschnitten. Nagai baute hastig ein Feldlazarett auf, das voll mit stöhnenden Männern war, die dringend medizinische Hilfe benötigten, die er ihnen nicht geben konnte. Er ging zum befehlshabenden Offizier und teilte ihm mit, dass die medizinische Lage desolat war. Der Offizier antwortete ihm, dass sie ohne Verstärkung alle innerhalb von achtundvierzig Stunden tot sein würden. »Wir haben den Kontakt zum Hauptquartier verloren. Unsere einzige Chance ist, dass heute Nacht jemand durch die chinesischen Linien schlüpft und Hilfe holt«, fügte er hinzu. Der Arzt antwortete: »Sir, ich bitte um Ihre Erlaubnis, den Versuch zu unternehmen.« Nagai war kompetent und klug und deshalb stimmte der Kommandant zu.

In jener Nacht machte er sich im Schutz der Dunkelheit auf den Weg. Das japanische Hauptquartier lag knapp zwanzig Kilometer entfernt, doch das eigentliche Problem waren die ersten paar Kilometer. Dort befanden sich die chinesischen Soldaten, die diesen Landstrich belagerten. Er kroch vorwärts, schlich an Anhöhen entlang, lag lange Zeit bewegungslos da, benutzte die Strömung eines Flusses und ließ sich wie eine Leiche treiben. Schließlich erreichte er das Hauptquartier und erstattete Bericht über die verzweifelte Lage. Der befehlshabende Offizier versprach, noch in der gleichen Nacht Truppen zur Befreiung zu schicken. Er befahl Nagai, diese zu begleiten. Nagai antwortete, dass dies ganz in seinem Sinne sei, da er als Oberleutnant für das medizinische Korps verantwortlich sei.

Er fühlte sich gut, als er sich auf den Weg machte, allzu selbstsicher durch seinen vorherigen Erfolg, und er ertappte sich dabei, wie er über die schöne Landschaft in China staunte. Zu seiner Rechten lag die Chinesische Mauer, die sich an einem Berghang entlangzog und sich im Nebel verlor. Zu seiner

Linken lag eine große fruchtbare Ebene mit vielen Hirsefeldern. Sein Blick fiel auf etwas Rotes an einem Baum im Hirsefeld vor ihm. Äpfel! Er war hungrig und so rannte er durch das Feld und schüttelte den Baum. Die Äpfel purzelten herunter. Ihm war heiß vom schnellen Laufen, doch plötzlich wurde ihm eiskalt, als eine Kugel knapp über seinem Kopf vorbeizischte, wahrscheinlich aus dem Gewehr eines Bauern. Nagai vergaß die Äpfel und floh, um Schutz zu suchen, wie ein verängstigtes Kaninchen.

Die zu ihrer Befreiung gesandten japanischen Truppen kamen durch und die Chinesen zogen sich zurück. Die Verletzten wurden evakuiert und Nagai hatte Zeit, seine Gedanken niederzuschreiben. Er hatte versucht, sein Zuhause zu vergessen, schrieb er, und sich auf seine Arbeit zu konzentrieren, aber das war unmöglich. Die chinesischen Kinder sahen wie seine eigenen Kinder aus; überall sah er chinesische Mütter, die ihn an Midori erinnerten, und die älteren Männer sahen wie sein Vater aus. »Du schaust in ihre Gesichter und erkennst, dass es gute Menschen sind, die so denken und fühlen wie wir. Uns wurde gesagt, dass das Töten von Angehörigen einer feindlichen Truppe kein Mord sei, dass dies ein gerechter Krieg sei, der geführt würde, um Gerechtigkeit herzustellen und Frieden zu bewahren. Wirklich? Wo sind denn diese Gerechtigkeit und dieser Frieden? Ich finde es immer schwieriger, sie zu entdecken.«

Einige Wochen später, als er in dem großen Zelt des Feldlazaretts operierte, wurde er Zeuge einer hitzigen Auseinandersetzung, die neben ihm stattfand. Er hörte zu: »Aber ich muss amputieren! Schauen Sie, was ist wichtiger für Sie, Ihr Leben oder Ihr linker Arm?« Der Soldat schluchzte, als er antwortete: »Mein linker Arm; ich bin Geigenspieler.« Ein Mann wurde hereingetragen, dessen Kiefer auf beiden Seiten von einer Kugel durchbohrt worden war. »Versuchen Sie, ihm etwas flüssige Nahrung zu geben«, sagte Nagai zu einem Sanitäter. Die Kämpfe tobten weiter und die Nahrungsmittel waren ausgegangen. Der junge Sanitäter entschloss sich, nach Vogeleiern zu suchen, doch er fand keine, weil es Herbst war. Es sah eine Biene und folgte ihr. Stunden später kehrte er mit seinem Tornister voller Honig zurück – doch sein ganzes Gesicht und seine Hände waren mit Stichen übersät. Krieg, schrieb Nagai in sein Notizbuch, bringt sowohl das Beste als auch das Schlechteste im Menschen hervor.

In dieser Zeit der rassistischen und theologischen Intoleranz ist es erfrischend, Nagais Einstellung gegenüber Menschen aus anderen Nationen und mit einem anderen Glauben zu entdecken. Nachdem er in seinem Tagebuch vermerkt hatte, wie er Kraft und Frieden in seinem kleinen Neuen Testament fand, fügte er ein Gedicht an, das er für einen nichtchristlichen Freund verfasst hatte, der im Morgengrauen gestorben war: »Als der Morgen dämmerte und den östlichen Himmel erhellte, stieg mein Kriegskamerad friedlich in den Himmel auf.« Er fügte hinzu: Man findet echte Liebe unter den gewöhnlichen Soldaten, die häufig aus armen Bauernhöfen oder aus den Armenvierteln der Städte stammen und wenig Bildung haben. War dies nicht die Liebe, von der Jesus in Matthäus 25 sprach: Liebe, die Zutritt zum Königreich des Vaters verschafft?

Nagai erinnerte sich an seinen inneren Aufruhr während der Kämpfe in der Mandschurei in den Jahren 1933–34. Doch nun hatte er Frieden und Freiheit in seinem Herzen, obwohl die Kämpfe viel schlimmer waren. Er hatte sich auf jeden Fall verändert! Eines Nachts schrieb er einen Eintrag in sein Notizbuch über die Heiterkeit, die ihn an diesem Tag durchströmt hatte, als er den brandigen Fuß eines gefangenen chinesischen Soldaten vor der Operation wusch. Er erkannte plötzlich, dass er dieselbe Barmherzigkeit für den verletzten Chinesen empfand wie für einen verletzten Japaner, und er schrieb: »Ich weiß nun, dass ich nicht nach China gekommen bin, um jemanden zu besiegen oder einen Krieg zu gewinnen. Ich bin gekommen, um den Verletzten zu helfen, den Chinesen genauso wie den Japanern, den Zivilisten genauso wie den Soldaten.«

Die chinesischen Zivilisten waren häufig Opfer des mörderischen Geschützfeuers und der Schussgefechte. Die Japaner nahmen eine Stadt oder ein Dorf ein und trafen dort auf Erwachsene und Kinder, die zurückgelassen worden waren, weil ihnen Gliedmaßen fehlten. Nagai stellte eine medizinische Truppe zusammen, die alles in ihrer Macht Stehende unternahm, um den verwundeten Zivilisten und Kindern zu helfen. Er sandte Fotos zu seiner Freiwilligengruppe nach Nagasaki. Seine Freunde von der Vinzenzgemeinschaft der Urakami-Kathedrale verbreiteten die Nachrichten und schon bald trafen Nahrungsmittel, Kleidung und Kinderspielzeug ein. Nagai hatte entdeckt, dass es in China eine überraschend große Anzahl an Vinzenzgemeinschaften gab, und er verteilte die Pakete durch diese chinesischen Vinzentiner. Als er seinen Erste-Hilfe-Posten für die chinesischen Zivilisten aufbaute, wurde ihm zunächst von beiden Seiten misstraut. Hatte dieser alte Chinese, der sich ihnen mit den Händen in den weiten Ärmeln versteckt näherte, vielleicht eine Granate bei sich? Doch der alte Mann war genauso nervös gegenüber dem japanischen Arzt in Militäruniform! Mit der Zeit jedoch verschwand das Misstrauen und viele kamen zur Behandlung.

Der Krieg ging weiter und die japanischen Verluste stiegen. Die chinesischen Generäle waren den sehr gut ausgerüsteten Japanern nicht gewachsen und weigerten sich, große Schlachten zu schlagen. Ihre Strategie war, sich immer breiter aufzustellen in Richtung Westen. Dort lauerten sie den vorrückenden japanischen Truppen auf und flohen, bevor Verstärkung kam. Die japanischen Linien wurden dadurch ausgedünnt und lang gezogen und die Versorgung mit Nachschub aller Art stellte ein Problem dar. Der strenge chinesische Winter verschlimmerte die Situation und die Soldaten begannen, durch die Einflüsse der kalten Witterung zu sterben. Der Sake wurde zum wichtigsten Trost für viele Soldaten, doch nicht für Nagai. Nachdem er Midori geheiratet hatte, hatte er an keinem wilden Trinkgelage mehr teilgenommen. Er fand seinen Frieden im Schreiben, obwohl er ein neues Problem mit der japanischen Lyrik hatte: »Ich habe festgestellt, dass meine Gedichte ungeschminkt und eindeutig sind, während ein gutes

Haiku[21] oder *Tanka*[22] vieles dem Herzen des Lesers überlässt.« Ein Beispiel: »Leichen von kommunistischen Soldaten, fast noch Jungen, liegen im Gras auf diesem Berg und neben ihnen erblühen Glockenblumen!«

Manche seiner Tagebucheinträge klingen wütend und bitter. Nachdem er betrübt die Augen eines Soldaten schließen musste, den er bewundert hatte, machte er eine Bemerkung über den ichbezogenen Nationalismus und die leere Propaganda der Generäle und Politiker, durch die dieser junge Mann, der in der Welt hätte noch so viel erreichen können, getötet wurde. Doch üblicherweise schrieb Nagai von positiven Dingen, zum Beispiel über die Vornehmheit, die er immer wieder in einfachen Soldaten und Offizieren niederen Ranges entdeckte. Seine Einträge fingen auch die großartige Schönheit der chinesischen Landschaft und die Pracht ihrer Kultur ein.

Nagais christlicher Glaube vertiefte sich, doch seine Ausprägung wurde mehr und mehr japanisch. In seiner Kindheit war er *Shintō*-Anhänger gewesen und hatte häufig an den streng schönen Liturgien des Taisha-Shintoismus teilgenommen. Doch wie die meisten Japaner war er ebenfalls auch bei vielen buddhistischen Begräbnissen und Gedenkfeiern für die Toten dabei gewesen, bei denen er in das im Buddhismus weitverbreitete Gebet mit eingestimmt hatte, das *Nembutsu*.[23] Das *Nembutsu* ist vollkommen schlicht und beruht auf der ständigen Wiederholung des Gebetes: *Namu Amida Butsu* (»Ich bin vollkommen von dir abhängig, Amida Buddha«). Nagai begann, eine Art christliches *Nembutsu* zu beten. Er suchte sich einen kurzen Satz aus den Psalmen oder aus seinem Neuen Testament aus, das er stets bei sich trug, und wiederholte diesen immer wieder. Er schreibt von Situationen, als Dutzende schwer

---

21 *Haiku* ist eine traditionelle japanische Gedichtform, die als die kürzeste Gedichtform der Welt gilt (Anm. d. Verl.).

22 *Tanka* ist eine mindestens 1 300 Jahre alte reimlose japanische Gedichtform. Sie ist älter als das *Haiku*, das sich aus dem *Tanka* entwickelte (Anm. d. Verl.).

23 Die wörtliche Übersetzung von Nembutsu ist »Buddha vergegenwärtigen« (Anm. d. Verf.).

verletzte Soldaten in sein Operationszelt gebracht wurden, die einer nach dem anderen auf dem Boden lagen und warteten. Sein Körper und sein Verstand waren wie betäubt, während er rund um die Uhr arbeitete, doch in seinem Geist behielt er den Frieden, indem er ständig murmelte: »Der Herr bringt die Toten gnädigerweise wieder ins Leben zurück.« Ein anderes seiner biblisch fundierten *Nembutsus* war ein Vers von Jesaja, dem Propheten im Exil: »Um euretwillen werden wir täglich wie Schafe zur Schlachtbank geführt.«

Das Schriftzeichen für *Nembutsu* beinhaltet die Zeichen für »Herz« und für »jetzt«. Wenn man das *Nembutsu* betet, dann entkommt man der Beschäftigung mit der Vergangenheit oder der Zukunft. Man entflieht dem lärmenden, beschäftigten Kopf, weil man das ewige, friedliche Jetzt, das absolut Eine, in seinem Herzen findet. Für Nagai bedeutete dies, in dem Einen zu ruhen, der sich selbst der »Ich bin, der ich bin« nennt. Als er diese uralte Art des östlichen Gebetes praktizierte, fand Nagai in den aussichtslosesten Situationen tiefen Frieden. Es half ihm, die Worte von Pascal zu verstehen: »Studiere die Schrift nicht nur, sondern bete sie.« Nagai schrieb: »Ich habe entdeckt, dass die Worte der Schrift wahrhaftig sind, sehr viel wahrer als all das, was in dem Krieg um mich herum vor sich geht … Ich habe großen Frieden gefunden, indem ich mich und meine Männer der Vorsehung Gottes anvertraue. Es ist der unkomplizierte Weg des Einen, der sagte: Seht auf die Vögel des Himmels und die Lilien auf dem Feld!«

Die Buddhisten rezitieren das *Nembutsu* sehr häufig mit einer Perlenschnur, die dem katholischen Rosenkranz ähnelt. Sie beten ihn im Gehen oder wenn sie im Bus sitzen. Nagai entdeckte, dass der Rosenkranz für ihn eine große Hilfe beim Gebet war. Er nannte ihn seine »Taschenkirche« und betete ihn auf Gewaltmärschen und während der Ruhepausen zwischen den Schlachten. Es half ihm, ihn zu beten, wenn er zu abgelenkt oder aufgewühlt zum »Denken« war. Die folgende Begebenheit mit dem Rosenkranz ist eine von mehreren, die er aufgezeichnet hat:

An Heiligabend des Jahres 1939 starteten die Chinesen einen Überraschungsangriff und setzten dabei 300 Japaner außer Gefecht. Für die übrigen 240 bestand keine Hoffnung. Sie waren eingeschlossen. Der Befehlsinhaber gab Nagai folgenden Befehl: »Wenn sie heute Nacht angreifen, ist das unser Ende. Ich habe eine Aufgabe für Sie: Legen Sie die Verwundeten um die Flagge herum und schütten Sie auf ihr Bettzeug Benzin. Sollten die Chinesen angreifen, entzünden Sie das Benzin, damit sie keine Kriegsgefangenen machen oder unsere Flagge bekommen. Es missfällt mir außerordentlich, Ihnen diesen Befehl erteilen zu müssen, doch ich habe keine andere Wahl.« Nach Tagen ohne eine vernünftige Mahlzeit oder ausreichenden Schlaf war der Kommandant ausgelaugt und angespannt.

Nagai befand sich in einem Dilemma. Jeder japanische Soldat war verpflichtet, lieber ehrenhaft durch Selbstmord zu sterben als gefangen genommen zu werden. Er beauftragte seinen Sanitäter: »Sagen Sie den Verletzten, dass sie sich zum Transport bereit machen sollen; ich will mich zurückziehen, um zu beten. Rufen Sie mich nur im Notfall.« Er entfernte sich ein Stück, kniete nieder, und begann, den Rosenkranz zu beten. Dabei vergaß er die Konsequenzen, die die Missachtung des Befehls haben würde, er vergaß den Tod, seine Frau und seine beiden Kinder und legte einfach alles in die Hände Gottes. Während er immer wieder neu begann, das Gebet mit diesen vierundfünfzig Perlen zu sprechen, wurde er so davon in Anspruch genommen, dass er den Boten gar nicht bemerkte, der einige Stunden später zu ihm hineilte. Der Bote hustete, verbeugte sich tief und sagte: »Sir, ich bitte um Verzeihung. Eine Botschaft vom Befehlshaber. Eine große Truppe wurde zu unserer Befreiung entsandt und hat gerade eben den Feind angegriffen. Die Krise ist vorüber.«

Nicht lange nach dieser Aktion kam Post und brachte Briefe von Midori. Ein Brief von ihr war normalerweise ein Lichtstrahl, doch dieses Mal war es anders – ihre Tochter Ikuko und sein eigener Vater waren tot! Plötzlich trafen ihn die Jahre des Kämpfens in den blutverschmierten Sümpfen und den gefrorenen Bergen hart. Er war körperlich und psychisch so ausgelaugt, dass er sich am liebsten wie ein Tier in ein Loch verkrochen und zum Schlafen niedergelegt hätte, bis irgendwann der Tod eintreten würde. Er erlebte die »dunkle Nacht der Seele«.

Bambus, der mit Gedichten und Gebeten für das *Tanabata*-Fest in der Nacht des 7. Juli geschmückt ist.

16.

Die arroganten Taira-Klans fallen

Als Nagai nach China kam, war er begeistert, dass er in den chinesischen Schriftrollen, Gemälden und Keramiken viele Symbole und Motive fand, die auch von japanischen Künstlern verwendet wurden. Es gab zum Beispiel die alten Lieblingspflanzen Bambus und Pinie, die für Ausdauer und Treue standen. Egal wie kalt der Winter oder wie glühend heiß der Sommer auch war, sie blieben stets grün und stark. Nagai gefiel das Sinnbild der Pflaumenblüte, des ersten Vorbotens des Frühlings, am besten. Jedes Jahr Ende Januar, wenn überall noch Schnee liegt, tauchen wie durch ein Wunder die lieblichen weißen Blüten an den dunklen, kahlen und knorrigen Pflaumenzweigen auf. Gerade als die chinesischen und japanischen Soldaten sich im Januar 1940 über die Bergpflaumenblüte freuten, kam eine Postkarte an, die das Eis zum Schmelzen brachte, das sich um sein Herz gelegt hatte. Er sollte sich sofort nach Kanton zur Rückführung begeben. Eine Woche später stand er allein an Deck eines Transportschiffes, das sich Japan näherte. Er erkannte undeutlich die Küste von Dannoura und wusste, dass sie nun in den Gewässern sein mussten, wo einstmals die größte Seeschlacht Japans ausgetragen worden war. Das Heldenepos aus dem 12. Jahrhundert hatte ihn schon immer fasziniert. Der *Taira*-Klan beherrschte Japan damals mit einer solchen Arroganz und Gnadenlosigkeit, dass sich die *Minamoto*-Familien erhoben und diesen aus Kyoto vertrieben. Die restlichen Mitglieder dieses Klans wurden anschließend in der Seeschlacht vor Dannoura im Jahr 1185 vernichtet. Ein neues

Sprichwort war geboren: »Die arroganten *Taira* fallen.« Nagai verglich den *Taira*-Klan mit den gegenwärtigen Angehörigen des Militärs und spürte, wie sich ein Schatten über sein Herz legte. Er hatte den totalen, gnadenlosen Krieg in China miterlebt, doch die japanische Armee hatte sich völlig übernommen und konnte keinen Sieg verzeichnen. Es hatte ihm nicht gerade geholfen, als ein ranghoher Offizier vor der Einschiffung das Wort an sie richtete und ihnen verbot, nach ihrer Ankunft in Japan irgendetwas über die wirkliche Lage im Krieg verlauten zu lassen: »Wir müssen die nationale Moral aufrechterhalten!«

Die Pier von Shimonoseki tauchte im Nebel auf und das Schiff näherte sich dem Hafen. Dort standen Hunderte Menschen, doch er konnte sie fast sofort in der Menge erkennen! Midori war erschöpft und den Tränen nahe. Sie hatte zwei herzzerreißende Todesfälle miterlebt, während er in China war – den seines Vaters und den ihres Kindes Ikuko. Im Krieg war vieles für die Zivilbevölkerung rationiert worden: Nahrungsmittel, Benzin, Medikamente und sogar Ärzte fehlten und deshalb starben viele Kinder. Ikuko, seine kleine Tochter, die ihm vor seiner Abreise so viel Freude bereitet hatte, war tot, und Midori gab sich die Schuld dafür. Er hatte ihr die Fürsorge der Kinder übertragen, während er im Krieg war, und sie hatte es nicht geschafft!

Als er den Landungssteg hinunterging, drängte es ihn, Midori in seine Arme zu nehmen und mit ihr so schnell wie möglich nach Hause nach Nagasaki zu fahren. Doch die Armee erlaubte keinen solchen Luxus. Es gab tausend Dinge, die er ihr sagen wollte, doch er hatte nicht einmal Zeit für ein Dutzend. Fast augenblicklich verabschiedete sie sich wieder von ihm, während er einen Zug nach Hiroshima bestieg.

Er saß in einer Kaserne in Hiroshima, während er einen weiteren Vortrag eines Offiziers über sich ergehen lassen musste, der besagte, dass sie die nationale Moral hochhalten sollten, wenn sie über China sprachen. Gesichter tauchten vor Nagais innerem Auge auf – die zerstörten Gesichter von jungen japanischen und chinesischen Soldaten, von chinesischen Müttern wie Midori, von Kindern wie Ikuko, und von alten Menschen, die zu Tode erschrocken geflohen waren, ohne zu wissen, wohin. Er dachte mit Bitterkeit an die herausgeputzten Generäle und die dicken Zivilisten, die die *Zaibatsu*, die Firmenkartelle in der Mandschurei und in China führten. Sie waren moderne *Taira* und ihm graute vor der Zukunft Japans. Mit lautem Fanfarenklang wurden Medaillen an die besonders Tapferen unter ihnen überreicht. Nagai erhielt den renommierten Orden der Aufgehenden Sonne.

Nach der Demobilisierung reiste er nach Mitoya, um am Grab seiner Eltern zu beten. Ihm schossen die Tränen in die Augen, als er dort stand und sich an ihr Leben erinnerte. Er betrachtete es im Lichte seines Lieblingsabschnittes aus den Evangelien, Matthäus 25, wo Jesus sagt, dass jene, die ihn liebten und anderen Menschen dienten, mit ihm ins Paradies kommen werden. Er spürte einen inneren Frieden, als er zu dem mit Stroh gedeckten Haus hinüberschaute, das ein Ort der Hoffnung für die armen Bauern gewesen war. »Die Gemeinschaft der Heiligen« war etwas sehr Kostbares für Nagai. Er verbeugte sich tief und dankte seinen Eltern, dass sie für ihn gebetet hatten, während er durch den chinesischen Sumpf gewatet war, und er bat sie um Unterstützung für seine neue Arbeit in Nagasaki.

Nagai nahm den ersten Zug nach Nagasaki und stellte fest, dass er zu zerstreut war, um sich auf Pläne oder das Lesen eines Buches zu konzentrieren. Gesichter von der chinesischen Front tauchten immer wieder vor seinen Augen auf. Es waren japanische wie zum Beispiel Kawahara, sein Sanitäter; dann wieder chinesische wie zum Beispiel das des sechzehnjährigen Mädchens, das auf ihn zugestolpert kam und durch die explodierte Granate immer noch unter Schock stand, durch die es blind geworden war. Nagai nahm seinen Rosenkranz aus der Tasche und begann, für jeden Einzelnen von ihnen zu beten. Plötzlich tauchte der Berg Unzen zu seiner Linken auf. Ah, die grünen Berge der Heimat! Kurz danach stieg er am

Isahaya-Bahnhof aus. Er hob seinen Sohn Makoto hoch und umarmte ihn mit aller Kraft, doch der Junge versteifte sich in der Umarmung des Vaters. Nagais Augen wurden feucht bei dem traurigen Gedanken, was der Krieg den Familien antut.

Später am Abend, als er einen Moment für sich allein war, wurden ihm die widerstreitenden Gefühle bewusst: einerseits das Wunder, wieder zu Hause zu sein, und andererseits das Elend des andauernden Krieges. Er öffnete seinen Pascal mit den Eselsohren und las: »Nur in Christus allein findet der Mensch die Deutung seiner paradoxen Existenz, die ihn auseinanderzureißen droht. Doch indem sich die Gegensätze aneinander aufreiben, wird der Weg frei für die Wahrheit des Evangeliums.« Die Lösung der Paradoxien, fuhr der Franzose fort, ist das »... Leben zur Ehre Gottes«. Nagai nahm seinen Pinsel und schrieb: »Der Sohn Gottes hat mich in seiner Gnade wieder sicher nach Nagasaki zurückgebracht, damit ich zur Ehre des Vaters arbeiten kann.«

Nagai nahm die Vorlesungen in Radiologie wieder auf und wurde schon bald zum Professor ernannt. Er war davon überzeugt, dass Japan direkt auf eine enorm große Krise zusteuerte, in der gute Ärzte dringend benötigt würden. Obwohl er streng war und von seinen Studenten einen großen Einsatz verlangte, indem er viele Hausarbeiten vergab, waren seine Vorlesungen sehr beliebt. In Japan war die Zahl der Tuberkulosekranken in den 1940er-Jahren die höchste aller Industriestaaten. Nagai initialisierte Röntgenaufnahmen für die ganze Bevölkerung von Nagasaki, um die Tuberkulose bereits im frühen Stadium zu entdecken. Dies erwies sich als die bis dato effektivste Gegenmaßnahme.

Er stürzte sich mit mehreren interessierten Kollegen in die Strahlenforschung. »Die Mikroskope brachten einen Durchbruch auf der Ebene des Mikrokosmos, einst betrachtet als die ultimative Grenze, doch die Welt der Atome ist noch viel kleiner. Die Größe des Planeten Erde im Vergleich zu einem Apfel kann mit dem Vergleich eines Apfels zu einem Atom verglichen werden. Werden Röntgenstrahlen es uns ermöglichen, diese ultramikroskopische[24] Welt zu erkennen?« Er empfand »… geradezu Hochgefühle, weil wir auf der Jagd nach einer Wahrheit sind, die ewig ist! Unser Labor ist in Wirklichkeit die Schwelle zum Haus Gottes, der das Universum und dessen gesamte Wirklichkeit geschaffen hat.« Als er einmal eine Niere untersuchte und die brillante Anordnung der Urinkristalle betrachtete, »… drängte es mich, niederzuknien«. Er erkannte, »… dass ein Labor mit der Zelle eines Mönchs verglichen werden konnte«. Sein unermüdlicher wissenschaftlicher Schaffensdrang war eine Folge seiner langen Abwesenheit von der Universität. Die Verderbtheit des Krieges und die Lügen der chauvinistischen Propaganda weckten eine leidenschaftliche Sehnsucht in ihm, die Wahrheit immer mehr zu entdecken. Die Artikel für Fachzeitschriften begannen wieder aus seiner Feder zu fließen.

Midori bestand nach wie vor darauf, seine publizierten Artikel zu lesen. Es erheiterte ihn und berührte ihn andererseits auch, wie sie die Artikel mit den vielen unverständlichen medizinischen Fachausdrücken las, fast so, als ob es sich um einen Erlass des Kaisers handeln würde. Manchmal warf er heimlich einen Blick auf sie, wie sie dabei in der formellen *Seiza*-Haltung aufrecht auf dem *Tatami*-Boden saß, einfach gekleidet und ohne Make-up. Obwohl sie für Hochzeiten und ähnliche Anlässen wunderschöne Kleider für Freunde herstellte, nahm sie selbst den Aufruf der Regierung, ein einfaches Leben zu führen, damit mehr zu den Soldaten an der Front geschickt werden konnte, sehr ernst. Ihre Hände waren rau von den vielen Stunden im Gemüsegarten, doch sie behielt ihre weibliche Ausstrahlung, die ihn angezogen hatte, als er sie zum ersten Mal sah. Er tat so, als ob er mit seinen Papieren beschäftigt wäre, doch dann blickte er kurz zu ihr hinüber, während sie mit seinem Artikel kämpfte. Tränen traten ihr in die Augen, so stolz war sie auf den Mann, der das geschrieben hatte! Er war genauso stolz auf sie. Diese sanfte, sensible Frau konnte

[24] Über die Sichtbarkeitsgrenze des gewöhnlichen Mikroskops hinausgehend (Anm. d. Verl.).

erstaunlich stark und entschieden sein. Als aus Tokio der Befehl an jede Stadt, jedes Dorf und jeden Weiler erging, eine Nachbarschaftsvereinigung für Frauen zu gründen, um bei der Behebung der nationalen Krise zu helfen, war Midori sowohl zur Präsidentin der örtlichen Vereinigung als auch zur Präsidentin der achtzehn im Gesamtbezirk gegründeten Vereinigungen gewählt worden.

Nagai begann, sich nach seinem zweiten Einsatz in China für Politik zu interessieren, für japanische und internationale. Er schrieb dunkle Vorahnungen über Mussolini und insbesondere über Hitler nieder und fühlte sich alles andere als wohl, als Japans sprunghafter Außenminister Matsuoka einen Vertrag mit Deutschland und Italien unterzeichnete. Das Zurücktreten eines japanischen Kabinetts nach dem anderen beunruhigte ihn, ebenfalls die Berufung des neuen Premierministers, General Hideki Tōjō, am 17. Oktober 1941. Sie hatten ihm nicht umsonst den Spitznamen »das Messer« gegeben!

Am Samstag, dem 8. Dezember 1941, standen Nagai und seine Frau früh auf, um die Sechs-Uhr-Messe an »Mariä Empfängnis« zu besuchen. Er äußerte seine großen Bedenken, während sie in der winterlichen Dunkelheit den Hügel zur Kathedrale hinaufstiegen: Bedenken wegen des Stillstands der Verhandlungen in Washington zwischen Japans Botschafter Nomura Kichisaburō und dem Außenminister der Vereinigten Staaten, Cordell Hull. Während der Messe betete er, dass es keinen Krieg mit Amerika geben möge, »… mit derselben Intensität, die ich in jener Nacht in China verspürte, als mir befohlen wurde, Benzin über die Verwundeten zu gießen«. Nagai war nicht erstaunt, als Japan von den Vereinigten Staaten in die Enge getrieben wurde, indem sie die Öllieferungen stoppten. Er stimmte mit Admiral Yamamoto überein, dass dies sehr bedauerlich und ein kriegerischer Akt war, der Japans Existenz als Nation bedrohte. Dennoch, sollte Tōjō die Lösung im Krieg suchen, würde Amerika Japan mit Benzin übergießen und die Nation in Brand stecken! Nagai machte sich keine Illusionen über Amerikas Mittel und seine militärischen Möglichkeiten.

Als sie nach der Messe nach Hause eilten, begegneten den Nagais viele Arbeiter, die auf dem Weg zur Arbeit in den Mitsubishi-Rüstungsfabriken waren, die sich knapp einen Kilometer nördlich von ihrem Haus entfernt befanden. Insgesamt gab es in Nagasaki sieben Fabrikanlagen von Mitsubishi, darunter auch eine große Schiffswerft. Während er sich an die chinesischen Luftangriffe erinnerte, dachte er: Sollte es zum Krieg kommen, wird Nagasaki auf jeden Fall eines der Ziele sein.

Er aß schnell sein Frühstück, das Midori vorbereitet hatte – Bohnenpastensuppe, Reis mit getrockneten Seegrasflocken, dazu eine frisch gegrillte Seebrasse. Die Seebrasse war ein Leckerbissen, den es zu Ehren des Festtags der Jungfrau Maria gab, eine christliche Tradition, die Midori stets gebührend einhielt. Er beendete sein Frühstück mit einem leichten grünen Tee und fünf Minuten später war er unterwegs zur Universität, als aus dem Straßenlautsprecher folgende Ansage dröhnte: »In den frühen Morgenstunden hat die Kaiserlich Japanische Armee die vereinten Streitkräfte von Großbritannien und den Vereinigten Staaten angegriffen.« Ein in der Nähe stehender Jugendlicher jubelte: *Banzai!* (»Endlich, endlich!«) Ein Schauer ließ Nagai erstarren und mit ihm kam eine schreckliche Vorahnung in ihm hoch, dass diese Gebäude um ihn herum zerstört sein würden. Er zitterte, während er dort stand, nicht ahnend, dass er nur knapp zweihundert Meter von der Stelle entfernt war, die auf ewig als *Ground Zero*, Epizentrum der Atombombe, bekannt werden sollte.

17.

Die Maschine, die sich gegen ihren Meister richtete

Seine erste Vorlesung an jenem Morgen war Röntgendiagnostik für Studenten im dritten Jahr. Er schaute sie mit einem dumpfen Gefühl in sich an und warnte sie vor den schwierigen Zeiten, die vor ihnen lagen. Sie würden alle vom Krieg betroffen sein, viele an der Front, andere als Sanitätsoffiziere an Orten, die mit Sicherheit bombardiert werden würden. »Sehen Sie, es ist ein Krieg gegen den amerikanischen Koloss und gegen ein sehr mächtiges Großbritannien. Die meisten von uns werden nahe Verwandte unter den Opfern haben. Sie haben keine Vorstellung davon, wie der Krieg in China aussah. Und der Krieg gegen Amerika und Großbritannien wird zehnmal schlimmer sein ... Japan wird von internationalen Informationsströmen der medizinischen Forschung abgeschnitten sein. Deshalb müssen wir umso härter arbeiten, studieren und forschen.« Er schloss mit der dunklen Vorahnung: »Ich bin ziemlich sicher, dass einige von uns, die hier in diesem Raum sind, getötet oder verstümmelt werden.« Als er dies sagte, tauchte plötzlich eine Szene in seiner Erinnerung auf. Er sah die Kinderabteilung im Kanansho-Krankenhaus in der Nähe des Gelben Flusses, in die er Spielsachen und Süßigkeiten der Vinzenzgemeinschaft von Nagasaki gebracht hatte. Dort waren Kinder ohne Arme und Hände und andere ohne Füße und Beine. Er bot ihnen Süßigkeiten an, doch sie starrten ihn nur stumm an. Die Bombenanschläge hatten ihnen etwas viel Kostbareres als nur ihre Gliedmaßen geraubt. Als er kurz darauf aus dem

Tagtraum aufschreckte, starrten ihn seine Studenten schockiert an. Sowohl zu seiner als auch zu ihrer Ermutigung zitierte er ein beliebtes Sprichwort von Konfuzius: »In der Frühe die Wahrheit vernehmen und am Abend sterben: Das ist nicht schlimm.« Um sie aufzuheitern, sagte er: »Lassen Sie uns nun zur Röntgendiagnostik kommen.«

In den Unterlagen der Militärregierung war verzeichnet, dass Nagai zweimal an der Front gewesen war und sich im Feuergefecht ausgezeichnet hatte. Fast augenblicklich erhielt er den Befehl, Maßnahmen gegen mögliche Bombenangriffe auf den Vorort Urakami zu organisieren. Eine der ersten Gruppen, die er zusammentrommelte, waren die Frauen aus den achtzehn Nachbarschaftsvereinigungen. Die Propaganda der Regierung hatte den meisten Japanern ein falsches Gefühl der Sicherheit vorgegaukelt und sie waren sprachlos über seine Eröffnungsworte: »Wir können nun jederzeit bombardiert werden. Sie müssen lernen, wie man Blutungen stoppt und wie man Verwundete zu einer Erste-Hilfe-Station trägt. Sie werden Mut brauchen, aber vor allem werden Sie Liebe brauchen – Liebe, die groß genug ist, um Ihr Leben für Ihre Mitbürger aufs Spiel zu setzen!«

Nagai verwendete nun seine ganze Energie darauf, einen unterirdischen Operationssaal zu bauen, der auch einen Röntgenraum enthielt. Er hatte in China tagelang unter Artilleriebeschuss in einem provisorischen unterirdischen Raum operiert, mit einer Lampe, die wie bei einem Minenarbeiter an seinem Kopf festgebunden war. Als er die Fakultät der Universität davon überzeugen wollte, dass so etwas auch in Nagasaki passieren könnte, lächelten einige von ihnen nur herablassend.

Dieser ganze Schrecken wurde durch die Geburt einer Tochter etwas gelindert. Nagai und Midori nannten sie Kayano, was »aus Miscanthus-Schilfgras« bedeutet. Miscanthus ist ein hohes, anmutiges Schilfgras, das für Strohdächer verwendet wird, besonders auf dem Land. Die Wahl des Namens offenbart etwas über Nagai, was Midori sehr vertraut war. Er liebte die harmonische Verbindung von echtem Handwerk mit der Natur sehr. Er entdeckte dies zum Beispiel jeden Sommer in den grünenden Reisfeldern, die in Terrassen den Hügel emporstiegen. Im Herbst, wenn der Nebel wie etwas Jenseitiges von den Bergen herunterströmte, stand er dort und blickte auf die zinnoberroten *Shintō*-Schreine, die wie Schiffe aus dem grüngoldenen Meer aus Zedern und Ginkgobäumen herausragten. Häuser mit Strohdächern in dem friedlichen Tal gehörten zu den frühesten Erinnerungen seiner Kindheit. Ihm gefielen die mit Miscanthus-Schilfgras gedeckten Dächer sehr, egal ob sie vor der schillernden Bergkulisse des Frühlings oder vor dem rot-gelb-braunen Flammenmeer des Herbstes zu sehen waren oder als gefrorene, dunkle Silhouetten vor den brachliegenden Reisfeldern lagen, die mit Schnee bedeckt waren.

Chinesische und japanische Namen wirken genauso schmucklos wie blattlose Bäume im Winter, wenn man sie auf Deutsch niederschreibt. Sie scheinen genauso prosaisch wie »Jonas« oder »Bettina« zu sein. Doch die Schriftzeichen verwandeln sie in Poesie. Die Schriftzeichen für *Kayano* beschwören Bilder von wogendem Miscanthus-Schilfgras und mit Stroh gedeckten Dächern der Bauernhäuser herauf. Die Schriftzeichen für *Nagai* bedeuten »der Brunnen, der bleibt«.

In der ersten Wallung des militärischen Erfolges für Japan schienen Nagais düstere Warnungen feige und lächerlich zu sein. Doch das zuversichtliche Lächeln wäre erstarrt, wenn seine Studenten gewusst hätten, dass die amerikanische Marine den japanischen Code entschlüsselt hatte. Tokios Pläne für die Schlacht um Midway wurden im Vorfeld von den Vereinigten Staaten studiert und im Juni 1942 fuhr ein riesiges japanisches Einsatzkommando mitten in den grauen Rachen einer Stahlfalle, aufgestellt von Admiral Chester W. Nimitz. Nachdem sie vier große Flugzeugträger und ihre beste Luftwaffen-Einheit verloren hatten, waren die Japaner für den Rest des Krieges nicht mehr in der Lage, die Oberhoheit zur See wiederzuerlangen. Doch das Debakel von Midway wurde durch Zensur unter Verschluss vor den japanischen Medien gehalten. Die

US-Marine landete im August 1942 auf Guadalcanal und stoppte den Vormarsch der Japaner nach Süden.

Zu Beginn des Jahres 1943 gelang es den Alliierten, die japanischen Versorgungswege zu den entlegenen Bastionen wie Lae und Rabaul abzuschneiden. Die Verluste an japanischen Marineschiffen waren höher als der entsprechende Nachschub. Es war ein schlechtes Jahr für Nihon, doch schon bald sollte noch viel Schlimmeres geschehen. Das japanische Festland wurde von Flugzeugen, die von Flugzeugträgern aufstiegen, oder die von den fernen chinesischen Flughäfen abflogen, bombardiert. Im November 1943 entschlossen sich die Stabschefs, die sich in Kairo trafen, die kleinen mikronesischen Inselgruppen des Zentralpazifiks anzugreifen: die Gilbertinseln, die Marshallinseln, die Karolinen und die Marianen. Die Japaner verteidigten jeden Zentimeter ihres Territoriums mit verzweifeltem Heldenmut, doch Tarawa, der Flughafen der indonesischen Insel Biak, Saipan, Tinian und Guam fielen unter den amerikanischen Angriffen. Saipan wurde im Juli 1944 eingenommen und bei diesen Kämpfen wurden dreißigtausend japanische Soldaten und zweiundzwanzigtausend Zivilisten getötet. Die US-Marine, die von einer riesigen Luftwaffe und Flotte gedeckt wurde, verlor über vierzehntausend Männer. Die Schlagkraft Japans, die von den Flugzeugträgern abhing, war bereits stark reduziert. Die Einnahme dieser Inseln durch Amerika, bedeutete, dass die riesigen amerikanischen B-29-Bomber Japan nun rund um die Uhr angreifen konnten. Hiroshima und Nagasaki sollten schon bald von einer winzigen Insel namens Tinian hören!

Als Nagai sich auf seine Taufe vorbereitet hatte, hatte er auch nach der katholischen Lehre in Bezug auf den Krieg gefragt. Pater Moriyama erklärte ihm die Tradition, die im 4. Jahrhundert von Augustinus skizziert worden war: Man durfte in einem »gerechten Krieg« kämpfen. Nagai hatte schon seit Langem daran gezweifelt, dass Japan einen gerechten Krieg führte, selbst wenn er dachte, dass die westlichen Alliierten auch keine Vorbilder für Gerechtigkeit waren. Er kam zu dem praktischen Schluss, dass es keinesfalls unmoralisch war, sich um die Verwundeten zu kümmern, egal, ob es sich um Soldaten oder Zivilisten handelte, und mit reinem Gewissen setzte er seine ganze Kraft für die Abhaltung von Luftschutzübungen ein. Er sorgte für eine Notversorgung mit medizinischer Ausstattung in seinem Untergrundoperationsraum für den Fall, dass das Krankenhaus bombardiert würde.

Die glänzende Bucht von Nagasaki ist auf drei Seiten von baumbewachsenen Bergen gut geschützt und in südwestlicher Richtung dem Ostchinesischen Meer zugewandt. Das war ein guter Schutz, wenn sich die Feinde über Land oder mit Schiffen näherten. Doch wenn ihre Flugzeuge vom Meer heranbrausten, dann sah die Lage ganz anders aus. Ohne Vorwarnung tauchten US-Jagdflugzeuge im Tiefflug über der Stadt auf und riesige B-29-Langstreckenbomber glitzerten wie Alufolie hoch oben am Himmel. Ab August 1944 gehörten die Luftangriffe beinahe zum Alltag.

Nagai beschreibt in seinem Tagebucheintrag vom 26. April 1945 einen besonders schrecklichen Angriff. Als er vorüber war, raste ein Lastwagen mit schwer verwundeten Menschen zum Universitätskrankenhaus. Er half, die Verwundeten hineinzutragen, wusch Teile menschlicher Gehirne von seinen Fingern und schickte die Menschen mit potenziellen Brüchen zum Röntgen. Dann ging er hinunter in die Leichenkammer, um die Leichname zu waschen und ihre Wunden zusammenzunähen, damit sie menschenwürdig aussahen, bis ihre Familien oder Freunde eintrafen. Seine Mitarbeiter in der Radiologie verabscheuten diese Tätigkeit und beriefen sich darauf, dass dies nicht zu ihrem Bereich gehörte. Doch weil Nagai stets hinunterging und die Arbeit übernahm, selbst wenn sonst niemand mitkam, gewöhnten sie sich daran, ebenfalls regelmäßig mitzugehen.

Mit unerträglicher Regelmäßigkeit erschienen immer neue Flugblätter mit Namen von Universitätsabsolventen, die im aktiven Dienst gestorben waren. Nagai begann, Namen der Inseln wie Luzon, Leyte und Iwojima genauso zu verabscheuen, wie er die schrecklichen Orte in China verabscheut hatte. Die Kriegsrationierungen wurden strenger und die Tuberkuloserate stieg an. Die Verdachtsfälle wurden in Scharen zum Röntgen geschickt und viele davon wurden von Nagai selbst geröntgt. Sein Körper absorbierte auch Strahlung, wenn er Patienten im Krankenhaus röntgte und seine Studenten unterrichtete. Nachdem viele Radiologen wie zum Beispiel Professor Holzknecht an Krebs gestorben waren, verursacht durch die Gammastrahlen, die von den Röntgengeräten ausgingen, gab es unter den Radiologen eine Übereinstimmung, dass es gefährlich war, sich mehr als 0,2 Röntgen-Einheiten[25] pro Tag auszusetzen. Nagai überschritt dieses Limit, doch als ein besorgter Kollege ihn darauf ansprach, antwortete er: »Ja, ich bin mir dessen bewusst, doch ich bin für den Unterricht unserer Studenten verantwortlich und ich bin definitiv dafür verantwortlich, dass die Tuberkulosefälle entdeckt werden. Überall in Japan befinden sich die Menschen in Risikosituationen und ich kann dieser Gefahr nicht aus dem Weg gehen, wenn ich meine Arbeit ausführen soll.« Er war den Gefahrenzonen in China nicht ausgewichen und trotzdem nie verletzt worden. Dadurch wiegte er sich in einem falschen Gefühl der Sicherheit. Mit mehr Hoffnung als Vernunft setzte er seine gefährliche Arbeit mit den Gammastrahlen fort.

Doch er begann, merkwürdige Zeichen an seinen Händen zu entdecken, und er litt an extremer Erschöpfung und zitterte manchmal, wenn er die Treppen hinaufstieg. Nächtliche Angriffe bedeuteten wenig Schlaf, wenn er für die Nachtwache verantwortlich war. Er schrieb in sein Tagebuch, dass er manchmal, wenn er völlig erschöpft war, seine Tür abschloss und sich allein vor die Statue der heiligen Jungfrau auf seinem Schreibtisch setzte. Dann betete er den Rosenkranz und langsam

---

[25] Die Maßeinheit *Röntgen* war ursprünglich definiert als die Strahlenmenge, die nötig ist, um positive und negative Ionen von einer elektrostatischen Einheit freizusetzen. Die Verwendung der Einheit Röntgen ist im Geschäftsverkehr seit 31. Dezember 1985 nicht mehr zulässig (Anm. d. Verl.).

Das Haus mit dem *Kaya* (»Strohdach«) in Mitoya, wo Nagai geboren wurde.

Gedenkstein an dem Ort, an dem das Haus der Moriyamas und ihrer Vorfahren stand, das durch den Atombombenabwurf zerstört wurde. Die Inschrift lautet: »Die *Chokata* (›die Leiter der verborgenen Christen‹) lebten hier.«

Takashi und Midori Nagai mit ihrem Sohn Makoto.

Die Nagais mit Makoto und ihren Verwandten.

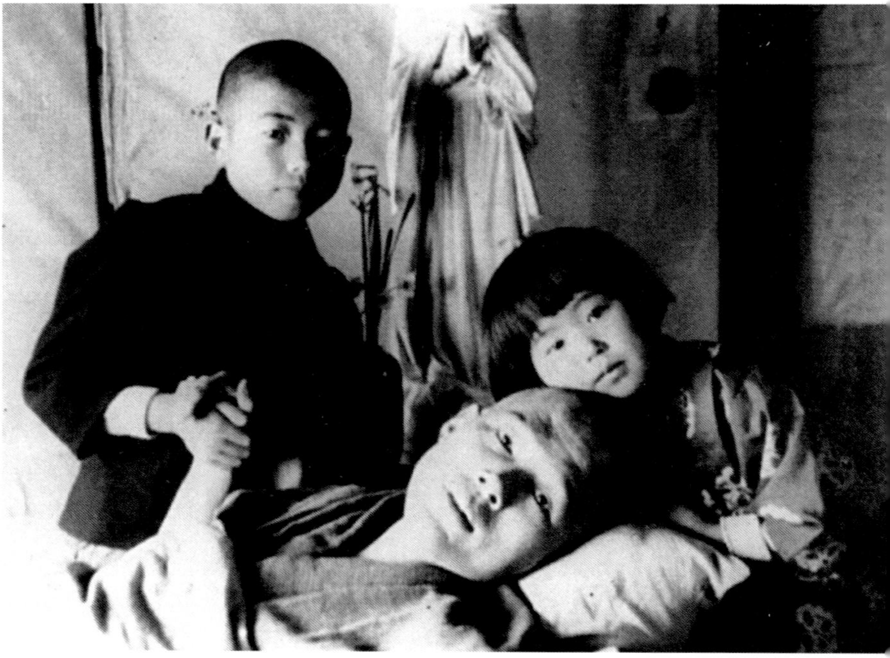

Der bettlägerige Nagai mit seinen beiden Kindern.

Ein Teil des Universitätskrankenhauses von Nagasaki nach dem Atombombenabwurf.

Heiliger Paul Miki, Museum der 26 Märtyrer, Nagasaki.

Eine Statue von Maria *Kannon.*

Nagais Tochter Kayano (rechts) mit ihrer Tochter Kazuko (bedeutet »Friedenskind«), Kyoto, 1990.

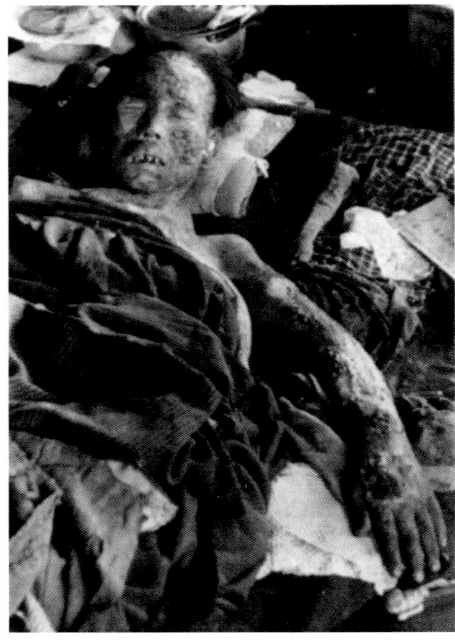

Zwei Fotos, die die Auswirkungen der Atombombenexplosion und der Infrarotstrahlung zeigen. Der Junge, der von seinem älteren Bruder getragen wurde, starb am darauffolgenden Tag.

Nagai mit seinen Ehrenmedaillen und Ehrenzeichen nach der Rückkehr von seinem zweiten Kriegseinsatz im Japanisch Chinesischen Krieg.

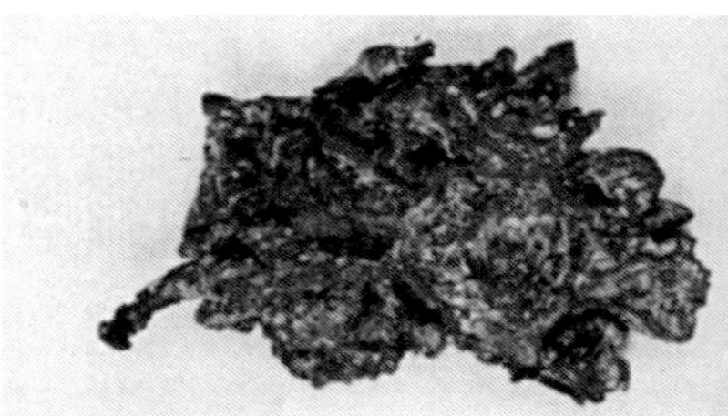

Seine Ehrenmedaillen und Ehrenzeichen nach der Atombombenexplosion

Der geschmolzene Rosenkranz Midoris, den Nagai zusammen mit ihrem verkohlten Skelett fand.

Nagais jüngerer Bruder Hajime mit Midoris geschmolzenem Rosenkranz, der nun im *Nagai Takashi Memorial Museum* in Nagasaki ausgestellt ist.

Statue des Friedens im Friedenspark in Nagasaki: Die rechte Hand zeigt zum Himmel, die linke zur Kathedrale von Urakami.

Die Kathedrale von Urakami mit den Überresten der südlichen Kuppel nach dem Atombombenabwurf. Vier Monate später wurde die Glocke des südlichen Turms unversehrt ausgegraben.

Statue der Schmerzensmutter, die beschädigt in den Ruinen der Kathedrale von Urakami stehen blieb.

Nyokodo, Nagais Hütte.

Eine Bronzestatue, die eine Schülerin der Yamazato-Grundschule darstellt, die in den Flammen der Atombombenexplosion betet, davor eine Schülerin der heutigen Zeit.

Pfarrer Ichiro Okura, der einstmals ungläubige Arzt, der die selbst gemachte Flagge nach der Atombombenexplosion an einem Pfahl befestigte.

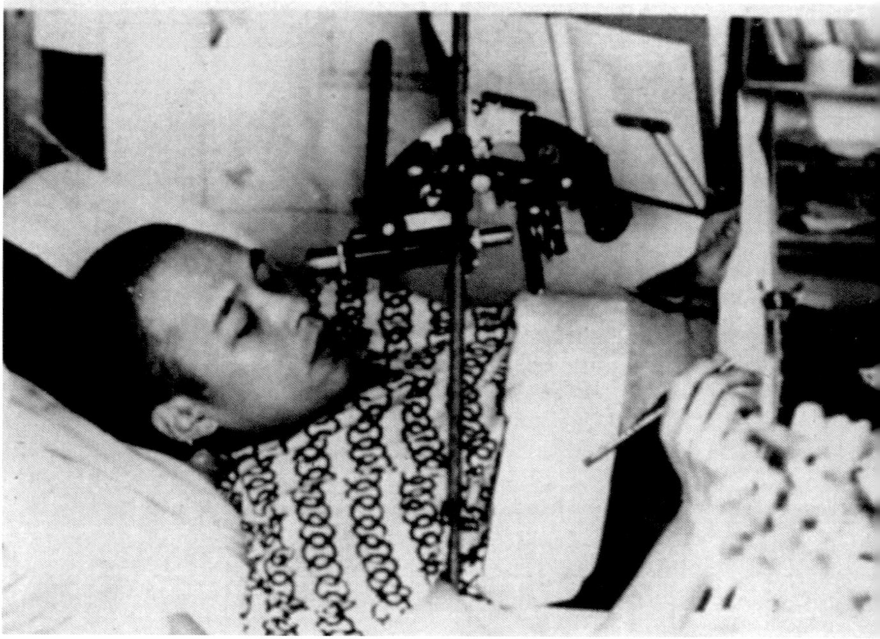

Der bettlägerige Nagai fährt mit seinen Studien zur Auswirkung der Atombom
benstrahlung fort.

Die verbogenen Christen von Urakami, Nagasaki, trafen erstmals Pater Petitjea
in der Oura-Kirche am 17. März 1865.

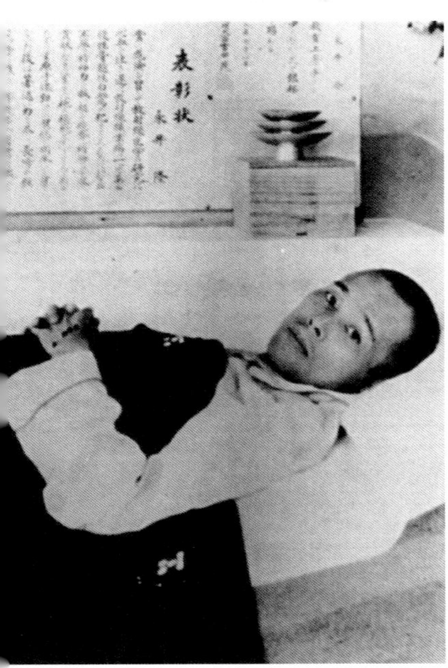

Iagai mit silbernen Sake-Bechern und inem Dokument, das ihm Seine Kaiser-che Majestät, Kaiser Hirohito, gesandt atte.

Ichitaro Yamada, der die Glocke der Kathedrale am 24. Dezember 1945 ausgrub.

n einem japanischen Heim. Rechts befindet sich eine Trennwand, die aus einem ußeren Holzrahmen und aus Gitterstreben besteht, auf die das Papier aufgeklebt st. An der Wand des Alkovens hängt eine Schriftrolle. Die Frauen sitzen in der örmlichen Seiza-Haltung auf dem mit Tatami-Matten bedeckten Fußboden.

Die Oura-Kirche in Nagasaki, die von der Atombombenexplosion durch die Hügel nicht betroffen war. Die verborgenen Christen trafen hier erstmals Pater Petitjean am 17. März 1865.

Die Kathedrale von Urakami heute wieder erbaut nach dem Muster de ursprünglichen Kathedrale, die be dem Atombombenabwurf zerstör wurde. Im Vordergrund die ursprüng lichen Statuen, die durch die bein Atombombenabwurf entstandene Hit ze versengt wurden.

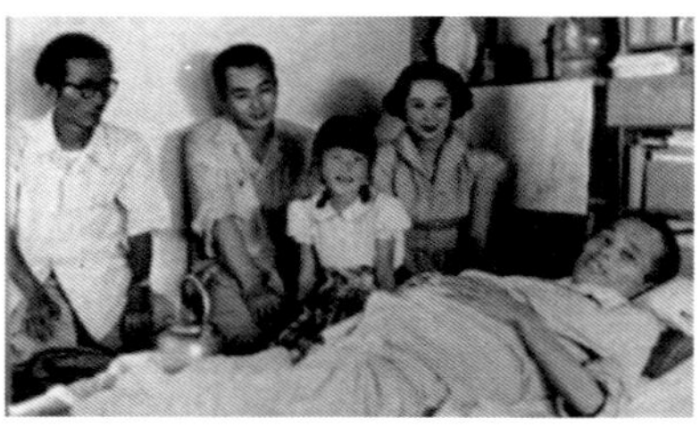

Der bettlägerige Nagai in der Nyokodo-Hütte mit dem Filmregisseur Hideo Oba und den Filmschauspielern Masao Wakahara und Yumeji Tsuioka, die über den Film »Die Glocken von Nagasaki« diskutieren.

Eine Szene aus »Die Glocken von Nagasaki«, einem Kassenschlager als Kinofilm.

Eine Szene aus dem zweiten Film de Shochiku-Filmproduzenten über Na gai und die Kinder von Nagasaki.

kehrte die innere Ruhe wieder zurück. Die Schwestern stellten fest, dass er anfing, in allen möglichen Situationen einzuschlafen. Er wachte dann mit einem Ruck auf und begann wie besessen zu arbeiten, um die verlorene Zeit wieder aufzuholen. Ein Kollege überredete ihn schließlich, sich röntgen zu lassen, und in seinem Buch *Horobinu Mono Wo* beschreibt Nagai das Resultat.

Er stand mit dem Röntgenbild in der Hand da und ihm wurde bewusst, wie kalt es sich anfühlte und wie allein und verängstigt er war. Wenn nur Midori bei ihm wäre! Er hatte zehntausend Patienten in diesem Raum untersucht und wie gespannt war er immer darauf, die Ergebnisse eines medizinisch interessanten Falles anzuschauen. Wie hatte er nur so kalt sein können, konzentriert auf klinische Ergebnisse? Nun war er entsetzt, weil er wohl unheilbar krank war. So war es auch vielen seiner Patienten ergangen, doch er hatte nur Anweisungen erteilt und das weitere Vorgehen mit eiskalter Objektivität von sich gegeben. Nun hatte sich ein Eispanzer um sein eigenes Herz gelegt. Sein Mund war trocken und sein Herz fühlte sich wie eine Wüste an.

Nagai betrachtete gemeinsam mit dem Radiologen das Bild und unwillkürlich stockte ihm der Atem. Ein unheilvoller Schatten überlagerte die rechte Seite seines Magens und seine Milz war deutlich vergrößert. Die obere rechte Seite seiner Leber war angeschwollen, sodass Darm und Magen nach unten verlagert waren. Der Druck nach oben hatte sein Herz etwas zur Seite geschoben. Dem Radiologen war es nicht möglich, etwas von sich zu geben. Nagai versuchte die lastende Stille zu brechen. »Rufen Sie Ihren Assistenten und geben Sie ihm die Chance, dies zu diagnostizieren. Dies ist ein sehr gutes Studienmaterial.« Der Assistent kam, doch er war sprachlos vor Entsetzen, als er auf das Röntgenbild seines Vorgesetzten blickte. Plötzlich wurde die Tür aufgestoßen und eine junge Krankenschwester eilte strahlend und voller Elan herein. »Herr Professor Nagai, die Studenten im vierten Jahr sind bereit für die Vorlesung.« Sie wunderte sich, warum sich die beiden anderen

Ärzte von ihr abwandten. Doch das Lächeln und die prompte Antwort des Professors beruhigten sie. »Gut, Schwester Oyanagi; ich bin gleich da.«

Nach der Vorlesung ergab eine genaue Untersuchung, dass die Anzahl seiner weißen Blutkörperchen bei eintausend Prozent über normal lag und die roten Blutkörperchen bei vierzig Prozent unter normal. Er nahm das Datenblatt und las seine medizinische Prognose laut vor: »Der Patient Nagai hat eine unheilbare Leukämie. Lebenserwartung: zwei bis drei Jahre. Tod: schleichend und schmerzhaft.« Er lächelte seine niedergeschlagenen Freunde an. »Kollegen, wir müssen Realisten sein, und eines Tages wird jeder von uns ein Patient werden, ein Patient im Endstadium.«

Er sah ihre Verlegenheit und schickte sie aus dem Zimmer. Als er nun allein war, legte er den Deckmantel des Chefarztes ab und begann zu zittern. Er fing an zu beten: »Herr, du weißt, wie schwach ich bin. Ich weiß nicht, ob ich das aushalten kann! Oh Herr, warum muss das so früh geschehen? Meine Frau und meine Kinder! Und die ganze unvollendete Arbeit hier!« Seine Gedanken wanderten zu Christus im Garten Gethsemane. »Herr, ich weiß, du hast gesagt, dass wir alle ein Kreuz tragen müssen, aber … ich bin sehr müde und das Kreuz kommt mir so schwer vor.«

Bevor er ging, wandte er sich um und starrte das Röntgengerät an, das den Keim des Todes in sein Blut gebracht hatte, und er wurde ruhiger. Diese Maschine hatte ihm beim Ausarbeiten seiner Doktorarbeit geholfen. Diese Maschine und er hatten für Tausende seiner Mitmenschen den Weg aus der Dunkelheit ermöglicht. Wenn sie eine Seele hätte, dachte er, dann würde sie großes Mitleid mit ihrem Kameraden Nagai empfinden und seine Bürde mittragen. Die Maschine war nicht mehr das schimmernde neue Ding, das Professor Suetsugu mitgebracht hatte. Hier und da blätterte bereits die Farbe ab; sie war abgenutzt – wie Nagai! War das nicht die beste Art, wie man aufhören sollte, verbraucht im Dienst für seine Mitmenschen? Nagai bemerkte, dass er nicht länger zitterte. Der

Frieden war zurückgekehrt und er spürte sogar ein Gefühl der Dankbarkeit für ein erfülltes Leben.

Ein sehr sanftes Klopfen störte seine Träumerei. Es war der Präsident der Universität, der sein Mitgefühl zum Ausdruck bringen wollte. Nagai verbeugte sich und entschuldigte sich für seine Sorglosigkeit. »Nein, Nagai-kun, Sie waren nicht sorglos. Sie sind krank, weil Sie sich um die langen Schlangen von Patienten gekümmert haben, die Hilfe brauchten, und kein anderer war da, der sie röntgen konnte, außer Ihnen.«

18.

Doch Midori wird an meiner Seite sein

Nun stand ihm die schwierigste Aufgabe bevor, indem er Midori die schlechte Nachricht überbringen musste. Er ging langsam nach Hause und seine dumpfe Stimmung kehrte zurück. Er bemerkte die leuchtenden Farben nicht, in denen die Junisonne ganz Nagasaki erstrahlen ließ. Ihn zu heiraten, bedeutete für Midori ein schweres Leben. Er hatte zu Hause keine kleine Praxis eingerichtet, um das mittelmäßige Gehalt aufzubessern, wie dies bei seinen Kollegen üblich war. Nein, er hatte seine ganze Freizeit für die Forschung aufgewendet. Er machte dies gern und kam meistens spät von der Universität nach Hause, manchmal auch erst in den frühen Morgenstunden, und dennoch wartete sie stets auf ihn und beklagte sich nie. Er führte sie nur selten aus und erst kürzlich hatte sie darüber gelacht und bemerkt: »Wenn die Dinge einmal besser stehen, können wir immer noch in all die Restaurants und Theater gehen, die uns gefallen.« Nun konnte Midori als Zukunftsaussicht nur das harte Los einer jungen Witwe erwarten und dies alles wegen seiner Anmaßung und seiner Sorglosigkeit.

Midori hörte, wie die die Haustür geöffnet wurde, und sie kam ihm mit dem fröhlichen Trippeln ihrer nackten Füße auf den *Tatami*-Matten entgegen. Ihr Gesicht strahlte: »Du bist heute aber schon früh zu Hause! Das ist eine erfreuliche Überraschung!« Sie nahm seine Schuhe und half ihm aus seinem westlichen Anzug in einen Kimono, während sie eine Melodie summte und erzählte, dass es frischen rohen Thunfisch und

Krabben zum Abendessen geben sollte. Spürte Midori die Hiobsbotschaft, fragte er sich, und redete deshalb weiter, weil sie unterbewusst versuchte, diese abzuwenden? Warum hatte er sich wie ein Besessener in die Radiologie gestürzt? Er erinnerte sich an die Zeiten, als er an einem Artikel für eine Fachzeitschrift gearbeitet und sich dabei wie ein Brummbär verhalten hatte. Er hatte darum gebeten, dass sie keinerlei Lärm machen und ihm grünen Tee bringen sollte, den er dann zu trinken vergessen hatte. Einmal war er sogar auf der Straße an ihr vorübergegangen, ohne dass er sie erkannt hatte! Sie lachte nur, als sie ihm später davon erzählte. Ja, er hatte sich von seinen Interessen vollkommen absorbieren lassen, damit er den großen Wissenschaftler spielen konnte. Er blickte über den Tisch auf die Augenfältchen, die sich langsam um ihre Augen bildeten, und auf die von der Arbeit rauen Hände. Sie schaute ihn, beunruhigt durch die Stille, prüfend an. Ihre Blicke begegneten sich und er erkannte, wie schön und einfühlsam ihre Augen waren, voller Ehrlichkeit.

Er sagte es ihr und sie schien emotionslos zuzuhören. Dann stand sie ruhig vom Tisch auf und entzündete die Kerzen auf ihrem Familienaltar. Sie kniete dort in der strengen *Seiza*-Art nieder, ihren Kopf vor dem Kruzifix gebeugt, das ihre Familie in den 250 Jahren der Verfolgung behütet hatte. Er folgte ihr und kniete auf dieselbe Weise hinter ihr nieder. Dabei bemerkte er, dass ihre Schultern bebten. Sie verharrte im Gebet, bis sich die emotionale Aufgewühltheit gelegt hatte. Schuldgefühle durchfluteten ihn, weil er sich so rücksichtslos seinen eigenen Zielen verschrieben und Midori als selbstverständlich betrachtet hatte. Sie wandte ihm den Kopf zu und sprach leise und gelassen: »Vor unserer Hochzeit und bevor du das zweite Mal nach China gingst, haben wir besprochen, dass wir zur Ehre Gottes leben wollen und dass sowohl das Leben als auch der Tod schön sind. Du hast alles, was dir zur Verfügung stand, für eine sehr, sehr wichtige Arbeit eingesetzt. Es geschah zu seiner Ehre.« Nagai war überwältigt. Diese Frau hatte ihn nie im Stich gelassen. Er kämpfte mit den Tränen, nicht wegen seines Zustandes, sondern aus Dankbarkeit. Er spürte, dass dies ein heiliger Moment war. Midori schien in diesen Augenblick die Verkörperung der verfolgten Christen aus Urakami zu sein, die trotz 250 Jahren der Verfolgung immer noch hofften und glaubten.

Er war an diesem Abend niedergeschlagen nach Hause gegangen. Doch am nächsten Tag erschien er in seiner Röntgenabteilung, wie er schrieb, »... als neuer Mensch. Midoris hundertprozentiges Annehmen der Tragödie und ihre Zurückweisung jeglicher Schuldzuweisungen hatte mich *befreit*!« Die körperliche und geistige Müdigkeit der letzten Monate schien verschwunden zu sein. Erneut hatte sie eine schwere Last von seinen Schultern gehoben. Die dreizehn Jahre in der Radiologie, seine Zeit an der Front und die letzten Jahre mit all den Einschränkungen und Luftangriffen schienen der Mühe wert gewesen zu sein – ja, sie erschienen ihm wunderschön! Midori hatte am vergangenen Abend gesagt, dass vielleicht eines ihrer Kinder seine Röntgenarbeit und -forschung weiterführen könnte, und dies löste in ihm eine tiefe Dankbarkeit und Demut aus. Er entnahm daraus, dass sie keine Verbitterung empfand. Er hätte fast den Röntgenapparat umarmt, schrieb er, weil er einen solch großen Frieden und eine neue Energie verspürte für die Aufgaben, die noch vor ihm lagen. War das die Freude, die durch die »Hingabe an den Willen Gottes« entsteht, von der Pascal geschrieben hatte?, fragte er sich.

Die Insel Okinawa war gefallen und es gab Gerüchte, dass die Amerikaner planten, als nächsten Schritt die Landung auf der Insel Kyūshū durchzuführen. Nagasaki war ein wichtiger Hafen der Provinz Kyūshū und deshalb kamen immer mehr *Kempeitai* in die Stadt hinein. Der Priester der Urakami-Gemeinde wurde zum Polizei-Hauptquartier gebracht und über die »Friedensgebete« verhört, die in der Kathedrale gesprochen wurden. »Beten Sie für Japans Niederlage?«, fragte der Polizeichef. »Nein. Die Christen auf der ganzen Welt beten um Frieden. Alle stimmen darin überein, dass Krieg nichts Gutes ist. Ich bin mir sicher, dass Sie das auch so sehen.« – »Ja«, antwortete der Polizist scharf, »der Krieg wird aufhören, weil Japan gewinnen wird! Sie können ihr Gebet in der Kirche nur fortsetzen, wenn Sie den Tennō Heika, den Kaiser, an die Stelle Ihres allmächtigen Gottes setzen.« Der Priester musste vorsichtig antworten, wenn er nicht wie einige seiner befreundeten Priesterkollegen verhaftet werden wollte und in der Gemeinde dann keine Messe mehr gefeiert werden konnte. Der schon etwas ältere Priester antwortete: »Aber Sir, wir wissen aus der verlässlichen Quelle unseres ehrwürdigen Kaisers Meiji, dass der Kaiser nicht der allmächtige Gott ist, der das Universum geschaffen hat. In seinem ›Kaiserlichen Bescheid an die Soldaten‹ hatte er geschrieben: ›Ich, in Gehorsam gegenüber der Gnade des Himmels.‹ Dieser Himmel, dem sogar er gehorcht, Sir, ist das, was wir den allmächtigen Gott nennen.« Der zornige Beamte befahl dem Priester, nach Hause zu gehen.

In der Armee wurde vermutet, dass die Amerikaner schon bald Kyūshū und die Bucht von Tokio angreifen und mit ihrer gefürchteten Luftwaffe die Stellung sichern würden. Doch dies sollte nur der Anfang sein! Die Amerikaner hatten die kleine Inselgruppe Okinawa mit Schiffen umzingelt und sie nach Belieben bombardiert, doch es hatte drei Monate gedauert, bis sie sie einnehmen konnten. 12 500 Menschen starben. Japan konnte nicht von Schlachtschiffen umzingelt werden; es bestand zu über neunzig Prozent aus Bergen. Die Amerikaner konnten zwar in den Ebenen der Küste landen, doch die Kaiserlich Japanische Armee und die komplette erwachsene Bevölkerung würden sich, wie es die Chinesen praktiziert hatten, in die nächsten Berge und dann in die übernächsten zurückziehen. Die Amerikaner müssten jahrelang kämpfen und würden Millionen Soldaten verlieren – oder sie würden diese Bedingungen der »Kapitulation« mit der frevelhaften Möglichkeit der Exekution des Kaisers fallen lassen. Jeder Japaner würde lieber tausend Tode sterben, als dies zuzulassen. Selbst wenn das ganze Volk vernichtet würde, wäre dies besser als eine solche Entehrung.

Mitte Juli 1945 wurde eine Gruppe katholischer Laien, die als Leiter eingesetzt waren, angewiesen, dem Hauptquartier der Armee Bericht zu erstatten. Sie wurden wüst beschimpft und als potenzielle *Fünfte Kolonne* bezeichnet, offen bedroht und angewiesen, der Polizei von Nagasaki sofort zu melden, falls die Amerikaner landeten. Dr. Nagai gehörte zu diesen Männern und schrieb, dass die Christen zu dem Schluss kamen, sich und ihre Familien nun auf das Schlimmste vorbereiten zu müssen, sogar auf den Tod. Nagai ging den langen Weg nach Hause und kam dabei an der Straße vorüber, auf der die sechsundzwanzig Christen gegangen waren, die 1597 gekreuzigt wurden. Er betete besonders zum heiligen Paul Miki, dessen Namen er bei der Taufe angenommen hatte, damit er ihm helfe, als echter Christ zu sterben.

Als er am nächsten Tag wieder im Krankenhaus war, schrieb er seine Ängste vor dem langsamen, schmerzhaften Tod von Patienten, die an der gleichen Art von Krebs litten wie er, nieder und fügte hinzu: »Doch Midori wird an meiner Seite sein. Sie wird da sein und beten und das Kruzifix auf meine Stirn legen. Ich werde meinen letzten Atemzug in ihren Armen tun. Sie wird meine Augenlider schließen und für mein Begräbnis sorgen. Selbstlose Midori! Du wirst die Zeit meines Sterbens verwandeln. Danke, Midori.«

Die Amerikaner hatten viele Flugblätter über Japan abgeworfen. Zuerst war ihr Japanisch unbeholfen und irgendwie lächerlich; doch nun, im Jahr 1945, war es sehr gepflegt. Die Polizei verbot der Bevölkerung, die Flugblätter zu lesen, doch viele taten es trotzdem. Ein in jüngster Zeit über Nagasaki abgeworfenes Flugblatt enthielt ein düsteres Gedicht: »Im April war Nagasaki voller Blumen. Im August wird es in Flammen stehen.« Jetzt war es August. Am Abend des 6. August hörte Nagai einen Bericht über eine neue Bombe, die Hiroshima zerstört hatte. Er und Midori hatten zuvor versucht, ihre dreijährige Tochter Kayano und den zehnjährigen Makoto zu überreden, mit ihrer Großmutter aufs Land zu gehen. Die Kinder hatten so ein Theater gemacht, dass die Eltern davon abließen. Doch die

Ereignisse des 6. August gaben den Ausschlag. Am nächsten Tag packten die Großmutter und Midori alles Nötige in Tornister und machten sich auf den Weg zu einem sechs Kilometer entfernten Bauernhaus in Koba, das im Nordosten von Nagasaki und oberhalb eines friedlichen Bergtales lag. Ein durchdringendes Grillenorchester und der murmelnde Gebirgsbach begrüßten sie.

Midori ging früh am nächsten Morgen, dem 8. August, nach Hause zurück. Ein Fliegeralarm ertönte, sodass sie sich mit Nagai sogleich auf den Weg zum Schutzbunker machte. Er war körperlich in einer schlechten Verfassung mit seiner angeschwollenen Milz. Da er sich nicht wohlfühlte und auch schwach auf den Beinen war, legte er seinen Arm um Midoris Schultern und sie ihren Arm um seine Taille. Er begann zu lachen und sie stimmte mit ein. Sie saßen in ihrem Schutzbunker, schreibt er, wie ein Liebespaar bei einem Picknick. Sie vergaßen den Krieg und sprachen über das anstehende Fest »Mariä Himmelfahrt« am 15. August, einem großen Tag für die Christen in Nagasaki, weil es gleichzeitig der Ankunftstag von Franz Xaver in Japan war. Midori sagte, dass sie die traditionellen *Dorayakis*[26] backen würde, und er erinnerte sich lachend daran, wie viele ihr Sohn Makoto beim letzten Festtag »Mariä Himmelfahrt« gegessen hatte. Nagai fragte Midori nach den Beichtzeiten zur Vorbereitung auf den Festtag. Midori sagte, dass sie am kommenden Vormittag zur Beichte gehen wolle, und er erwiderte, dass der Nachmittag für ihn günstiger sei.

Das Entwarnungssignal ertönte und sie gingen nach Hause zurück. Er war erstaunt und dankbar, dass Midoris Stimmung eine »positive Fröhlichkeit« widerspiegelte. Sie frühstückte mit ihm, lachte über ihre kleinen Schelme oben in den Bergen und über die arme Großmutter, die versuchte, mit ihnen klarzukommen. Midori wollte ihn zur Universität begleiten, doch er lehnte ab, weil er sich nun gut fühlte. Im *Genkan*, dem Eingangsbereich des Hauses, half sie ihm in seine weißen Schuhe.

[26] Japanisches Süßgebäck aus Bohnenpaste (Anm. d. Verl.).

Ihr Gesicht war ein einziges Lächeln, fährt er fort, als sie auf der *Tatami*-Matte kniete und sich mit der traditionellen und lieblichen Verabschiedung *Itte irasshai mase* tief vor ihm verbeugte. Er verbeugte sich ebenfalls und antwortete herzlich: *Itte mairimasu*. Dann verließ er sie, benutzte dabei seinen Stock und versuchte, nicht zu unsicher zu wirken. Er dachte: Das ist wunderbar. Sie ist trotz allem so gut gelaunt.

Keine dreihundert Meter später erinnerte er sich an sein *O-Bentō,* sein Mittagessen, das er in der Küche vergessen hatte. Also ging er wieder zum *Genkan* zurück und bekam einen furchtbaren Schock! Midori lag auf der *Tatami*-Matte und zitterte vor lauter Schluchzen wie ein Kind!

Er hatte in dieser Nacht des 8. August Dienst im Luftschutzbunker, weil er sich weigerte, aus dem Schichtplan herausgenommen zu werden. »Sehen Sie, wie hervorragend sich die studentischen Luftschutzhelfer während der Angriffe verhalten haben, und einige von ihnen sind dabei gestorben. Keiner von ihnen hat um Zugeständnisse gebeten; und ich werde das auch nicht tun.« Der Dekan der Radiologie wollte seinen Studenten und seinen jungen Mitarbeitern mit gutem Beispiel vorangehen.

Der 9. August begann mit einem Fliegeralarm, doch es war nur ein einsames Flugzeug und die Entwarnung kam um zehn Uhr. »Verlorene Zeit für ein Flugzeug, das an Nagasaki nicht interessiert ist«, bemerkte jemand. Er lag falsch – es war sehr daran interessiert und funkte genaue Informationen zurück an eine B-29 namens *Bock's Car*[27], die von Tinian nach Norden auf Japan zuflog.

Midori verließ den Schutzbunker nach dem Alarm um zehn Uhr mit zwei Verwandten, Tatsue und Großmutter Urata, und sie setzten sich plaudernd auf Midoris Veranda. »Deine Kinder sind bestimmt einsam«, sagte die Großmutter. Midori breitete

---

[27] *Bock's Car,* benannt nach ihrem ersten Piloten auf der Marianeninsel Tinian, Frederick C. Bock, in Anspielung auf den englischen Begriff für einen geschlossenen Eisenbahngüterwagen. Gemeint war der B-29-Bomber der amerikanischen Streitmächte, aus dem am 9. August 1945 die Atombombe über Nagasaki abgeworfen wurde (Anm. d. Verf.).

Bohnen zum Trocknen in der Sonne aus, um diese für die *Dorayakis* vorzubereiten. »Ja, Großmutter«, antwortete sie. »Kayano auf jeden Fall. Dieser Bengel Makoto wird im Fluss schwimmen und glücklich wie ein Fisch sein. Er wird wahrscheinlich bald Schwimmhäute bekommen!« Großmutter lachte und dann verdunkelte sich ihr Gesicht: »Und der gute Doktor, wie geht es ihm, Midori?« – »Leider schlecht. Jemand, der so krank ist wie er, kann einfach nicht so viel arbeiten, wie er es tut, ohne dass es schlimmer wird. Er hatte letzte Nacht Dienst im Luftschutzbunker und deshalb habe ich ihn seit dem gestrigen Frühstück nicht mehr gesehen. Ich mache mir wirklich Sorgen um ihn. Bitte, betet weiterhin für ihn.« Die Großmutter nickte ernst. Wenn sie jünger gewesen wäre, hätte sie die jüngere Frau auf dem sechs Kilometer langen Pilgerweg begleitet, den Midori manchmal zur Lourdes-Grotte hinter dem Kloster am Ostrand der Stadt zurücklegte. Pater Maximilian Kolbe hatte diese Grotte gebaut, als er im Mai 1931 nach Nagasaki kam.

In dem Moment kam eine andere junge Cousine in den Garten herein. »*Ohayo gozaimasu* (»Guten Morgen«), grüßte sie heiter. »Wer hat Lust auf einen Spaziergang zur Topposui-Mühle, um Weizenmehl zu holen? Möchte mich nicht jemand an einem sonnigen Tag wie dem heutigen auf der schönen Landstraße begleiten, die nur auf Reisende wartet?« Tatsue lächelte über die Ausgelassenheit ihrer jüngeren Verwandten und sagte Ja, sie würde mitkommen. Kikue klatschte in die Hände und wandte sich an Midori: »Und du, erhabene Vorsitzende der Frauenvereinigung von Urakami, beim letzten Treffen hast du gesagt – und ich zitiere: ›Es ist wichtig, dass Kinder Freiheit und Anmut durch körperliche Bewegung entwickeln sowie einen Sinn für Schönheit.‹ Deshalb musst du uns begleiten, wenn wir unser Arme und Beine frei und würdevoll nach Topposui schwingen und die weiten Flächen der Schönheit in uns aufsaugen.« Midori genoss das Geplänkel und sagte, dass sie zwar Weizen zum Mahlen habe, doch sie würde später, auf dem Weg zu ihren Kindern, an der Mühle vorbeigehen. Sie musste das Mittagessen für ihren Mann zubereiten und es ihm ins Krankenhaus bringen, da er die Nacht davor nicht zu Hause gewesen war. In dem Buch »Wir waren dabei in Nagasaki« beschreibt Tatsue Urata detailliert ihr Auseinandergehen. »So wurden wir in zwei Gruppen geteilt, die eine, die in Sicherheit sein würde, und die andere, die getötet werden sollte.«

19.

Als die Sonne sich verdunkelte

Major »Chuck« Sweeney hatte einen extrem riskanten Start vor Sonnenaufgang gehabt, beladen, wie der Bomber war, mit der 4,5 Tonnen schweren Atombombe *Fat Man*[28]. Nun waren sie über ihrem vorrangigen Ziel, der Stadt Kokura. Er hatte dreimal über der hoffnungslos bewölkten Stadt gekreist, als er eine schockierende Entdeckung machte: Die zusätzliche Benzinleitung war blockiert. Wenn sie die Bombe nicht bald abwerfen würden, kämen sie nie mehr nach Hause. Er wendete sein Flugzeug nach Südwesten in Richtung ihres zweitens Zieles: »Nagasaki, Stadtgebiet«.

Seine B-29 flog kurz vor elf Uhr morgens über Shimabara. Ein Radiosprecher sah dies und sendete aufgeregt eine Warnung. Die Menschen in Nagasaki, die ihn hörten, rannten schnell in ihre Schutzbunker. Einige Momente später sahen Sweeney und seine Mannschaft Nagasaki direkt unter sich durch eine Öffnung in der Wolkendecke und sie erkannten sofort den Urakami-Fluss und den Sportplatz von Matsuyama. Das hieß, sie waren mehr als drei Kilometer nordwestlich von ihrer geplanten Abwurfstelle entfernt, doch die Zeit war abgelaufen. Der Berufsoffizier Kermit löste die Bombe aus. Es war gerade elf Uhr morgens, als *Fat Man* auf die Stadt mit den zweihunderttausend Seelen hinabstürzte, von denen mehr als siebzigtausend sterben sollten, viele davon ohne eine Spur von sich zu hinterlassen.

---

[28] *Fat Man (»Dicker Mann«)* war der Deckname des Mk.3-Kernwaffen-Designs (Anm. d. Verl.).

In der Urakami-Kathedrale nahmen Pater Nishida und Pater Tamaya nach der Entwarnung gerade wieder die Beichte ab. Die Kathedrale war nur knapp fünfhundert Meter von der Stelle entfernt, an der *Fat Man* detonierte, und sie wurde in einem Augenblick in Schutt und Asche gelegt. Niemand konnte mit Sicherheit wissen, wie viele Menschen darin umkamen.

Knapp drei Kilometer von der Kathedrale entfernt arbeitete Chimoto-san auf seinem Reisfeld auf dem Kawabira-Berg. Er hörte ein Geräusch, schaute nach oben und sah eine B-29 aus den Wolken auftauchen. Sie spie eine riesige schwarze Bombe aus und er warf sich auf den Boden. Er wartete eine Minute. Dann gab es ein schreckliches, stechendes Licht, gefolgt von einer gespenstischen Stille. Er schaute auf und schluckte, als er die riesige Rauchsäule sah, die grotesk anschwoll, während sie nach oben stieg. Plötzlich erkannte er, dass ein Hurrikan auf ihn zuraste. Häuser, Gebäude und Bäume wurden vor seinen erschrockenen Augen wie von einem enormen unsichtbaren Bulldozer niedergewalzt. Dann setzte ein ohrenbetäubendes Dröhnen ein und er wurde wie eine Streichholzschachtel auf die Steinmauer, die fünf Meter hinter ihm stand, geschleudert. Bis ins Mark erschüttert starrte er auf die Pinien, Kastanien und Lorbeerbäume, die aus dem Boden gerissen oder deren Stämme abgebrochen waren. Selbst das Gras war verschwunden!

Midoris neunzehnjährige Kusine Sadako Moriyama hatte gerade ihre beiden kleinen Brüder gefunden, die im Schulhof von Yamazato Libellen jagten. Sie teilte ihnen mit, dass ihre Mutter sie brauchte. In dem Moment hörte sie das Flugzeug und rannte mit ihnen in den Schutzraum der Schule. Als sie eintraten, wurden sie in die Luft und gegen die Wand geschleudert, und dann wurde sie ohnmächtig. Als sie wieder zu sich kam, hörte sie die beiden Kinder zu ihren Füßen wimmern, und sie wunderte sich, warum es so dunkel war. Als schließlich ein bisschen Licht durch die Finsternis drang, erstarrte sie vor Schreck. Zwei scheußliche Monster waren am Eingang des Schutzraums aufgetaucht. Sie gaben krächzende Geräusche von sich und versuchten hereinzukriechen. Als die Dunkelheit sich etwas hob, sah sie, dass es sich um menschliche Wesen handelte, die draußen gewesen waren, als die Bombe explodierte. In weniger als einer Sekunde waren sie bei lebendigem Leib gehäutet worden, knapp einen halben Kilometer vom Epizentrum entfernt, und ihre bloßen Körper waren in die Luft und gegen die Stirnseite des Schutzraumes geschleudert worden.

Sie ging nach draußen. Das Licht war schwach, als ob die Sonne noch nicht richtig aufgegangen wäre. Sie schrie laut auf, als sie vier Kinder neben dem Sandkasten sah, ohne Kleider und ohne Haut! Sie stand wie gelähmt da und ihre Augen nahmen unfreiwillig jedes schreckliche Detail auf. Die Haut an den Händen der Kinder war von den Handgelenken an weggerissen und hing nun von ihren Fingernägeln herunter wie Handschuhe, die man von außen nach innen gestülpt hätte.

Sie spürte, dass sie kurz davor stand, den Verstand zu verlieren. Deshalb rannte sie zurück in den Schutzraum und streifte dabei aus Versehen die beiden Opfer, die immer noch neben dem Eingang lagen und sich krümmten und stöhnten. Ihre Körper fühlten sich wie gammelige Kartoffeln an. Ihr schreckliches, animalisches Krächzen begann von Neuem. Sie erkannte, dass sie etwas sagen wollten: *Mizu, Mizu* (»Wasser, Wasser«). Diesen Schrei sollten die Überlebenden von Nagasaki wie von einer Schallplatte mit einem Riss noch jahrelang in ihren Albträumen hören.

Michiko Ogino war zehn Jahre alt und genoss ihre Sommerferien zu Hause. Kurz nach elf Uhr wurde sie von einem gigantischen Blitz erschreckt, dem ein schreckliches Dröhnen folgte, und innerhalb von Sekunden war sie eine von Tausenden, die unter den Dächern und Wänden ihrer Häuser verschüttet waren. Die Druckwelle der Bombe hatte dazu geführt, dass die Luft mit einer Geschwindigkeit von über 1,6 Kilometer pro Sekunde vom Epizentrum aus lospreschte und dabei die Häuser dem Erdboden gleichmachte. Fast unmittelbar danach kehrte ein ebenso gewaltiger Sturm wieder in das Vakuum zurück, das im Epizentrum entstanden war.

Michiko war hoffnungslos eingeklemmt, doch ihr Schreien lockte einen Fremden an, der sie befreite. Draußen befiel sie ein Schrecken, als sie die furchterregend aussehenden Wolken sah, die sich drehten und krümmten und die Sonne verdunkelten. Was für eine neue Art Blitz hatte dies bewirkt? Dann drang eine dünne Stimme in ihr Bewusstsein, die hysterisch schrie. Es war ihre zweijährige Schwester, die unter einem Querbalken eingeklemmt war. Sie wandte sich hilfesuchend um und sah eine nackte Frau, die auf sie zu rannte. Ihr Körper war schmierig und violett wie eine Aubergine und ihre Haare waren rotbraun und gekräuselt. Oh nein! Es war ihre Mutter! Die sprachlose Michiko konnte nur auf ihre Schwester unter dem Balken zeigen. Die Mutter schaute wie wild zu den Bränden, die bereits begonnen hatten, sprang in den Schutt, schob ihre Schulter unter den Balken und hob ihn an. Die Zweijährige war frei und die Mutter zog sie an ihre Brust und brach auf dem Boden zusammen. Es war keine Haut mehr an der Schulter zu sehen, die sie unter den Balken geschoben hatte, nur rohes, blutendes Fleisch. Michikos Vater tauchte auf, ebenfalls schwer verbrannt. Er beobachtete in dumpfer Hilflosigkeit, wie seine Frau stöhnte und sich mühsam aufrichtete. Dann war all ihre Kraft aufgebraucht und sie brach zusammen, tot.

Nagasaki brannte nun überall und Sakue Kawasaki saß ungläubig im Luftschutzbunker von Aburagi. Er konnte sehen, wie die Menschen, nackt und aufgedunsen wie Kürbisse, draußen umhertorkelten. Dann hörte er ein Gewirr von krächzenden Stimmen, die kläglich um *Mizu, Mizu* bettelten, aber wo sollte er Wasser herbekommen? Draußen in der Nähe des Eingangs zum Bunker gab es eine Pfütze mit schmutzigem Wasser. Eines der Opfer kroch zu der Pfütze, näherte seine Lippen und trank dann mit einem schlürfenden Geräusch. Bei dem weiteren Versuch, zum Bunker zu kriechen, brach es zusammen und rührte sich nicht mehr. Einer nach dem anderen trank aus der Pfütze und sank bewegungslos in sich zusammen. Was für ein schrecklicher Durst konnte Menschen dazu bringen, wie verrückte Lemminge zu handeln?

Die Bombe aus Plutonium-239 explodierte in Nagasaki mit einer Kraft, die mit zweiundzwanzigtausend Tonnen konventionellem Sprengstoff vergleichbar ist, doch mit enormen Unterschieden. Abgesehen von der tödlichen Strahlung der Atombombe entstand eine intensive Hitze, die am Explosionszentrum mehrere Millionen Grad Celsius erreichte. Die gesamte Masse der riesigen Bombe war ionisiert und erzeugte einen Feuerball, der die Luft um sie erhellte und ultraviolette Strahlung und Infrarotstrahlen abgab. Dies verursachte noch knapp einen Kilometer vom Epizentrum entfernt Wölbungen auf den Dachziegeln. Menschliche Haut, die dieser Strahlung ausgesetzt war, wurde noch in vier Kilometern Entfernung versengt. Elektrische Straßenlaternen, Bäume und Häuser wurden durch die Druckwelle in einem Umkreis von dreieinhalb Kilometer völlig verkohlt. Die Geschwindigkeit der Druckluft, die vom Epizentrum ausging, betrug mehr als 1,6 Kilometer pro Sekunde, das war sechzig Mal schneller als der größte Wirbelsturm. Dies erzeugte im Epizentrum ein Vakuum. Ein weiterer Wirbelsturm bewegte sich in die umgekehrte Richtung, angezogen von diesem Vakuum, und nahm dabei riesige Mengen Staub, Schmutz, Schutt und Rauch mit, die die aufsteigende Pilzwolke verdunkelten.

Der junge Kato-san führte seine Kuh auf einen Hügel, der außerhalb von Oyama, acht Kilometer südlich vom Epizentrum lag. Er war erschrocken über den Blitz und blieb wie angewurzelt stehen, während er beobachtete, wie eine riesige weiße Wolke in den Himmel aufstieg wie ein grotesker Organismus, der durch einen bösen Zauber immer dicker wurde. Die Wolke war außen weiß, doch innen wurde sie von irgendeiner schrecklichen roten Energie befeuert. Dann entstanden abwechselnd Blitze in rot, gelb und lila. Langsam nahm die Wolke Pilzgestalt an und an ihrem Stamm tauchten schwarze Flecken auf. Als die Wolke bereits ziemlich hoch war, brach sie auf und kollabierte wie eine obszöne Larve, die mehr gefressen hatte als ihr Magen behalten konnte. Ringsum leuchteten die Berge im Glanz der Sonne, doch das Gebiet unterhalb der

Wolke war in Dunkelheit getaucht. Dann bekam Kato einen zweiten Schock, als ein so starker Sturm daherbrauste, dass Kato ihn irrtümlich für eine weitere Bombenexplosion in der Nähe hielt.

Teil eines Holzschnittes, auf dem die sechsundzwanzig Märtyrer von Nagasaki dargestellt sind.

20.

Und der Regen verwandelte sich in Gift

Dr. Nagai hatte den Luftschutzbunker des Krankenhauses verlassen, als am 9. August um zehn Uhr das Entwarnungssignal ertönte. Er zog seinen Stahlhelm und die schwere Montur des Luftschutzhelfers aus und war froh, wieder frische Luft zu atmen und Sonnenlicht zu sehen. Für einen Moment blieb er stehen und erlaubte seinen müden Augen, die roten Blüten des Oleanders und des Blumenrohrs (Canna) zu bewundern, die im Garten des Krankenhauses blühten, sowie das dunkle Violett der Ziegeldächer aufzunehmen. Er schaute hinunter in die Bucht von Nagasaki, die wunderschön vom sommerlichen Grün des Inasa-Berges und den reinen, weißen Wolken umrahmt wurde, die über dem blauen Himmel schwebten. So friedlich sah die Landschaft aus und was für ein Kontrast zu der vom Krieg zerrissenen Welt, dachte er, und dabei kam ihm ein Sprichwort des alten chinesischen Dichters Tohō in den Sinn: *Kuni yaburete sanga ari* (»Obwohl die Nation zerstört ist, bleiben die Berge und Flüsse bestehen«). Doch die Arbeit wartete auf ihn! Mit Bedauern wendete er seinen Blick von der immer wieder erfrischenden Schönheit der Natur ab und eilte zurück ins Krankenhaus. Eine Stunde später saß er in seinem Büro und bereitete eine Vorlesung vor.

»Es war kurz nach elf Uhr, als es einen grellen Lichtblitz gab. Ich dachte: Eine Bombe ist direkt vor den Eingang der Universität gefallen! Ich wollte mich sofort auf den Boden werfen, doch noch bevor ich dies tun konnte, splitterte das Fensterglas und flog mit einem furchterregenden Geräusch nach innen. Eine riesige Hand schien mich zu packen und schleuderte mich drei Meter weit. Glasscherben flogen umher wie Blätter in einem Wirbelwind. Meine Augen waren geöffnet und ich konnte einen Blick nach draußen werfen – Bretter, Balken und diverse Kleidungsstücke vollführten einen irrwitzigen Tanz in der Luft. Auch sämtliche Gegenstände in meinem eigenen Zimmer hatten sich diesem Tanz angeschlossen und ich spürte, dass das Ende gekommen war. Mein rechtes Auge wurde von einer Glasscherbe getroffen und das warme Blut floss mir die Wangen und den Nacken hinunter. Die gigantische unsichtbare Faust rastete aus und zertrümmerte alles in meinem Büro. Diverse Gegenstände fielen auf mich und ich hörte dabei ganz seltsame Geräusche – wie Berge, die sich vor- und zurückbewegten. Dann wurde es stockfinster, als ob das Stahlbetongebäude des Krankenhauses ein Schnellzug wäre, der gerade in einen Tunnel raste. Bis dahin hatte ich noch keinen Schmerz verspürt, doch nun wurde mein Herz von Panik erfasst, als ich knisternde Flammen hörte und beißenden Rauch roch. Ich war mir meiner Sünden bewusst, besonders der drei, die ich am Nachmittag beichten wollte, und ich richtete meine ganze Aufmerksamkeit auf den Herrn, unseren Richter, und bat ihn um Vergebung.«

Nagai murmelte: »Midori, das ist das Ende; ich sterbe.« Doch dieser Krankenhauszug auf Rädern schoss wieder aus dem Tunnel heraus und er konnte sehen, zumindest mit dem linken Auge. Das umherfliegende Glas hatte die Arterie an seiner rechten Schläfe verletzt und das Blut spritzte überallhin und bedeckte auch sein rechtes Auge. Nagai versuchte sich zu bewegen, doch er war unter all dem Schutt eingeklemmt. Die Temperatur fiel sehr stark und eine eiskalte Furcht durchflutete sein Herz: Lebendig begraben zu sein? Was für ein bizarrer Tod! Er versuchte erneut aufzustehen, doch er stellte fest, dass er in einem Meer aus zerbrochenem Glas gefangen war. Eine Schicht lag direkt unter seinem Gesicht, sodass er nur liegen bleiben und laut »Hilfe, Hilfe« rufen konnte.

Schwester Hashimoto befand sich nebenan im Röntgenzimmer. Gegen die Wand gedrückt und von einem fest verankerten Schrank abgeschirmt, beobachtete sie, wie die beweglichen Gegenstände im Raum durcheinandergewirbelt wurden. Als es wieder ruhig wurde, ging sie ans Fenster, blickte hinaus und taumelte zurück. Das Häusermeer unter ihnen war verschwunden! Das strahlende, sommerliche Grün auf dem Inasa-Berg gegenüber der Bucht war weg. Übrig geblieben war nur noch eine rote Fläche. Egal, wohin sie auch blickte, überall waren das Gras und die Bäume verschwunden. Alles schien blank und öde zu sein. Sie schaute hinunter zum Haupteingang und musste würgen, als sie nackte Körper sah, die durcheinander in den Trümmern auf dem verwüsteten Gelände lagen. Es war kein einziges Geräusch zu hören. War die ganze Welt tot? Sie bedeckte ihre Augen mit den Händen, um den Horror auszublenden. »Ich sehe die Hölle! Die Hölle!«, schrie sie innerlich auf. Sie öffnete ihre Augen erneut, doch es sah immer noch wie in Dantes Inferno aus. Dann begann sich Dunkelheit über alles herabzusenken, als ob diese sämtliche Hoffnungen verhüllen wollte, und die siebzehnjährige Krankenschwester war sich sicher, dass ihr Ende nahte. Sie begann krampfhaft zu zittern und wimmerte wie ein kleines Kind.

Plötzlich hörte sie Worte, die sie wie zwei Schläge ins Gesicht trafen und sie daran erinnerten, dass sie erwachsen war: »Hilfe, Hilfe!« Es war Dekan Nagai! Sie versuchte, in sein Zimmer zu kommen, doch der Weg war durch die zertrümmerten Gerätschaften hoffnungslos blockiert, und ihr wurde bewusst, dass sie Hilfe brauchte. Während sie sich durch den unbeleuchteten Flur vorwärtstastete, stieß sie auf etwas Weiches. Sie bückte sich und ihre Hand wurde feucht und klebrig. Sie fand einen Arm und suchte nach dem Puls. Da war keiner mehr. Nachdem sie ihre Hände zu einem kurzen Gebet gefaltet hatte, ging sie weiter. Plötzlich durchbrach ein Licht von roten Flammen die Dunkelheit. Heftig knackende Geräusche sagten ihr, dass sie sich beeilen musste.

Die Atombombe hatte dieses Krankenhaus aus Stahlbeton, das etwa achthundert Meter vom Epizentrum entfernt stand, zwar nicht dem Erdboden gleichgemacht, doch achtzig Prozent der Patienten und Mitarbeiter waren umgekommen. Die Röntgenabteilung lag im südöstlichen Teil und war deshalb maximal geschützt gewesen. Schwester Hashimoto spürte fünf Mitarbeiter des Röntgenteams auf und ging mit ihnen zurück. Sie bildeten eine menschliche Leiter, stiegen durch das Fester ein und befreiten Dr. Nagai. Seine Kriegserfahrung in China leistete ihm nun gute Dienste und seine Ruhe beruhigte auch die anderen. Zusammen gingen sie auf die Suche nach den übrigen Mitarbeitern der Abteilung und sie waren schockiert, als sie entdeckten, dass viele von ihnen tot waren. Ihre Körper waren aufgedunsen und ihre Haut hatte sich geschält wie bei überreifen Pfirsichen. Andere begannen sich zu bewegen und schon bald hörte man ein herzzerreißendes Geschrei: »*Mizu, Mizu!* (›Wasser, Wasser!‹) Ich verbrenne. Gebt mir Wasser. Schüttet Wasser über mich. *Mizu, Mizu!*«

An anderen Orten auf dem Campus erging es Nagais Studenten schlecht. Das schwere Dach war über den Studenten im ersten Jahr zusammengebrochen und hatte sie wie Schmetterlinge in einem Schaukasten eingeschlossen. Egal, wie sehr sich der Studentensprecher Fujimoto auch abmühte, er konnte das Mauerwerk nicht von seinem Kopf und seinen Schultern heben und beseitigen. Mehrere Studenten begannen ein seltsames Gespräch. Es endete, als sich ihnen das knisternde Feuer näherte. Einer von ihnen schrie *Sayōnara* und gab eine aufwühlende Interpretation des alten Kriegsliedes zum Besten:

»Egal, ob wir als aufgedunsene Leichen im Meer umkommen
oder fallen und im Gras am Berghang vermodern:
Wenn wir für dich, oh Kaiser, sterben, dann sterben wir ohne Reue.«

Fujimoto machte einen letzten Versuch, sich zu befreien, und spürte, wie sich die Dielen bewegten und wegglitten. Er war der Einzige der Klasse, der entkommen konnte.

Die Röntgenabteilung hatte keine bettlägerigen Patienten, also wies der Dekan seine kleine Truppe an: »Schnell, geht los und überprüft die Geräte, bevor das Feuer sie erreicht. Seht, ob wir sie in Sicherheit bringen können.« Während er wartete und versuchte, einen Plan zu machen, dachte er: Die Amerikaner werden in einer Woche hier landen. Es wird schreckliche Verluste unter den Zivilisten geben; deshalb dürfen wir jetzt keine Zeit verlieren.

Seine Gruppe kehrte zurück. Die Röntgengeräte mussten abgeschrieben werden, sämtliche Ventile waren zerstört, die elektrischen Kabel ruiniert und der Transformator lag unter einem Schuttberg begraben. Nagai war sprachlos und er konnte auch nicht klar denken. Deshalb blickte er um sich und betrachtete die Gesichter der anderen. Er sagte zu sich selbst: Nein, wir dürfen nicht in Panik verfallen, doch wenn wir untätig bleiben, werden wir verbrennen. Dennoch kam ihm immer noch keine einzige brauchbare Idee. Plötzlich brach er in ein nervöses Lachen aus. Unvermittelt danach brachen auch die anderen angesichts der misslichen Lage in lautes Lachen aus. Dies war nicht beabsichtigt, doch es lockerte die Anspannung.

Vor dem Krankenhaus war ein nervenzehrendes Chaos ausgebrochen. Körper hingen kopfüber auf Steinwänden und Zäunen, Köpfe und Gliedmaßen fehlten ihnen. Eine wild dreinblickende Mutter rannte vorbei und klammerte sich an ein Kind, dessen Kopf fehlte, während zwei Kinder ihren Vater den Hügel hinaufzogen. Über der Straße tanzte ein Mann auf dem Dach eines brennenden Hauses und sang dabei – er war wahnsinnig geworden. Ein heiteres altes Paar ging Hand in Hand den Hügel hinauf und ließ das tosende Flammenmeer hinter sich. Doch Nagai und seine Gruppe konnten nur hilflos dastehen, während sich die Flammen überall im Krankenhaus ausbreiteten.

Weitere Mitarbeiter der Röntgenabteilung schlossen sich ihnen an und einer fragte: »Sollen wir versuchen, die Geräte herauszuschleppen?« – »Nein«, antwortete Nagai, »vergesst es. Es gibt Stationen, auf den Patienten in der Gefahr sind, bei lebendigem Leib zu verbrennen. Geht zuerst dorthin. Geht!« Er selbst rannte hinunter zu dem unterirdischen Not-OP. Die Rohre waren geborsten und überall floss Wasser herum. Instrumente, Medikamente und Bahren waren zerschmettert und lagen in einem totalen Chaos verstreut. »Ich fühlte mich wie eine Mücke mit herausgerissenen Beinen.« Er wusste, dass sie den Tiefpunkt erreicht hatten, und dachte: Alles, was wir noch haben, ist unser Wissen, unsere Liebe und unsere bloßen Hände. Er ging wieder nach oben und schaute unbehaglich die merkwürdige Pilzwolke an, die unheilvoll über Nagasaki schwebte. In der Zwischenzeit hatten seine Schwestern nasse Handtücher über ihre Gesichter gebunden und waren in die mit Rauch gefüllten Stationen gestürzt, um die Patienten herauszuholen.

Es war inzwischen Nachmittag geworden. Der junge Dr. Okura rannte zu Nagai. »Da ist noch ein Arthritis-Patient drüben auf dieser Station. Er weigert sich, mitzukommen, wenn ich ihn nicht mit einer Bahre holen kann. Doch es gibt keine Bahren.« Nagai schaute auf die zehn Meter hohen Flammen, die vom Wind angefacht wurden und nun von Westen her kamen. Sie standen auf der Ostseite des Krankenhauses an den Hängen des Konpira-Berges. Für Okura gliche es einem Selbstmord, zu dieser Station zurückzukehren. »Lassen Sie den Patienten. Ich übernehme die Verantwortung«, sagte Nagai. Er setzte nur seinen gesunden Menschenverstand ein, doch später würden Nagai und die meisten Überlebenden von Schuldgefühlen gequält werden, weil sie sich an diesen oder jenen erinnerten, den sie vielleicht hätten retten können, »… wenn wir sie nur nicht dem Tod überlassen hätten, um unsere eigene Haut zu retten«.

Als Nagais Schläfenarterie durch das umherfliegende Glas verletzt wurde, war das Blut zuerst »wie rote Tinte aus einer Wasserpistole« geschossen. Seine Mitarbeiter hatten die Wunde tamponiert und ihm einen festen Verband angelegt. Dieser stoppte die Blutung jedoch nicht und nun war er ein Mann, der einen roten Turban trug. Der Westwind trieb das Feuer näher zu dem Ort, an dem die geretteten Patienten auf dem Boden lagen. Nagai rief: »Schnell, bringt sie weiter den Hügel hinauf.« Er selbst brachte zwei von ihnen in Sicherheit, doch dann begannen seine Beine nachzugeben. Die Oberschwester Hisamatsu packte ihn am Arm, um seinen Puls zu messen, und keuchte, als sie die Auswirkungen des Blutverlusts und der Leukämie bemerkte. Seine Mitarbeiter zwangen ihn, sich hinzusetzen, während sie die Evakuierung der Patienten zu Ende führten.

Als seine Brust sich nicht mehr so schnell hob und senkte, schaute er umher und sah, dass jede Form von Organisation zu zerfallen drohte. Immer mehr Menschen kamen aus der Stadt unter ihnen, weil sie dachten, dass sie Hilfe bekämen, wenn sie es bis zu dem großen Krankenhauskomplex schaffen würden. Nichts konnte weiter von der Wahrheit entfernt sein – das Personal konnte sich hier kaum um die eigenen Patienten kümmern und Panik breitete sich langsam auf ihren Gesichtern aus. »Plötzlich«, sagte Oberschwester Hisamatsu, die immer noch in Nagasaki lebt, »schien uns alles zu entgleiten und wir begannen, die Nerven zu verlieren.« An diesem Punkt rief Nagai: »Schnell, finden Sie eine *Hi no Maru* (›japanische Flagge‹).« Er gab diesen Befehl dem jungen Dr. Okura, der in diesem Moment an nichts Belangloseres als an eine Flagge denken konnte! Er tat so, als ob er an einigen Stellen, die noch nicht brannten, danach suchen würde und berichtete dann: »Es ist unmöglich, eine zu finden.« Nagai schaute auf ein Stück weißes Laken, das ihm entgegenwehte. Er griff nach ihm, zerriss es in ein Quadrat, zog seinen blutgetränkten Verband vom Kopf und drückte ihn über der Mitte aus und tupfte das Blut in die Form eines groben roten Kreises. Oberschwester Hisamatsu und mehrere andere fügten Blut aus ihren eigenen Wunden hinzu und siehe da: Die japanische Flagge war fertig.

Während des Krieges in China hatte Nagai beobachtete, wie die Fliehkräfte von Schock und Panik manchmal durch eine mutige Tat oder ein starkes Symbol aufgehoben werden konnten. Für die Japaner im Jahr 1945 war das stärkste Symbol die *Hi no Maru,* die Nationalflagge. In den vergangenen fünfzehn Jahren hatten die Militärs dafür gesorgt, dass sie gut sichtbar über allen militärischen Hauptquartieren und über jedem öffentlichen Gebäude flatterte und bei wichtigen Festen aufgezogen wurde. Nagai befahl Okura, die selbst gemachte Flagge an einen dicken Bambuspfosten zu binden, der in der Nähe lag, und diesen ein Stück weit über ihnen in den Boden zu rammen. Oberschwester Hisamatsu erinnert sich zweiundvierzig Jahre später noch lebhaft an diesen Moment: »Plötzlich hatten wir ein ›Hauptquartier‹, um das wir uns versammeln konnten, ein Zentrum, das wieder Ordnung ins Geschehen brachte.« Dr. Okura, der mittlerweile Priester und ein (anerkannter) Experte, was den heiligen Johannes vom Kreuz angeht, geworden ist, stimmt zu: »Es war eine solch einfache Aktion und doch war der psychologische Effekt so tiefgreifend.«

Wenn in der Vergangenheit Schwieriges zu bewältigen war, hatte Nagai stets Trost und Ermutigung bei Mutter Natur gefunden. Nun war er entsetzt, als er entdeckte, dass die Bombe sogar diese durcheinandergebracht hatte. Schwarzer Regen begann zu fallen, große Tropfen, die dunkle, schlimme Flecken hinterließen. Die Luft roch ebenfalls schlecht. Die weitreichenden Brände, die Sauerstoff verbrauchten, stießen so viel Kohlenstoffdioxyd aus, dass Nagai und seine Mitarbeiter wie Hunde hechelten und nach Atem rangen. Es war nun vier Uhr nachmittags, fünf Stunden nach der verhängnisvollen Explosion, und die Feuer brannten immer noch überall heftig. Die Patienten stöhnten, einige vor Schmerz, andere vor Schreck, doch die Krankenhausmitarbeiter konnten nur wenig für sie tun, außer die Glassplitter oder Holz- und Zementstückchen zu entfernen, häufig mit einfachen Instrumenten. Dann trugen sie ein wenig Jod auf und verbanden die größeren Wunden. Sie holten große Wassermengen aus Brunnen und einem nahe gelegenen Bergbach, in dem Versuch, die Schreie nach *Mizu, Mizu* zu stillen.

Nagais Augen füllten sich mit Tränen, als er den Präsidenten der Universität fand, der elend auf einem Feld lag, sein weißer Kittel mit schwarzem Regen verunreinigt. Er gab dem apathischen Präsidenten einen kurzen Bericht und wandte sich wieder seiner Arbeit zu. Als er den Röntgentechniker Umezu-san fand, der zusammengekrümmt und völlig durchnässt auf dem Boden lag, zog Nagai seinen Mantel aus und bedeckte ihn damit.

Seit der Mittagszeit, als Nagai erkannt hatte, dass der gesamte Vorort von Urakami brannte, hatte er einen großen Drang verspürt, dorthin zu laufen und nach Midori zu suchen. Doch er wusste, dass dies völlig falsch wäre. Er war eine der wenigen Autoritätspersonen, die noch auf den Beinen war, und die Situation verschlimmerte sich immer mehr, da viele Menschen von den Vororten heraufwankten. Er warf diesen Menschen von Zeit zu Zeit verstohlene Blicke zu, da er hoffte und betete, dass Midori sich unter den Flüchtenden befinden möge. Doch es wurde sechzehn Uhr und von Midori war immer noch keine Spur in Sicht. Da überfiel ihn eine große Niedergeschlagenheit. Er hielt in seiner Tätigkeit inne und blickte nach Urakami hinunter. Alles, was dort jetzt noch zu sehen war, waren die beschädigten Mauern der Kathedrale sowie schwarze Betongerippe, die von einigen öffentlichen Gebäuden stammten. Das gesamte Gebiet um sein Haus war platt gewalzt, eine rauchende Wüste aus Asche. In diesem Moment traf ihn die Gewissheit über ihren Tod wie ein Schlag in den Magen. Sein Verstand und sein Körper waren bereits über dem Limit, das man normalerweise ertragen konnte. Plötzlich gaben seine Beine nach und er knickte ein. Während er auf die Erde sank, hörte ein Kollege ihn murmeln: »Sie wäre jetzt schon gekommen. Sie ist tot, sie ist tot. Midori!« Mit einer Hand zerdrückte er geistesabwesend eine Handvoll Erde und dann wurde er ohnmächtig, vor allem aufgrund des hohen Blutverlusts.

Er erlangte sein Bewusstsein wieder, als Professor Fuse nervös rief: »Faden. Pinzette. Verbandmull. Verband. Pressen Sie … das Ende der Arterie ist hinter den Knochen gerutscht!« Nagai wurde wieder ohnmächtig, doch die Blutung war gestoppt worden. Als er das nächste Mal seine Augen öffnete, schaute er auf eine Mondsichel über dem kargen, entblößten Inasa-Berg. Die Schwestern hatten Kürbisse von den umliegenden Feldern gesammelt, die sie in Luftschutzhelmen kochten, während die Männer provisorische Unterkünfte für die Patienten und Verletzten errichteten. Nagais Blick fiel auf zwei junge kleine Krankenschwestern, die fleißig arbeiteten. Sie gehörten zu seiner Abteilung und hatten die liebevollen Spitznamen »Kleine Bohne« und »Kleines Fass« bekommen. Der »Kleine Tintenfisch« hatte das Trio vervollständigt, doch sie war tot. Das Gleiche galt für ihre Freundin, die großartige Hamazaki, eine Schwester, an deren Seite er gewesen war, als sie starb. In Nagais Tasche befand sich eine Locke von ihren Haaren. Er wollte sie ihrer Familie geben, damit sie sie in einer kleinen Urne auf den Familienaltar stellen konnten. Er wurde traurig, als er an all die Familien dachte, die noch nicht einmal diesen Trost hatten, wenn sie für ihre Toten beteten.

Dr. Nagai stand auf und schloss sich dem kleinen Kreis von Kollegen, Krankenschwestern, Ärzten und Röntgentechnikern an. Er schreibt: »Als wir uns gegenseitig ansahen, spürten wir, dass wir durch ein unbegreifliches Schicksal miteinander verbunden waren. Wir fassten uns an den Händen und hielten uns fest, während wir schweigend dort saßen.«

Foto der zerstörten Kathedrale in Urakami kurz nach dem Atombombenabwurf.

Nagais Zeichnung der Kathedrale, vier Monate danach.

21.

Das letzte schwarze Loch im Universum?

Die Sonne war schon lange untergegangen, doch die riesigen Feuer loderten immer noch, während die Ärzte und Schwestern weiter nach Überlebenden in den umliegenden Feldern suchten. Viele der Verletzten, die sich abmühten, aus der Stadt auf den Krankenhaushügel zu kommen, schafften den Weg nicht, und die Ärzte und Schwestern machten sich immer wieder auf den Weg, um in der Dunkelheit nach ihnen zu suchen. Oft stürzten die Retter selbst und schnitten sich an zerbrochenem Glas oder fielen kopfüber in Kanäle, weil sie nicht bemerkt hatten, dass eine Brücke verschwunden war, während sie taumelnd die Verletzten nach oben schleppten. Bretter mit herausragenden Nägeln waren in alle Richtungen verstreut worden und hinterließen Wunden an vielen Füßen. Es war fast Mitternacht und die Brände unten in der Stadt erlöschten langsam, als Oberschwester Hisamatsu aufgeregt rief: »Herr Doktor, die Kathedrale steht in Flammen.« Da diese allein auf einem Hügel stand, war sie zwar von der ersten Druckwelle zerstört worden, doch sie hatte kein Feuer gefangen wie die übrigen Holzhäuser in Urakami. Nun aber hatten die umherfliegenden Funken die zertrümmerten Holzbalken der Kathedrale schließlich doch in Brand gesetzt und große, rote Flammen schossen wie die Tänzer des Totentanzes in die Höhe. Er stand wie gelähmt da und beobachtete das Ganze, bis ein großes Krachen der Holzbalken und Backsteine das Todesröcheln der Kathedrale einläutete. Dieser Moment brannte sich für immer in Nagais Gedächtnis ein.

Die klassische griechische Tragödie des Zweiten Weltkriegs, überlegte er, scheint zu einem verheerenden Abschluss zu kommen. Ein »Deus ex Machina«[29] war aufgetaucht, von einer schwerfälligen B-29 auf die Hauptbühne getragen. Dieser »Deus«, dieser neue Gott, war eine merkwürdige Bombe, die durch das wissenschaftliche Zeitalter der Aufklärung erschaffen worden war! Nagai, der Gläubige, konnte nur an die im »Buch der Offenbarung« beschriebenen Plagen und die dort ebenfalls beschriebene Pracht und Herrlichkeit denken. Die zerstörte Kathedrale lag da wie das Lamm, das geschlachtet worden war. Nagai, der Wissenschaftler, richtete seinen Blick auf die seltsame Wolke, die offensichtlich Energie aus den Feuern unter sich zu ziehen schien. Was war hier geschehen und was war das für eine neuartige Bombe, die wie eine böse Zauberei explodiert war?

In der Morgendämmerung standen der Arzt und seine Mannschaft aus ihrem unruhigen Schlaf auf und waren sprachlos, als sie entdeckten, dass die ganze Umgebung um sie herum mit der nuklearen Asche bedeckt war. Nichts war mehr lebendig, nicht mehr grün. Keine Sommergeräusche von den Grillen waren zu hören, einfach nichts. Sie schleppten sich wieder in das ausgeweidete und durch den Brand beschädigte Krankenhaus zurück, in der Hoffnung, einige Instrumente und Medikamente zu finden. Überall lagen Skelette und verkohlte Körper herum. Sie gingen in die Räume, in denen Freunde von ihnen am Tag zuvor um 11.02 Uhr gewesen waren, und fanden sie – Professoren, Studenten, Ärzte, Schwestern, Techniker und Patienten – nur noch als verkohlte Klumpen. Einige waren in einer Reihe zusammengekauert; andere lagen dort, die Hände über dem Kopf. Nagai senkte den Blick und betete kurz.

Oberschwester Hisamatsu kam zu Nagai gelaufen und wedelte mit einem Flugblatt, das ein amerikanisches Flugzeug abgeworfen hatte. Es rief die Bürger auf, die Stadt zu verlassen,

---

[29] »Deus ex Machina« ist eine sprichwörtlich-dramaturgische Bezeichnung für jede durch plötzliche, unmotiviert eintretende Ereignisse, Personen oder außenstehende Mächte bewirkte Lösung eines Konflikts (Anm. d. Verl.).

bevor es zu spät sei. Nagai rief nach einem kurzen Blick auf das Blatt unwillkürlich aus: »Die Atombombe! Ja, das muss es gewesen sein!« Wenn man die unglaubliche Zerstörung in Nagasaki mit all den Details verknüpfte, über die seit Langem im Zusammenhang mit der Kernfusion Vermutungen aufgestellt wurden, dann war alles klar. »In diesem Moment kämpften widerstreitende Gefühle in mir: Der Sieg der Wissenschaft und die Niederlage meines Landes; ein Triumph der Physik und eine Tragödie für Japan.« Ein Bambusspeer lag vor ihm auf dem Boden, eine der Waffen, mit denen Frauen seit dem 14. August 1944 ausgebildet worden waren, seit die Verfügung zur Generalmobilmachung in Kraft war. Sie ordnete ein regelmäßiges Bambusspeer-Training für alle Frauen zwischen dreizehn und sechzig Jahren an. Sie sollten die einfallenden Amerikaner auf dieselbe Weise bekämpfen, wie die Frauen, Kinder und Großmütter der *Samurai* es getan hatten, die mit solchen Waffen in die Schlacht gezogen waren, wenn ihre Schlösser bedroht wurden. Bambusspeere gegen Atombomben! Nagai stieß die schwache Waffe zornig und voller Verzweiflung mit dem Fuß weg, während er dachte: »Werden wir Japaner nun gezwungen sein, an unseren Küsten zu stehen und ohne Widerstand vernichtet zu werden?«

Er nahm das Flugblatt mit zu einem großen Wissenschaftler, Professor Seiki, der auf dem nackten Boden in einem provisorischen Luftschutzbunker lag. Seiki las es, stöhnte auf und starrte lange Zeit in den leeren Himmel. Dann, auf seine unnachahmlich brillante Weise, begann er eine Diskussion mit den Physikern um sich herum. »So seltsam es auch erscheinen mag«, schreibt Nagai, »doch wir wurden vollkommen davon in Beschlag genommen und vergaßen alles andere um uns herum.« Japanische Wissenschaftler hatten mit dem Uranium-235 gearbeitet, doch die Armee hatte die teure Forschung eingestellt. Wer hatte den Durchbruch im Westen geschafft? Sie nannten einige Namen der Koryphäen aus der Vorkriegszeit: Einstein, Dohr, Fermi, Chadwick, die Joliot-Curies, Lise Meitner, Hahn. Dann brachte Seiki das Thema auf die umstrittene Frage über die Strahlung, die der Spaltung des Atoms folgte.

Nagai war mit der Fähigkeit zum Staunen gesegnet. In einer klaren Nacht konnte er völlig verzückt zu seinen alten Freunden, dem Großen Wagen oder dem Nordstern, hinaufschauen – »sie lösten ein Gefühl der innigen Verbundenheit in meinem Herzen aus«. Als er hier neben dem berühmten Professor Seiki auf der nackten Erde saß, diskutierte er leidenschaftlich über die Strahlung, als ob sie keine persönliche Bedeutung für ihn hätte. Ihm stand nur noch die Gelegenheit vor Augen, »... an einer kostbaren wissenschaftlichen Erfahrung beteiligt zu sein«. Dieser Berghang war jetzt ein Experimentierfeld, auf dem er und seine Kollegen entdecken würden, was mit Menschen, Insekten und Pflanzen nach der viel diskutierten Kernspaltung geschah. Gestern noch waren sie niedergeschlagen vor Trauer und außer sich vor Wut über das, was ihrem Volk angetan worden war, doch heute regte sich in ihnen »... ein neuer Tatendrang und die Motivation für unsere Suche nach der Wahrheit. In dieser zerstörten nuklearen Wüste wuchs bereits etwas heran – die kräftigen Setzlinge von neuen wissenschaftlichen Daten und Erkenntnissen.«

Nagai löste sich aus der faszinierenden Diskussion, um sich erneut um die Opfer zu kümmern. Die verheerende Kraft der Druckluft, die durch die Kernspaltung erzeugt worden war, war bei Tageslicht nun deutlicher zu erkennen. Er fand beispielsweise Köpfe, die wie durch ein riesiges Schwert vom Hals abgetrennt worden waren. Die Auswirkungen der enormen Hitze durch die bei der Kernspaltung erzeugte Infrarotstrahlung wurden ebenfalls offenbar. Es gab deutlich mehr Fälle der Strahlenkrankheit durch die Gammastrahlen. Einige sagten, sie fühlten sich, als ob sie Stadtgas[30] eingeatmet hätten; andere sagten, es wäre vergleichbar mit einem sehr schlimmen Kater oder einer Seekrankheit. Menschen, die gedacht hatten, dass sie unversehrt geblieben seien, ließen sich nun lethargisch in den nächsten Schatten fallen, weil sie zu krank waren, um sich noch weiter zu bewegen. Nagai fühlte sich jetzt ebenfalls krank.

30 Ein synthetisches Benzin, das aus Kohle erzeugt wurde; es ähnelt einem natürlichen Treibstoff (Anm. d. Verl.).

Diese doppelte Dosis Gammastrahlung war sehr besorgniserregend, doch sie brachte ihn auch in die einzigartige Lage, die Auswirkungen der Atombombenstrahlung sowohl wissenschaftlich als auch experimentell am eigenen Leib beobachten zu können.

Auch am 10. August flogen US-Flugzeuge weiterhin über die Stadt und jagten Nagai und seinen Begleitern jeweils einen Schrecken ein. Sie konnten ja nicht wissen, ob diese Flugzeuge weitere Atombomben an Bord hätten. Während sie so systematisch wie möglich vorgingen, um mögliche Überlebende unter den Toten zu finden, wurden sie bei ihrer Suche immer wieder unterbrochen, wenn sie ein Flugzeug hörten. Dann warfen sie sich in panischer Angst auf den Boden, um Schutz zu suchen. Langsam setzte eine gewisse Neurose[31] ein, wenn sie den Übelkeit erregenden Anblick von Menschen ertragen mussten, die lebendig gehäutet worden waren oder sich in große Holzkohlestücke verwandelt hatten. Jedes Geräusch eines feindlichen Flugzeugs war wie ein Stromstoß für die blank liegenden Nerven. Dadurch setzte eine Art psychologischer Schwindelanfall ein, da ihre Glieder bleiern wurden und ihre Aufgabe immer hoffnungsloser zu sein schien. Als die Dunkelheit an diesem 10. August hereinbrach, brachen sie auf dem lehmigen Boden ihres Unterschlupfes zusammen, krank vor Verzweiflung und Übelkeit durch die Strahlung. War dies überhaupt ein Unterschlupf? Oder war es das letzte schwarze Loch in einem Universum, das in sich selbst zusammenbrach? Der Boden des provisorischen Schutzraumes war bis zur Grenze seines Fassungsvermögens voll mit stöhnenden, unruhigen Körpern. Schon bald würden einige von ihnen sterben, doch keiner brachte die Energie auf, sie an einen anderen Ort zu bringen. Um Mitternacht packte jemand im Albtraum Nagais Schulter und rief laut den Namen Oyanagi-sun, einer Schwester, die am Tag zuvor gestorben war.

---

[31] Als *Neurose* bezeichnet man eine psychische oder psychosoziale Erkrankung, ohne nachweisbare organische Grundlage (Anm. d. Verl.).

22.

Sprechende Knochen und eine neue Ausrichtung

Als der 11. August heraufdämmerte, kam das medizinische Personal nur mühsam wieder auf die Beine und begann, die Patienten zum Sammelplatz zu bringen, wo Ärzte und Schwestern eines Militärkrankenhauses sie abholen wollten. Es war Hochsommer und die Toten begannen bereits zu riechen. Deshalb fingen sie an, Scheiterhaufen für die Einäscherung zu errichten. Holz lag überall verstreut herum, als ob eine große Bugwelle Treibholz bis hinauf in die Berge geschwemmt hätte. Wenn sie einen Körper erkannten, dann schrieben sie den Namen auf eine Holzlatte und steckten diese in die Erde, bevor sie den Scheiterhaufen entzündeten. Verwandte liefen ebenfalls umher, um ihre Angehörigen zu finden. In dieser Situation des gemeinsamen nervlichen Zusammenbruches verlor sich die übliche Höflichkeit. Die Suchenden kamen zu einer Gruppe von Verletzten, schauten rüde in deren Gesichter und sagten: »Nein, in dieser Menge ist niemand.«

Als die Ärzte und Schwestern aus dem Militärkrankenhaus eintrafen, um die Verantwortung zu übernehmen, war Nagai endlich frei, um über seine eigene Familie nachzudenken. Seine Kinder und die Großmutter waren an dem Ort in den sechs Kilometer entfernten Bergen sicher. Doch Midori! Während er den Abhang hinunter auf die Aschenwüste zustolperte, die einstmals Urakami war, wurde seine Seele von Reue durchflutet, weil er ihr nicht sofort zu Hilfe geeilt war, nachdem man ihn aus dem Schutt in seinem Büro befreit hatte. Er war nun mittlerweile in der Nähe seines Hauses angekommen, wo die Strahlung sehr viel höher sein konnte, doch er war entschlossen, dafür zu sorgen, dass sie zumindest anständig unter dem Kreuz im Familiengrab bestattet wurde.

Mit einigen Schwierigkeiten fand er das Haus. Es stand in einem Bereich, in dem nichts anderes mehr als zerbrochene Dachziegel und weiße Asche vorhanden waren. Was war das für ein schwarzer Klumpen dort drüben? Es war Midori! Von ihrem Schädel, ihren Hüften und ihrem Rückgrat war kaum mehr als Kohle übrig geblieben. Er konnte erkennen, dass sie in der Küche gestorben war, die sie so geliebt hatte. Schluchzend hob er einen von der Hitze verbeulten Eimer auf und kniete sich nieder, um ihre Knochen einzusammeln. Was war das für ein mattes Glitzern zwischen den pulverisierten Knochen ihrer rechten Hand? Auch wenn die Perlen zu einem Klümpchen zusammengeschmolzen waren, erkannte er an der Kette und dem Kreuz, dass es sich um den Rosenkranz handelte, den sie so oft durch ihre Finger hatte gleiten lassen. Er neigte seinen Kopf und schluchzte: »Teuerster Gott, danke, dass du ihr erlaubt hast, betend zu sterben. Schmerzensmutter, danke, dass du in der Stunde ihres Todes bei der treuen Midori warst.« Als er die Knochen vorsichtig in den Eimer gelegt hatte, murmelte er: »Ach, gnädiger Jesus, unser Retter, du hast einst Blut geschwitzt und das schwere Kreuz zum Kalvarienberg zu deiner Kreuzigung getragen. Und nun hast du ein friedliches Licht in das Geheimnis von Leid und Tod geworfen, in Midoris und in mein eigenes.«

Er stand auf und ging langsam zum Akagi-Friedhof. Plötzlich überwältigten ihn die Gefühle und er hielt an und schaute auf die klägliche Last in dem Eimer hinunter: »Midori, diese heimlichen Wallfahrten, die du früh am Morgen zum Hongochi-Kloster gemacht hast, um für mich zu beten, sind nun vorüber. Vielen Dank dafür – und danke für die unzähligen kleinen Freundlichkeiten. Vergib mir! Vergib mir, dass ich es als selbstverständlich angesehen habe. Du bist zu Hause geblieben, während ich egoistisch meinen Studien nachgegangen und befördert worden bin. Vergib mir, dass ich nicht sofort zu dir gekommen bin, als du gestorben bist. Bitte vergib mir!« Er ging wieder weiter, doch er stolperte über Schutt, und die Knochen klapperten im Eimer. Er hatte das außergewöhnliche Gefühl, dass das Geräusch der Knochen die Worte formte: »Nein, vergib mir. Ich sollte dich um Vergebung bitten.« Er wusste, dass dies eine Illusion war, doch seine lebhafte Erinnerung an ihre übliche Großzügigkeit und Bereitschaft, mehr als die Hälfte auf sich zu nehmen, ließ es fast glaubhaft erscheinen, dass sie ihm geantwortet hatte.

Die Geschichte wird in seinem Buch *Horobinu Mono Wo* beschrieben. Er begrub ihre Knochen in ihrem Grab auf dem *Akagi Bochi* (»dem Friedhof bei dem roten Baum«). Nachdem er seine Gebete beendet hatte, machte er sich geistesabwesend wieder auf den Rückweg zu den Ruinen seines Hauses und begann, den verkohlten Schutt mit seinem Stock zu durchsuchen. Was war das für ein Metallklumpen? Seine Medaillen! Midori war so stolz auf seine Medaillen gewesen, die er von der Universität und der Armee verliehen bekommen hatte, besonders auf den Orden der Aufgehenden Sonne, den sie poliert und sorgfältig in einer Zedernkiste aufbewahrt hatte. Nun waren sie nur noch ein formloser schwarzer Klumpen aus Metall. Die kunstvolle Cloisonné-Arbeit[32] auf der Medaille der Aufgehenden Sonne war komplett verschwunden. War dies ein Anzeichen für die Dinge, die in dem Land, das einstmals das Land der aufgehenden Sonne gewesen war, noch geschehen sollten? All seine wissenschaftlichen Lehrbücher, Notizen, Fallstudien und Röntgenbilder waren im Krankenhaus in Flammen aufgegangen. Das Feuer hier hatte seine gesamte kostbare klassische Literatur verschlungen. Er schaute traurig auf einen verkohlten Haufen Bücher und bemerkte, dass der metallische Druck auf einer Titelseite noch schwach lesbar war. Als er genauer hinsah, entdeckte er, dass es sich um ein Gedicht handelte, das er seit seinen Schultagen geliebt hatte. Es stammte von einem

32 Kunsthandwerkliche Technik bei Emailarbeiten (Anm. d. Verl.).

der »Unsterblichen der japanischen Dichter«, Kakinomoto. Kakinomoto lebte im 17. Jahrhundert und war Hofbeamter aus Nara. Er schrieb dieses Gedicht, als er in die ferne Shimane-Präfektur verbannt worden war und sich nach seinem Zuhause und vor allem nach seiner Frau verzehrte. »Der gesamte Berghang ist in Bewegung durch das Geraschel des Bambusgrases … Doch ich habe nur Gedanken an die Eine, die ich zurückgelassen habe, meine kleine Schwester.« – »Kleine Schwester« war ein Ausdruck der Zuneigung, den ein Ehemann manchmal für seine Frau verwendete. Nagai hielt inne und konnte nicht mehr weiter, als ihn die Erkenntnis mit voller Wucht traf, dass er alles verloren hatte, was wertvoll für ihn war – seine Bücher, seine Forschungsergebnisse, sein Zuhause, die Kathedrale, die er liebte, seine besten Freunde, doch vor allem anderen seine kleine Schwester Midori, die absolut Liebenswerte und vollkommen Zuverlässige. Die Gefühle, die er seit Tagen verbannt hatte, brachen nun mit voller Wucht hervor und er weinte unkontrolliert. Mit seiner Kondition, die durch die Leukämie, den Blutverlust, die Strahlung und den Mangel an vernünftiger Nahrung und Schlaf geschwächt war, war es nun vorbei. Erneut gaben seine Knie unter ihm nach und er fiel rückwärts in die Asche seines Hauses, wo er stundenlang bewusstlos liegen blieb.

Er kam am nächsten Morgen kurz vor Sonnenaufgang wieder zu sich, weil er in seinem Gesicht eine frische Brise aus der Bucht verspürte. Er öffnete die Augen und stellte fest, dass er in ein helles Licht blickte. Was war das? Eine Straßenlaterne? Nachdem er sich sehr anstrengte, um seine Augen und sein Denken zu fokussieren, erkannte er, dass er zur Venus hinaufblickte, zum Morgenstern! »Morgenstern, bete für uns«, murmelte er automatisch. »Morgenstern« war ein Titel für Maria aus einem seiner Lieblingsgebete, der Lauretanischen Litanei. Er verspürte den großen Drang, zu Maria zu beten, begab sich schwerfällig auf die Knie und betete langsam den Rosenkranz. Als er sich vom Gebet erhob, sagte er, war er im Geist erfrischt und bereit, das zu tun, was Gott auch immer für ihn geplant hatte, bevor er wieder mit Midori vereint sein würde.

Das klare Morgenlicht durchflutete das Urakami-Tal, während er sich auf den Weg nach Koba machte, wo sich die Großmutter und seine Kinder befanden. Schon bald hatte er die zerstörte Stadt hinter sich gelassen und war auf einer kleinen Bergstraße unterwegs, die an einem klaren Fluss entlanglief. Er wusch sein Gesicht und seine Hände in dem kalten Bergwasser, trank einen tiefen Schluck und ging weiter. Dabei überlegte er sich, wie er seinen Kindern und der Großmutter die Nachricht überbringen sollte. Nach dem apokalyptischen Schrecken, dem Rauch und der Asche der letzten Tage sahen die Berge so schön und verlässlich wie nie zuvor aus. Jener chinesische Dichter hatte dies gut zum Ausdruck gebracht: Obwohl die Nation untergeht, bleiben die Berge und Flüsse bestehen. Obwohl Menschen Atombomben abwerfen, hört Gottes Sonnenschein nicht auf. Der Wissenschaftler Nagai korrigierte diesen Gedanken: »Die Sonnenkraft ist bereits zur Hälfte verbraucht und eines Tages wird das Sonnenlicht verschwinden und die grünen Berge um mich herum werden vergehen, genauso sicher, wie meine Frau gestorben ist und meine Bücher und Medaillen zu Asche wurden.« Sein Exemplar des Neuen Testamentes war ebenfalls zu Asche geworden, doch während er auf dem Weg ging, breitete sich ein Vers daraus in seinem Herzen aus: »Himmel und Erde werden vergehen, doch meine Worte werden nie vergehen.« Da war sie, die Wahrheit, die zuverlässiger als die Berge und das Sonnenlicht war – die Antwort auf den Schrecken und die Traurigkeit des 9. August! Er wiederholte den Vers im Rhythmus seiner Schritte immer wieder, so wie er Bibelverse auf seinen einsamen Märschen in China gebetet hatte. Er spürte, dass diese heiligen Worte seinen Körper, seine Seele und seinen Geist durchfluteten und mit ihnen entstand ein Bewusstsein, dass alles gut war. Midori hatte ihre Aufgabe lediglich früher beendet und war heim zu Gott gegangen. Seine eigene Zukunft? Der Krieg würde ihr vielleicht schon bald ein Ende setzen – oder vielleicht gäbe es Frieden und er würde ein Zuhause für seine Kinder und für die Großmutter finden und hart arbeiten müssen, um die

Universität und die Kathedrale wieder aufzubauen. Und in zwei oder drei Jahren würde er einem schmerzhaften Tod durch die Leukämie ins Auge sehen müssen. Diesem mannhaft zu begegnen, mit dem Wort Christi als seinem Nordstern, war sein Weg nach Hause zu Gott und zu Midori – ein Weg, der genauso einfach und sicher war wie die kleine Bergstraße, die ihn nun zum Rest seiner Familie führte. Ein außergewöhnliches Gefühl der Dankbarkeit erfasste ihn, während er im Rhythmus des Bibelverses weiterging.

Das Shokado, Holzschnitt aus dem Jahre 1799; *Shojo,* einer der erfolgreichsten japanischen Künstler, der zudem Kalligraf und *Chajin* (Teezeremonien-Meister) war, baute diese Hütte als Landhaus für seinen Ruhestand. Er nannte seine Hütte *Shokado,* »Pinienblütenhalle«. Hier begrüßt er gerade einen Besucher.

23.

Zwölf Uhr mittags und eine Nation weint

Am Tag, nachdem die Atombombe explodiert war, unternahm Großmutter Moriyama die erschütternde Reise nach Urakami und brachte ein paar Fragmente von Midoris Knochen in einem kleinen Metallbehälter mit zurück. Sie gab Makoto die Anweisung, nicht in den Behälter hineinzuschauen, doch die ehrfürchtige Art, wie sie diesen behandelte, und ihre ständigen Tränen weckten seine Neugier und als sie einen Moment draußen war, schlich er hinüber und öffnete ihn zitternd. Er wusste instinktiv, dass dies die Knochen seiner Mutter waren. Einige Tage später, als der Junge und seine Großmutter traurig und still an einem ärmlichen Tisch saßen, ging ohne Vorwarnung die Schiebetür auf. Zuerst erkannten sie den ausgemergelten, unrasierten Mann nicht, der mit einem blutverkrusteten Verband, der den größten Teil seines Kopfes bedeckte, an der Tür stand und dessen Kleidung zerrissen und schmutzig war. Als er eintrat und versuchte, die kleine Kayano hochzuheben, schrie diese auf und versteckte sich erschrocken hinter ihrer Großmutter. Es war eine traurige Heimkehr.

Nagai stellte bald fest, dass sehr viele Atombombenopfer in dieses kühle Gebirgstal mit seinem klaren Bach und seiner Mineralquelle, die den Ruf hatte, bei der Heilung von Verbrennungen zu helfen, getragen oder gefahren worden waren, oder sie waren selbst dorthin gewankt. Die örtlichen Bauern hatten die armen Opfer sehr großzügig willkommen geheißen. Ein Nachbar, Takami-san, hatte über hundert Leute beherbergt.

Viele waren auf groteske Weise aufgedunsen und lagen im Sterben, doch anderen, mit Glas-, Beton- und Holzsplittern in ihrem Körper, konnte geholfen werden. Seine kleine Mannschaft von Überlebenden aus der Röntgenabteilung traf sich am nächsten Tag mit ihm und sie beschlossen, eine mobile medizinische Einheit zu bilden und in Koba zu starten, selbst wenn es ihnen an allen möglichen Medikamenten und Instrumenten mangelte. Sie machten sich frühmorgens auf den Weg und behandelten Menschen im gesamten Tal, zogen ihnen Glassplitter und Splitter aus anderen Materialien aus dem Körper und behandelten eiternde Wunden. Sie stellten fest, dass die Mineralquelle bei Verbrennungen tatsächlich half, doch sie konnten fast nichts für die vielen Opfer der Strahlenkrankheit tun. Es gab stets zu viele Patienten und sie gingen jeden Abend erschöpft sehr spät nach Hause.

Doch nicht alles war eine schwere Arbeit. Der Stadtmensch Nagai spricht von der wehmütigen Erfahrung, »... den Duft des Sommergrases einzuatmen und unseren Schmutz und die Müdigkeit in den rauschenden Bergbächen wegzuwaschen«. Als er die entlegene Landstraße entlangging, sah er überall Symbole seines neuen Leitgedankens. Die Berge, die dort unverrückbar den Angriffen der starken Winde, dem Nebel und dem Regen standhielten, waren Fingerabdrücke eines stets treuen Gottes. Wenn die Nächte in der Berglandschaft klar waren, schaute er gebannt in den Himmel hinauf, der mit Sternen übersät war. Das Sternbild der *Virgo* (»Jungfrau«) brachte ihn zum Nachdenken. Entsprechend der alten griechischen Legende war *Virgo* so verzweifelt über die bösen Wege, die die Menschen einschlugen, dass sie von der Erde floh, um einen tugendhaften Platz im Himmel zu finden. Sie war so wie Hamazaki und all die Schwestern in seiner Abteilung, die durch die schrecklichen militärischen Einsätze ums Leben gekommen waren. Wie traurig, dass diese jungen Frauen nie die Umarmung eines Ehemanns oder das Lächeln von Kindern miterleben würden!

Schon lange vor dem Monat August waren die japanische Marine und die Luftwaffe angeschlagen gewesen, wodurch die Einheiten der Kaiserlichen Armee, die auf dem asiatischen Festland und in Japan stationiert waren, praktisch erfolglos waren. US-Flugzeuge bombardierten die Fabriken und Häfen beinahe willkürlich und die vernünftigen Führungskräfte in Japan wussten, dass der Krieg verloren war. Sie waren zum Frieden bereit. Premierminister Suzuki sandte Außenminister Togo nach Moskau, um Russland für Friedensverhandlungen mit dem Westen zu verpflichten, doch Russland wartete, bis Japan schwach genug war, um problemlos angegriffen werden zu können. Eine einflussreiche Gruppe Amerikaner versuchte, das Weiße Haus zu überzeugen, dass eine »bedingungslose Kapitulation« in Japan nur auf sehr wenig Akzeptanz stoßen würde, weil sie die Position des Himmlischen Herrschers, des Kaisers, nicht berücksichtigte. Führend in dieser Gruppe war Joseph Grew, der vor dem Ausbruch des Krieges im Pazifik US-Botschafter in Tokio gewesen war. Der Historiker Toland schreibt, dass Grew »... ein seltenes Verständnis und eine besondere Zuneigung zu Japan und zu der japanischen Kultur hatte«. Grew begründete dies mit seiner zehnjährigen Erfahrung als Botschafter in Japan und seinem Einblick in die Entstehung des Krieges. Er bestand darauf, dass der Kaiser kein Kriegsverbrecher war und sogar versucht hatte, den Krieg zu verhindern. Die meisten Japaner, fuhr er fort, würden sich einer Kapitulation widersetzen, die dazu führen könnte, dass ihr Kaiser als Kriegsverbrecher vor Gericht gestellt würde. Sie würden bei einer Besetzung, die solch ein Sakrileg billigt, nicht kooperieren. Grew wurde von einigen Fernostexperten des Außenministeriums – Dooman, Ballantine und Professor Blakeslee – sowie vom stellvertretenden Kriegsminister McCloy entschieden unterstützt. Doch ihr Einwand wurde abgewiesen. Die Alliierten veröffentlichten am 26. Juli 1945 die Potsdamer Erklärung zur bedingungslosen Kapitulation Japans. Der achtundsiebzigjährige Premierminister Suzuki sehnte sich nach Frieden, jedoch nach einem Frieden, der den Kaiser beschützte. Am 28. Juli antwortete er den Alliierten mit dem Wort

Mokusatsu, das »Ablehnung« bedeutet. Das japanische Volk akzeptierte die Entscheidung und war bereit, die Zähne zusammenzubeißen angesichts der bevorstehenden Landung der Amerikaner und der zu erwartenden schweren Kampfhandlungen. Die japanischen Medien meldeten die Nachricht des Atombombenabwurfes über Hiroshima am 6. August 1945 nicht.

Um elf Uhr am Morgen des 9. August saß der Oberste Kriegsrat zusammen, um die Forderungen von Potsdam angesichts der neuen Entwicklung in Hiroshima zu diskutieren. Der Kaiser nahm, wie es die Tradition erforderte, an dem Treffen als passiver Beobachter teil. Drei der sechs Ratsmitglieder waren für eine bedingungslose Kapitulation – Premierminister Suzuki, Außenminister Togo und der Marineminister Admiral Yonai. Die anderen drei waren entschieden dagegen – Kriegsminister General Anami, Armeechef General Umezu und der Chef der Marine Admiral Toyoda. Es war eine hoffnungslose Pattsituation und das Treffen wurde vertagt.

Einige Stunden später hörte der Kaiser von dem zweiten Atombombenabwurf über Nagasaki und war tief bedrückt. Wenn er weiterhin passiv »regierte«, träfe ihn dann nicht eine Mitschuld, wenn sein Volk vernichtet würde? Er fällte eine einsame Entscheidung und verlangte, dass sich der Oberste Kriegsrat, alle Minister des Kabinetts und alle hohen kaiserlichen Beamten mit ihm um Mitternacht in seinem Luftschutzbunker treffen sollten. Als sie seiner Aufforderung nachgekommen waren und sich in seinem Bunker versammelt hatten, verkündete er kurzerhand, dass Japan die in der Potsdamer Erklärung geforderten Bedingungen akzeptieren würde. Die Anwesenden waren genauso sprachlos, als ob ein zweitausend Jahre alter Kranich aus Stein plötzlich gesprochen hätte! Die meisten Zuhörer schluchzten und einigen weinten offen. Der Kaiser sagte, dass er diese Botschaft der Nation selbst überbringen werde und dass seine Rede über Radio ausgestrahlt werden sollte. Damit schuf er erneut einen Präzedenzfall.

Als Nagai und den anderen Bewohnern Japans mitgeteilt wurde, dass sie sich am 15. August um zwölf Uhr mittags an ihrem Radio einfinden sollten, vermuteten sie, dass sie ermahnt werden sollten, die Amerikaner genauso zurückzuweisen, wie ihre Vorfahren die mongolische Horde im 13. Jahrhundert zurückgewiesen hatten. Sie waren sprachlos, als sie die hohe Stimme vom Chrysanthementhron aus hörten, die ihnen über den Äther verkündete, dass sie »... das Unerträgliche ertragen und das Nichterduldbare erdulden müssten«. Das hieß bedingungslose Kapitulation. Überall in Japan brachen die Menschen in Tränen aus. Viele fielen voller Trauer auf die Knie und verneigten sich mit der Stirn am Boden in Richtung des Kaisers. Nagai schreibt über den Schock, den die »bedingungslose Kapitulation« bei ihm auslöste: »Unser Japan, symbolisiert durch den Berg Fuji, der durch die Wolken bricht; es ist der erste Berg, der von den Sonnenstrahlen berührt wird, wenn die Sonne im Osten aufgeht: Unser Japan ist am Ende! Unser Volk raste in den Abgrund!«

Wilde Gerüchte grassierten: Die Amerikaner würden alle japanischen Männer töten und die Frauen vergewaltigen, um eine Rasse von Bastarden hervorzubringen. Nagai und sein Team wussten nicht, was geschehen würde, doch sie befürchteten, dass die bedingungslose Kapitulation die Zerschlagung Japans und das Ende ihrer Kultur bedeutete. Japan könnte wie Indien zu einer ohnmächtigen Kolonie werden. Sie verloren ihre ganze Willenskraft, um ihren Dienst der Barmherzigkeit weiterzuführen, und saßen den ganzen Tag lustlos da und rührten am Abend keine Nahrung an.

Am nächsten Morgen, nachdem sie ein kleines Frühstück nahezu schweigsam zu sich genommen hatten, saßen sie noch immer teilnahmslos da und machten noch nicht einmal den Versuch, das Geschirr abzuwaschen. Da erschien ein Mann an der Tür und fragte nach einem Arzt, der seinen kranken Freund besuchen sollte. Nagai fuhr ihn ärgerlich an: »Ein kranker Mann macht keinen Unterschied mehr, wenn die ganze Nation dem Untergang geweiht ist.« Der erschrockene Mann ging deprimiert weg und sie beobachteten, wie er über die Felder nach Hause zurückging. Plötzlich verspürte Nagai einen Sinneswandel und schickte die »Kleine Bohne« hastig hinter ihm her. Die müde Gruppe folgte Nagai und sie begannen erneut mit ihren medizinischen Rundgängen. Ihre Ausdauer war jedoch spürbar reduziert und sie wiesen nun ebenfalls Symptome der Strahlenkrankheit auf – Fieber, eine abnorme Anzahl von weißen Blutkörperchen, Haarverlust, Zahnfleischbluten, Erschöpfung. Am 8. September 1945 zeigten sich bei Nagai massive Symptome der Strahlenkrankheit. Seine Temperatur stieg auf über vierzig Grad Celsius und blieb eine Woche lang konstant so hoch. Sein ganzer Körper sah wie angeschwollen aus und sein Gesicht war aufgedunsen wie ein Fußball. Das Fleisch um die Wunde an seiner Schläfe war abgestorben und hinterließ eine klaffende Wunde, die von Neuem zu bluten begann. Dr. Tomita und Schwester Morita wechselten sich mit dem Abpressen seiner Schläfenarterie bei Tag und Nacht ab, ansonsten wäre er innerhalb von drei Stunden verblutet. Er hatte ohnehin schon viel Blut verloren und sein Puls und Herzschlag wiesen eindeutige Symptome auf, die darauf hindeuteten, dass es mit ihm zu Ende ging. Jemand gab ihm eine Spritze. Ah, Nikethamid[33], dachte Nagai, nach dem Schmerz zu urteilen. Pater Tagawa kam und Nagai bat darum, eine Generalbeichte ablegen zu dürfen. Danach empfing er die Eucharistie und »… erlebte einen großen Frieden. Ich war bereit zu sterben.« Er bat um einen Pinsel und um chinesische Tusche für sein *Jisei no uta,* das traditionelle Abschiedslied. Seit der Antike besteht der Kodex *Bushidō,* der besagt, dass ein wahrer *Samurai* ruhig und selbstbeherrscht stirbt. Er hinterlässt ein Abschiedsgedicht für seine Familie und seine Freunde, in dem häufig die ihn umgebende Schönheit der Natur gepriesen wird.

Nagai fand die Inspiration für sein Abschiedslied in dem klaren Herbsthimmel, den er durch sein Fenster sehen

[33] Nikethamid bewirkt eine Atem- und Kreislaufstimulation (Anm. d. Verl.).

konnte. Er schrieb mit schwachen Pinselstrichen und sagte *Sayōnara* (»Adieu«) zu einer Welt, die ihm so viel Freude geschenkt hatte:

Hikari tsu tsu Aki-zora takaku … Kie ni Keri.
(»Ein hoher und leuchtender Herbsthimmel …
Ich nehme Abschied.«)

Kurz, nachdem er sein Gedicht geschrieben hatte, wurde er bewusstlos. Als er die Augen wieder öffnete, bemerkte er, dass sein Atmen sich verschlechtert hatte und er rechnete damit, dass sein Tod in nur wenigen Stunden eintreten würde. Während er Dr. Tomita anschaute, der seine Schläfenarterie abpresste, murmelte er: »Cheyne-Stokes-Atmung«, und Tomita antwortete: »Ja.« Nagais Brust fühlte sich nun so an, »… als ob ein leeres Automobil darin umherfahren würde«. Dr. Fuse war inzwischen nach Nagasaki gegangen, in der Hoffnung, dass einige Kollegen an der Universität ihm einen Rat oder ein Medikament geben könnten, das Nagai helfen würde. Er fand schließlich drei Professoren von der Medizinischen Fakultät der Universität, die Doktoren Cho, Kageura und Koyano. Als Fuse die Symptome beschrieb, erhielt er von allen dieselbe Antwort: »Nagai liegt im Sterben und man kann nichts mehr für ihn tun.«

Nagai, der immer wieder ins Koma fiel, erkannte nun, dass er weder seinen Kopf bewegen noch seine Augen öffnen konnte, und er dachte, dass bald schon die Krämpfe beginnen würden. Er konnte die Gebete und die Stimme seines Sohnes hören. Dies weckte einen neuen Lebenswillen in ihm. Er hörte eine Frauenstimme, die beruhigend sprach. Ah, das war die Großmutter. »Dies ist Wasser von der Grotte Unserer Lieben Frau vom Hongochi-Kloster«, murmelte sie sanft. Ihre Worte riefen ein sehr deutliches Bild von der Lourdes-Grotte und dem ermutigenden Gesicht von Maria, der Muttergottes, hervor. Nagai fuhr fort: »Ich hörte – wie, das weiß ich nicht, doch ich allein hörte es und ich hörte es deutlich – es war eine Stimme, die mir sagte, dass ich Pater Maximilian Kolbe bitten sollte, für mich zu beten. Ich tat, was mir gesagt wurde, und bat Pater Kolbe um seine Fürbitte. Dann wandte ich mich an Christus und sagte: ›Herr, ich übergebe mich in deine göttlichen Hände.‹«

Schwester Morita, die die zerstörte Arterie zusammenpresste, wendete sich plötzlich an Dr. Tomita und sagte: »Die Blutung hat aufgehört!« Die große Wunde, die auf kein Medikament angesprochen hatte, war ohne medizinische Hilfe geheilt worden. Nagai beschrieb diese Erfahrung ausführlich in einem seiner späteren Bücher. Auch wenn er anmerkte, dass man bei einer wundersamen Heilung stets falsch liegen könne, sagte er doch, dass er und die anwesenden Ärzte glaubten, dass seine Genesung ein Wunder war. Er fügte schnell hinzu, dass Wunderheilungen kein Zeichen für die Heiligkeit der Person seien, und wies darauf hin, dass es an Orten wie in Lourdes Menschen mit geringem oder keinem Glauben gab, die ebenfalls zu den Fällen gehörten, deren Heilung die Ärztevereinigungen als medizinisch unerklärlich deklariert hatten.

Nagai glaubte, dass er seine Genesung Pater Kolbe verdankte. Kolbe war ein polnischer Franziskaner, der 1930 nach Japan gekommen war. Er hatte in Nagasaki ein Kloster gegründet und hinter diesem Kloster eine Lourdes-Grotte errichtet, die heute zu einem nationalen Pilgerort geworden ist. Das marianische Monatsblatt, das er ins Leben gerufen hatte, ist bis heute noch die meistgelesene Zeitschrift der Katholiken in Japan. Nagai kannte ihn gut und hatte ihn einmal auf Tuberkulose geröntgt. 1936 war Kolbe als Prior in ein sehr großes Kloster nach Polen zurückberufen worden. Unter ihm begann das Kloster, verschiedene katholische Zeitschriften herauszugeben, die wöchentlich in einer Auflage von mehreren Millionen Exemplaren verkauft wurden. Sein Einfluss erregte schon bald die Aufmerksamkeit der Nazis, die Polen besetzt hatten und die jede Form des »Widerstandes« zerschlagen wollten. Im März 1941 wurde er verhaftet und erhielt in Auschwitz die Nummer 16670. Als im Juli ein Gefangener floh, ließ Kommandant Fritsch den gesamten Block in Reihen aufstellen und wählte willkürlich zehn Gefangene aus, die als Vergeltungsmaßnahme für die Flucht hingerichtet werden sollten. Es wurde der Befehl erteilt, sie in den Hungerbunker zu bringen und ohne Nahrung und Wasser dort zu lassen, bis sie »... wie Tulpenzwiebeln vertrocknet waren«, wie Fritsch es ausdrückte. Feldwebel Franciszek Gajowniczek war einer der zum Tod bestimmten Männer. Er schrie laut: »Meine arme Frau und meine Kinder.« Da trat Kolbe vor und sagte, dass er keine Familie habe und deshalb bereit sei, den Platz des Feldwebels zu übernehmen. Kolbe und die anderen neun wurden am 31. Juli in den Hungerbunker gebracht und bis zum 14. August waren dort alle außer Kolbe bereits gestorben. Ein Krankenwärter wurde zu ihm geschickt, um auch ihn mit einer Injektion Karbolsäure zu töten.

Die Nachrichtensperre verhinderte, dass die Nagais irgendetwas hiervon erfuhren. Dennoch dachte Midori manchmal an Pater Kolbe, wenn sie ihre Wallfahrt zu der Lourdes-Grotte machte, die er gebaut hatte. Großmutter verwendete Wasser aus genau diesem Heiligtum, um die Lippen des sterbenden Arztes zu befeuchten, doch sie erwähnte dabei Kolbe nicht, auch niemand sonst im Zimmer. Nagai selbst hatte keinen Zweifel daran, dass er seine Heilung Kolbes Fürbitte verdankte. Pater Kolbe war zur damaligen Zeit noch nicht heiliggesprochen, doch heute besuchen die meisten Christen, die eine Wallfahrt nach Nagasaki machen, sowohl Kolbes Heiligtum als auch Nagais Hütte. Das ist angemessen, denn irgendwie wurden die schrecklichen Farben der Flammen von Auschwitz und Nagasaki durch die Herzen dieser beiden Männer aufgenommen und in klares Licht verwandelt.

Nagais Zeichnung der Statue der Schmerzensmutter, die am Eingang der Urakami-Kathedrale in den Ruinen stehen blieb.

24.

Woher kommt Trost und Hilfe?

Nagais erstaunliche Genesung geschah am 5. Oktober. Zu dieser Zeit hatten die medizinischen Teams der Regierung die Versorgung übernommen und Nagais Mannschaft konnte in ihre eigenen Häuser zurückkehren. Nagai verbrachte eine Zeit der Trauer und betete für Midori und die übrigen Verstorbenen vom Universitätskrankenhaus. Während dieser Zeit folgte er einer alten östlichen Tradition: Er schnitt sich weder die Haare noch den Bart und lebte so bußfertig wie möglich. Er kehrte auch wieder nach Urakami zurück und befasste sich mit dem Problem der verbleibenden Strahlung. Leider hatte er keine Instrumente zur Verfügung, doch als er lebende Ameisen und Regenwürmer entdeckte, war er überzeugt, dass der Herbstregen den Großteil des radioaktiven Niederschlages weggewaschen hatte. Die wilden Gerüchte, dass siebzig Jahre lang kein Leben mehr möglich sei, stellten sich als falsch heraus. Für ihn galt: Zurück an die Arbeit, wie die Ameisen es machten! Mit der Unterstützung einiger Freunde baute er eine kleine Hütte, indem er verkohlte Balken mit den übrig gebliebenen Steinmauern seines Hauses verband und die Konstruktion dann mit einem Dach aus von der Hitze verbogenen Blechteilen versah. Seine Kinder wollten bei ihrem Vater sein und so zogen sie und die Großmutter mit ein. Achttausend Katholiken waren in Urakami gestorben, doch andere waren nicht in der Stadt oder durch ihren Dienst in der Armee in japanischen Kolonien stationiert, als die Bombe fiel. Viele beherzigten Nagais Aufruf, den Vorort wieder aufzubauen, und sie errichteten weitere

Hütten rund um seine. Die verbliebenen Mitarbeiter der Universität erstellten einen Plan für eine neue Universität und Nagai beteiligte sich daran tatkräftig.

Nagai kehrte an den Ort zurück, an dem Midori und achttausend Christen gestorben waren, »... damit ich mich mit der Bedeutung dieses Ereignisses auseinandersetzen konnte«. Einige Leute meinten, dass die Atombombe offensichtlich *Tenbatsu,* die Bestrafung des Himmels, war. Da verkündete der Bischof seine Pläne für eine Totenmesse unter freiem Himmel und er bat Nagai, als Vertreter der Laien zu sprechen. Nagai bemühte sich sehr, eine Bedeutung für den Abwurf der Atombombe zu finden. Als er dabei über zwei Ereignisse nachdachte, führte ihn das zu einer erstaunlichen Erkenntnis: Schwester Kosasa und einige andere aus der Radiologie hatten Frauen gehört, die um Mitternacht nach dem Bombenabwurf lateinische Choräle sangen. Sie waren zu erschöpft, um weiter darüber nachzudenken, doch am nächsten Morgen kamen sie an dem Platz vorbei und entdeckten die nahezu unbekleideten Körper von siebenundzwanzig Nonnen aus dem Josei-Konvent. Die Explosion hatte das Kloster zerstört, einige Nonnen an Ort und Stelle getötet und die anderen mit schrecklichen Verbrennungen zurückgelassen. Diese hatten sich um einen kleinen Bach in der Nähe gruppiert und waren offensichtlich qualvoll gestorben – doch sie starben singend!

Das andere Ereignis betraf Mädchen aus Junshin, einer Schule, in der Midori unterrichtet hatte und die von Nonnen geleitet wurde, die Nagai gut kannte. Als die Luftangriffe zunahmen, hatte die Schulleiterin, Schwester Ezumi, die ganze Schule jeden Tag einen Choral mit der Bitte um Gottes Schutz singen lassen. Die Eingangszeile lautete: »Maria, Mutter! Ich gebe mich dir selbst hin, Körper, Seele und Geist.« In den besonders unheilvollen Tagen des Jahres 1945 sangen die Mädchen diesen Choral sehr ernsthaft. Am Morgen des 9. August hatten viele Junshin-Mädchen in den Fabriken von Tokitsu und Michino gearbeitet. Einige wurden sofort getötet, während andere von umherfliegendem Glas und Dachblech verwundet wurden und sich durch die Infrarot-Strahlen schlimme Verbrennungen zugezogen. Außerdem litten sie unter dem schrecklichen Durst, der charakteristisch für die Atombombenopfer ist. Im Verlaufe der nächsten Tage und Wochen hörte Nagai etliche Geschichten über kleine Gruppen von Junshin-Mädchen, die sich auf einem Feld, bei einer provisorischen Medikamentenausgabe oder unten am Fluss trafen. Die meisten waren schwer verletzt und viele sollten innerhalb weniger Tage sterben, doch sie ermutigten sich immer noch gegenseitig und sangen die Verse ihres Chorals »Mutter Maria, ich gebe mich dir hin«.

Nagai saß auf einem Trümmerhaufen in den Überresten der Kathedrale und dachte über seine Ansprache bei der Messe unter freiem Himmel nach. Im Dämmerlicht sahen die quer übereinanderliegenden verkohlten Balken wie die schwarzen Äste von Pflaumenbäumen im Winter aus – schwarz, wie der Regen und die Sonne am 9. August und wie die Sonne im Buch der Offenbarung! Er blickte auf den zerbrochenen Altar ... das Lamm, das geschlachtet wurde! Dem Lamm aus der Offenbarung folgte auf all seinen Wegen, »... ein weiß gekleideter Chor von singenden Jungfrauen«. Plötzlich hatte er eine Vision. Die kleine Gruppe der Josei-Nonnen und die Mädchen aus Junshin waren gestorben, während sie »das neue Lied« sangen, das sie durch das Lamm gelernt hatten. Es war das Lied über die erlösende Dimension von Leiden und Tot. Der Opfertod auf Golgatha bekam eine Bedeutung und brachte Schönheit in das Inferno mit dem Tod so vieler Opfer in Nagasaki. Er nahm einen Stift und schrieb schnell ein *Tanka*-Gedicht nieder:

Hansai no hono no naka ni utai tsutsu
Shira yuri otome moe ni keru kamo.

(»Jungfrauen wie weiße Lilien,
verzehrt als brennendes Ganzopfer
in den brennenden Flammen.
Und sie sangen.«)

Nagai wusste nun, was er am 23. November 1945 zu den bandagierten, humpelnden, von Brandwunden entstellten und demoralisierten Katholiken sagen würde, die sich neben der zerstörten Kathedrale versammelt hatten, um an einer Totenmesse für die Verstorbenen teilzunehmen. Als er mit seiner Ansprache an der Reihe war, stand er ein bisschen wacklig auf und sah dabei aus wie ein *Sennin,* ein alter Bergschamane, mit seinen ausgemergelten Gesichtszügen, mit Bart und nicht geschnittenem Haar.

Mit einer langsamen Verbeugung vor dem Priester in liturgischem Gewand und einer weiteren vor der versammelten Gemeinde begann er: »Am Morgen des 9. August fand ein Treffen des Obersten Kriegsrates im Kaiserlichen Hauptquartier in Tokio statt, bei dem entschieden werden sollte, ob Japan sich ergeben oder weiter Krieg führen würde. In diesem Moment stand die Welt an einem Scheideweg. Eine Entscheidung musste getroffen werden – Frieden oder weiteres grausames Blutvergießen und Gemetzel.«

»Und genau zu dieser Zeit, um 11.02 Uhr, explodierte eine Atombombe über unserem Vorort. In einer Sekunde wurden achttausend Christen zu Gott abgerufen und in wenigen Stunden verwandelten die Flammen diesen altehrwürdigen, heiligen Ort des Fernen Ostens zu Asche.

Um Mitternacht ging unsere Kathedrale plötzlich in Flammen auf und wurde zerstört. Und genau zur selben Zeit gab Seine Majestät, der Kaiser, in seinem kaiserlichen Palast seine ehrwürdige Entscheidung bekannt, den Krieg zu beenden. Am 15. August wurde der kaiserliche Bescheid, der dem Kämpfen ein Ende bereitete, offiziell verkündet und die ganze Welt sah das Licht des Friedens. Der 15. August ist gleichzeitig auch das große Fest von Mariä Himmelfahrt. Es ist bedeutsam, glaube ich, dass die Urakami-Kathedrale der Jungfrau Maria gewidmet war. Wir müssen uns fragen: War diese Konvergenz der Ereignisse, das Ende des Krieges und die Feier ihres Festtags, nur ein Zufall – oder war es die geheimnisvolle Vorsehung Gottes?

Ich habe gehört, dass die Atombombe … eigentlich für eine andere Stadt bestimmt war. Dicke Wolken verhinderten, dass an diesem ersten Ziel die Atombombe abgeworfen wurde, und die amerikanische Flugzeugbesatzung flog zu ihrem zweiten Ziel weiter, nach Nagasaki. Dann trat ein mechanisches Problem auf und die Bombe wurde weiter nördlich als geplant abgeworfen – und explodierte direkt über der Kathedrale … Ich glaube, dass nicht die amerikanische Flugzeugbesatzung unseren Vorort ausgewählt hat, sondern Gottes Vorsehung, sodass die Bombe direkt über unseren Häusern abgeworfen wurde. Gibt es da nicht einen tiefgründigen Zusammenhang zwischen der Vernichtung Nagasakis und dem Ende des Krieges? War Nagasaki vielleicht das auserwählte Opfer, das Lamm ohne Makel, das als brennendes Ganzopfer auf einem Opferaltar getötet wurde und damit für die Sünden aller Nationen während des Zweiten Weltkrieges Sühne leistete?«

Nagai verwendete das Wort *Hansai,* das japanische Wort für das biblische »Brandopfer« bzw. den Opfertod. Die zornige Reaktion von einigen trauernden Anwesenden wurde in dem Film über Nagais Leben mit dem Titel *Children of Nagasaki* des berühmten Filmregisseurs Keisuke Kinoshita gut festgehalten. Einige in der Versammlung standen auf und riefen erbost, dass Nagai bloß nicht versuchen solle, die Gräueltat, die ihren Familien angetan worden war, mit frommen Worten zu rechtfertigen! Nagai war weder verärgert noch überrascht. Da er ebenfalls durch das dunkle Tal gegangen war, in dem sie sich noch befanden, konnte er ihre Reaktion nachempfinden. Er fuhr in seiner Ansprache mit ruhiger Autorität fort, die sie zum Schweigen zwang.

»Wir sind Erben von Adams Sünde – und von Kains Sünde. Er tötete seinen Bruder. Ja, wir haben vergessen, dass wir Gottes Kinder sind. Wir haben uns den Götzen zugewendet und die Liebe vergessen. Wir hassten einander, töteten einander, ja wir töteten einander mit Freude! Zu guter Letzt fand der böse und schreckliche Konflikt ein Ende, doch Reue allein reichte für den Frieden nicht aus … Wir mussten ein gewaltiges

Opfer darbringen … Städte wurden dem Erdboden gleichgemacht, doch auch das war nicht genug … Nur dieses *Hansai* in Nagasaki genügte – und in diesem Moment inspirierte Gott den Kaiser, die ehrwürdige Proklamation herauszugeben, die den Krieg beendete. Die christliche Herde von Nagasaki war in den drei Jahrhunderten der Verfolgung im Glauben treu geblieben. Im jüngsten Krieg betete sie unermüdlich für einen dauerhaften Frieden. Hier war das eine reine Lamm, das als *Hansai* auf seinem Altar geopfert werden musste, damit Millionen Menschenleben gerettet werden konnten.«

Nagai kam nun auf die Liturgie der Osternacht zu sprechen, bei der vor Anbruch der Dämmerung die große Osterkerze in der Dunkelheit entzündet wird, eine Zeremonie, die jedes Jahr in der Kathedrale durchgeführt wurde. »Wie edel, wie großartig war jenes Brandopfer um Mitternacht des 9. August, als die Flammen von der Kathedrale aufstiegen, die Dunkelheit vertrieben und das Licht des Friedens brachten. In den tiefsten Tiefen unserer Trauer waren wir imstande, auf etwas *Schönes, Reines und Erhabenes* zu blicken!«

Zum Schluss wandte Nagai sich dem Berg der Seligpreisungen und dem Hügel von Golgatha außerhalb von Jerusalem zu: »Selig sind die Trauernden, denn sie sollen getröstet werden. Wir müssen den Weg der Wiedergutmachung gehen – verlacht, ausgepeitscht, bestraft für unsere Verbrechen, schwitzend und blutend. Doch wir können die Augen unseres Herzens auf Jesus richten, der sein Kreuz auf den Hügel von Golgatha trug … ›Der Herr hat gegeben, der Herr hat genommen. Gepriesen sei der Name des Herrn.‹ Lasst uns *dankbar* sein, dass Nagasaki als brennendes Ganzopfer auserwählt wurde! Lasst uns dankbar sein, dass die Welt durch dieses Opfer Frieden erhalten hat und Japan die religiöse Freiheit.« Als Nagai seine Rede beendet hatte und sich hinsetzte, trat eine tiefe Stille ein. Seine Erkenntnis, dass die Vorsehung Gottes sogar in dem Gräuel des 9. August am Werk gewesen war, hatte tiefgreifende Auswirkungen auf die Zuhörer, und – wie es später in seinen Büchern wiederholt wurde – auch auf die Nichtchristen in Nagasaki und in ganz Japan.

Nagai ließ sich in seiner kleinen Hütte nieder, die weder wind- noch wetterfest und, wie sich im Winter bald zeigen sollte, auch nicht schneesicher war. Nach dem Stand der neuesten medizinischen Forschung hatte er noch eine Lebenserwartung von zwei bis drei Jahren. Seine Hauptsorge galt seinen Kindern, seiner vierjährigen Tochter und seinem zehnjährigen Sohn. Er war entschlossen, so viel Zeit wie möglich mit ihnen zu verbringen, und hoffte, dass er sie »zur Eigenverantwortung erziehen konnte«. In einer Gesellschaft und Wirtschaft, die durch den verheerenden Krieg zerstört war, würden es nur die verantwortungsvollen Menschen schaffen. Diese primitive Hütte sollte ihr Klassenzimmer werden. Er hatte der Großmutter von seinen Plänen erzählt und sie hatte diese, immer noch zu benommen um zu diskutieren, einfach akzeptiert. Ihre erste Küche war eine Feuerstelle im Freien, ihre Gerätschaften waren ein Eisentopf ohne Henkel und ein Tonkrug mit einem zerbrochenen Hals.

Zwei Verwandte, die nicht wussten, wohin sie gehen sollten, schlossen sich ihnen an. Damit sie im Inneren der Hütte genug Platz für sechs Personen hatten, mussten sie sich nachts in abwechselnder Richtung ins »Bett« legen – der erste Kopf lag am nördlichen Ende, der zweite am südlichen usw. Anfangs hatten sie nur eine Decke für jeden, doch diese Art zu schlafen hielt sie warm. Die meisten Kleidungsstücke und ihr komplettes Bettzeug waren durch den Bombenabwurf verschwunden. Der Winter kam und Regen und Schnee wehten in die Hütte hinein und dennoch zogen sie sich keine Erkältung zu. Nagai dachte, dass dies der Strahlendosis in Urakami geschuldet sei. Er hatte bemerkt, dass der Weizen, der der Strahlung ausgesetzt gewesen war, überall sehr schnell aufkeimte. Auch der Mais ging schnell auf, doch er hatte keine Körner. Die Ackerwinden entwickelten unmittelbar nach der Bombenexplosion neue Ranken, doch die Blüten waren klein und die Blätter deformiert. Das grüne Gemüse gedieh, während die Süßkartoffeln zwar fast sofort aufgingen, aber keine Ernte einbrachten.

Professor Suetsugu, der nun die Röntgenabteilung an der renommierten Universität in Kyoto leitete, kam, um seinen alten Kollegen zu besuchen, der seine Stelle als Dekan in Nagasaki übernommen hatte. Nagai hatte, außer in seiner Hütte, keinen anderen Platz, um sich mit ihm zu treffen. Jeder kultivierte Hauseigentümer in Japan bringt seine Gäste in den Alkoven, *Tokonoma.* Dies ist eine hohe, wenn auch flache Nische auf einem etwas erhöhten Podest, die zur Hälfte von einem Zypressenbalken eingerahmt ist, der naturbelassen bleibt, damit man seine natürliche Maserung sieht. Im Inneren des Alkovens hängt üblicherweise eine Schriftrolle mit einer Kalligrafie oder einem kurzen Gedicht aus der klassischen chinesischen Literatur. Nagais Ein-Zimmer-Hütte hatte keinen Fußboden, geschweige denn eine *Tokonoma,* doch Suetsugu zog einen Pinsel heraus und schrieb ein klassisches chinesisches Gedicht auf ein Stück weißes Papier:

Mu ichi butsu dokoro mu jin zo!

(»Es gibt hier keinen einzigen Gegenstand, und doch ist es eine unerschöpfliche Schatzkammer!«)

Nagai war begeistert. Genau das hatte er seinen Kindern erzählt. Er hängte das Gedicht an die Wand und es bedeutete ihm mehr als der wunderschöne Alkoven, *Tokonoma,* und die klassischen Schriftrollen in seinem alten Zuhause.

Ein alter Mann holte aus einem nahe gelegenen Brunnen Wasser. Die Bombe hatte einen Menge Schutt in den Brunnen geschleudert und er musste den Eimer bis ganz auf den Grund sinken lassen und sich abmühen, um Waser zu bekommen. »Schau dir das an, Sohn«, sagte Nagai zu seinem Sohn Makoto. »Unser Leben sieht jetzt genauso aus. Wir schaben auch am Grund. Wir müssen fast ganz von vorn beginnen und Fundamente im Dunkeln ausheben. Doch mit Geduld und Glauben können wir es schaffen, Junge. Gott ist mit uns.«

Ein wenig später sah Nagai einen jungen Bekannten, der ziellos auf die nukleare Wüste blickte. Er war eines der jüngsten

Mitglieder der Vinzenzgemeinschaft gewesen, als er vor einigen Jahren in die Marine eingezogen wurde. Am Ende des Krieges kämpfte er in einem Rückzugsgefecht in den Dschungeln des Südpazifiks mit einem bunt zusammengewürfelten Haufen, der schon lange über keine Nahrungsmittel und Medikamente mehr verfügte. Geschwächt von Malaria hatte er jede Faser seiner Willenskraft benötigt, um sich nicht in den Schlamm des Dschungels zu legen und dem Fieber nachzugeben, das ihn in die gnädige Bewusstlosigkeit hätte hineinführen können. Der Gedanke an seine Eltern, die ihn brauchten, hatte ihn weiterkämpfen lassen. Zurück in Urakami hatte er nun feststellen müssen, dass seine Eltern am 9. August gestorben waren, ohne ein Spur von sich zu hinterlassen. Er saß auf einem geschwärzten Stein neben der Stelle, an der das Haus gestanden hatte, und brach plötzlich zusammen und weinte wie ein Kind. Nagai, der ihn beobachtet hatte, ging zu ihm hinüber und legte wortlos seinen Arm um ihn. Die Schultern hörten auf zu zittern und der ausgemergelte ehemalige Soldat sagte: »Ich ging in diesem Dschungel durch die Hölle, doch ich machte für sie weiter. Jetzt sind sie tot und alles, was ich durchgemacht habe, ist bedeutungslos! Ich will von hier weg, so weit weg, dass mich nichts je wieder an Urakami erinnert.« – »Ja«, sagte Nagai, »ich kann dieses Gefühl verstehen. Doch wenn du weggehst und vergisst, wird ihr Tod und all ihre Schmerzen nur wenig Bedeutung für dich haben. Wenn du hier in Urakami bleibst und eine Hütte wie unsere baust, dann hältst du ihre Namen am Leben und gibst ihrem Leiden eine enorme Bedeutung.« Der junge Mann blieb und baute eine Hütte an der Stelle, wo das frühere Haus gestanden hatte, und ein Jahr später verbeugte er sich tief vor Nagai, als er ihm seine zukünftige Braut vorstellte.

Füllfederhalter und Tinte waren nur schwer zu bekommen und Nagai begann sein erstes Buch mit einem Bleistift zu schreiben. Es war ein hundertseitiger medizinischer Bericht über seine Erfahrungen und Beobachtungen bei den Behandlungen der Atombombenopfer in den Monaten nach dem

9. August. Seine Absicht war, mit dem Schreiben des allerersten wissenschaftlichen Berichts über die Auswirkungen einer Atombombenexplosion den Ärzten zu helfen, die vielen Opfer zu behandeln, die in Nagasaki und Hiroshima ihr Leben fristeten. Seine Abhandlung hatte den Vorteil, dass sie von einem Strahlenexperten kam, der selbst unter einer doppelten Dosis Strahlung litt, und das Buch erwies sich als großer Gewinn für die medizinische Wissenschaft.

Mehrere Freunde wollten für Nagai eine gute Frau unter den vielen Kriegswitwen suchen, die ihm und seinen Kindern helfen könnte. Nagai dachte ernsthaft darüber nach, doch dann lehnte er ab. Er beschrieb seine Gründe: »Es ist schrecklich, wenn ein Kind seine Mutter verliert – viel schlimmer, als einen Vater zu verlieren. Meine beiden Kinder haben wunderschöne Erinnerungen an Midori. Wenn durch mich eine Stiefmutter in ihr Leben käme, dann würde sie das nur noch mehr durcheinanderbringen.« Und dann gab es auch noch einen persönlichen Beweggrund. Seine Kinder sahen ihrer Mutter sehr ähnlich, besonders seine Tochter. Solange Kayano neben ihm war, schrieb er, konnte er Midori niemals vergessen und den Gedanken nicht ertragen, eine andere Ehefrau auszuwählen.

Er beschloss, dass Japan ein populärwissenschaftliches Buch über die Atombombenexplosion benötigte. Die Grundidee und der Titel kamen ihm an Heiligabend 1945 in den Sinn, mithilfe eines Freundes, Ichitaro Yamada. Vor dem Monat August hatte die Urakami-Kathedrale zwei Glockentürme mit entsprechenden Kuppeldächern gehabt, in denen zwei große Glocken hingen. Die Kuppel auf der nördlichen bzw. linken Seite war von der Atombombe weit weggeschleudert worden. Ein Teil davon ist immer noch sichtbar, eingebettet in das Ufer des kleinen Wasserlaufs neben der Kathedrale. Diese Glocke war zerbrochen und konnte nicht mehr repariert werden. Die südliche Kuppel fiel mitsamt der Glocke direkt nach unten und wurde unter großen Mengen von Backsteinen, Mauerwerk, verkohlten Tragebalken und Asche begraben.

Yamada war ein Soldat, der auf einer nahe gelegenen Insel stationiert war, als die Atombombe abgeworfen wurde. Er war schleunigst nach Urakami zurückgekehrt, nur um festzustellen, dass seine Frau, seine fünf Kinder und seine Eltern buchstäblich vaporisiert worden waren. Kurz vor dem Verzweifeln besuchte er seinen Freund Nagai. Er musste seinen Zorn bei jemandem hinausschreien. Nagai hörte Yamada zu und nach seinem Ausbruch hörte Yamada Nagai zu, denn er wusste, wie tief die Wunde war, die Midoris Tod in ihm hinterlassen hatte. Nagai deutete an, dass es nur einen möglichen Weg für jemanden gebe, der an das Evangelium glaubt: Er müsse den Atombombenabwurf als Teil der Vorsehung Gottes ansehen, die stets Gutes aus Bösem hervorbringt. Yamada bedeutet »Bergfeld« und Nagai sagte mit einem Lächeln: »Lass uns gemeinsam den Berg der Seligpreisungen erklimmen.« Der zerbrochene Yamada wurde Nagais Jünger. Als der Dezember kam, beschlossen die beiden, dass es sich lohnen könnte, nach der im Schutt versenkten Glocke zu graben. Yamada und mehrere junge Männer machten sich daran, den Schuttberg abzutragen, und am späten Morgen des 24. Dezember konnten sie den oberen Teil der Glocke erkennen. Sie aßen zusammen zu Mittag und Nagai betete mit ihnen den Rosenkranz. Dann machten sie sich mit Feuereifer ans Werk und legten die Seiten der Glocke frei, wobei sie keine Risse entdecken konnten. Yamada baute einen Flaschenzug, damit die Glocke angehoben werden konnte. Sie schien intakt zu sein. Als die Glocke dann endlich sicher an einer dreifüßigen Vorrichtung aus Zypressenpfosten hing, war es bereits dunkel und beinahe achtzehn Uhr. Deshalb beschlossen sie, zum Angelus zu läuten.

Nagai, Yamada und ihre Helfer, die nicht wussten, ob man mit der vergrabenen Glocke noch läuten könnte, hatten den Christen in Urakami nichts von ihrem Projekt erzählt. In jenem Moment saßen diese in zugigen Hütten vor einem dürftigen Abendessen und das Einzige, worauf sie sich freuen konnten, war die düsterste Mitternachtsmesse aller Zeiten in einer ausgebrannten Halle des St. Franziskus-Krankenhauses. Doch plötzlich verwandelte ein echtes Wunder die winterliche Finsternis. Das wehmütige Angelusläuten! Das Glockengeläut war besonders klar zu vernehmen, da es bei den Hütten kein einziges hohes Gebäude mehr gab. Es wirkte für sie so, als ob die Kathedrale aus der Asche auferstanden wäre, um die Geburt Christi zu verkünden. Sie hörten voller Ehrfurcht zu wie die Hirten damals, als der Gesang im Himmel über Bethlehem zu hören war. In dieser Nacht wurde der Titel von Nagais Buch geboren: *Die Glocken von Nagasaki.* Die Botschaft sollte überbracht werden, dass nicht einmal eine Atombombe die Glocken Gottes zum Verstummen bringen konnte.

Papier war rar und ein passender Ort zum Schreiben ebenso, doch das Buch nahm dennoch langsam Gestalt an. Während er schrieb, sah er sich selbst als Sprecher für die zweiundsiebzigtausend Toten sowie für die Waisen, Witwen und Witwer, die zurückgeblieben waren. Das Buch ist ein objektiver wissenschaftlicher Bericht über den Atombombenabwurf, doch es ist in einer allgemein verständlichen Sprache geschrieben. Er erzählt darin sehr viele einfache, aber aufschlussreiche Anekdoten, zum Beispiel: »Es ist Abend und ich liege in meiner Hütte im Bett, mit der vierjährigen Kayano in meinen Armen. Sie ist schläfrig und fast eingeschlafen, doch dann fasst sie intuitiv unter mein Hemd und ergreift meine Brustwarze. Mit einem Schaudern realisiert sie, dass es nicht die Brust ihrer Mutter ist und dass ihre Mutter verschwunden ist. Plötzlich ist sie wach und weint.«

In späteren Büchern beschäftigte er sich tiefgreifender mit dem schwierigen Thema der Atomenergie. In diesem Buch stellte er lediglich die Frage: »Die Atomenergie ist ein Geheimnis, das Gott ins Universum gesetzt hat. Die Wissenschaftler haben dieses Geheimnis entschlüsselt. Wird die Folge davon ein enormer Fortschritt für die Menschheit sein oder wird sie unsere Erde zerstören? Ist die Atomenergie ein Schlüssel zum Überleben oder zur totalen Vernichtung? Ich glaube, dass der einzige Weg, diese Atomenergie richtig einzusetzen, über die authentische Religion führt.«

Eine authentische Religion? Wie findet man sie? Nagai berichtet, wie er und seine kleine Gemeinde eine religiöse Hoffnung in der nuklearen Wüste fanden. Auf der letzten Seite seines Buches durchflutet das Glockengeläut der Kathedrale das Tal der Asche und er kniet mit seinen Kindern nieder, um den Angelus zu beten. Trotz ihrer Armut und ihrem Verlust wissen sie, dass Gott die Liebe ist, und dass das Leid und die Bemühung, weiterhin zu lieben, lohnenswert sind. »Die Menschen ohne Vision gehen zugrunde.« Nagai war zu der Erkenntnis gelangt, dass man diese Vision durch das Gebet erhält.

Genau dieser *Nihon-teki* Nagai, der Nachfahre der *Samurai* und Liebhaber der Klassiker des Fernen Ostens, war in seinem Herzen eins geworden mit jenem Franzosen Pascal – eins in der Liebe zur Wissenschaft und natürlich auch zur Literatur, doch darüber hinaus auch eins in der Sichtweise des Gebetes. Der Psalm 36 bringt das für beide gut zum Ausdruck: »In deinem Licht schauen wir das Licht.«

Mu, ein berühmtes fernöstliches Wort, das als »kein Ding« oder »die Leere« übersetzt werden kann.

25.

Das Gleichnis von der kahlen Hütte

Nagai machte seinen alten Freunden, die nach Urakami zurückgekehrt waren, einen konkreten Vorschlag: Lasst uns einfache Hütten bauen, in denen wir leben, und dann setzen wir unsere ganze Energie dafür ein, das St. Franziskus-Krankenhaus, das Waisenhaus der Schwestern, die Schulen und eine Kirche aus Holz neben der alten Kathedrale zu errichten. Pater Nakata, der nach dem Tod von Pater Nishida, der am 9. August in der Kathedrale gestorben war, als Priester für die Pfarrei verantwortlich war, berief eine allgemeine Versammlung ein. Er berichtete, dass ein Mann, der einen Wald auf einem nahe gelegenen Berg besaß, genügend Holzbalken für eine neue Kirche spenden wollte. Nagai ergriff das Wort: »Mitglieder der christlichen Gemeinde von Urakami, wir wollen uns unsere Prioritäten dadurch bekunden, dass wir zuerst die Kirche bauen. Eine Kirche aus Holz wird ausreichen, bis wir die Kathedrale wieder aufbauen können.« Dem Antrag wurde zugestimmt und die körperlich tauglichen unter ihnen – auch Frauen und Mädchen – machten sich mit Feuereifer an die Arbeit. Einige fällten die Bäume und schleppten die Holzstämme aus den Bergen heran. Andere sägten und beizten das Holz und erbauten die Kirche unter der Leitung von Ichitaro Yamada, dem Vorsitzenden der christlichen Zimmermannsgilde von Urakami. Diese Kirche war das erste öffentliche Gebäude, das in dem zerstörten Vorort gebaut werden sollte.

Nagai gab auch wieder Vorlesungen in Radiologie an der Universität, die um den Neubeginn kämpfte und vorübergehend in drei Nachbarstädten untergebracht war. Die Junshin-Mädchenschule war ebenfalls umgezogen und benutzte nun eine alte Kaserne in der Nachbarstadt Omura. Nagai schrieb 1945 ein Weihnachtsstück für sie und malte auch den Großteil des Bühnenbildes. Im März 1946 bat ihn die Schulleiterin von Junshin, Schwester Ezumi, die Ansprache bei der Abschlussfeier zu halten, die leider sehr traurig zu werden schien. Die Stimmung war gedämpft, als er aufstand, um zu sprechen. Vor dem 9. August hatten 131 Mädchen diese Klasse besucht, doch nun waren es nur noch 31. Sie alle hatten Freunde und Freundinnen verloren und viele von ihnen auch ihre Eltern. Die Schulleiterin war immer noch etwas wacklig auf den Beinen und viele der Schwestern, die zum Lehrkörper gehörten, waren bettlägerig oder lagen unter den Pinien des Akagi-Friedhofs begraben. Nagai sprach in seiner Rede über die Notwendigkeit des Muts und des Glaubens, was man von ihm auch erwartete: »Wir alle müssen auf unseren persönlichen Trost verzichten und mitarbeiten, bis sich unsere Stadt und unser Land wieder erheben können.« Einzigartig war jedoch der Humor, der allmählich bei ihm durchschien. Nagais Weigerung, in Pessimismus angesichts *irgendeiner* menschlichen Situation zu verfallen, war ein Charakterzug, den der wachsende Kreis seiner Bewunderer sehr anziehend fand. Als er mit der Abschlussrede in Junshin begann, gab es kaum einen Zuhörer, der keine roten Augen hatte. Viele saßen nur niedergeschlagen mit gesenktem Kopf da und dachten an die Schülerinnen, die gestorben waren. Als Nagai seine Rede beendet hatte, war im Vortragssaal wieder ein richtiges Lachen zu hören.

Er vollendete sein Buch *Die Glocken von Nagasaki* am Jahrestag von Midoris Tod, dem 9. August 1946. Drei Jahre später sollte es ein Bestseller und ein Publikumserfolg als Kinofilm werden. Doch 1946 war kein Verleger daran interessiert. Jede große Stadt in Japan war bombardiert worden. Wer wollte daran oder an das schreckliche Schicksal der Atombombenopfer erinnert werden? Nagai war nicht übermäßig enttäuscht über die anfänglichen Reaktionen der Verleger, sondern begann mit zwei weiteren Büchern. Eines war eine Übersetzung von Bruce Marshalls Klassiker *The World, the Flesh and Father Smith.* Das andere war das Buch, das am meisten von ihm selbst verriet: *Horobinu Mono Wo* (»Das, was nicht stirbt«), in dem er autobiografisch in der dritten Person schreibt und sich selbst Ryukichi nennt. Dieser Name besteht aus zwei Schriftzeichen und eines davon ist das Schriftzeichen seines richtigen Namens, Takashi. Midori wird Haruno genannt, was »Frühlingsfeld« bedeutet.

Im Juli 1946 brach Nagai am Bahnhof von Nagasaki zusammen. Sein Zustand hatte sich deutlich verschlechtert, seine weißen Blutkörperchen waren bei 180 000 pro Kubikmillimeter angelangt und seine roten bei 2 290 000 (die Norm liegt bei 5 000 bis 10 000 weißen Blutkörperchen pro Kubikmillimeter und etwa 5 000 000 Millionen roten Blutkörperchen). Er wurde ins Universitätskrankenhaus getragen, wo seine Kollegen ihn untersuchten und ihm mitteilten, dass es Selbstmord wäre, wenn er nicht im Bett bliebe. Sein Zustand verschlechterte sich und ab November des Jahres bis zu seinem Tod war er andauernd bettlägerig. Er hatte auf der Abschlussfeier der Junshin-Schule gesagt, dass »... wir Leidtragenden der Atombombe kein Selbstmitleid haben dürfen. Es gibt Arbeit für uns, für jeden so viel, wie er übernehmen kann. Jeder von uns kann etwas tun, selbst die Kranken.« Nun war er selbst bettlägerig und widmete sich vermehrt dem Schreiben. Wegen seiner geschwollenen Milz musste er auf dem Rücken liegen. Deshalb brachte er über seinem Kopf eine Halterung aus Holz an, auf der er mit Bleistift schreiben konnte – Tinte wäre ziemlich unpraktisch gewesen. Das Wundliegen wurde zunehmend zum Problem und seine schwächer werdende Hand spiegelt sich in den immer weicher werdenden Bleistiften wider, die er für seine späteren Bücher benutzte.

Ein unerwartetes finanzielles Einkommen erreichte ihn, als das renommierte Frauenmagazin *Shufu no Tomo* Nagais Übersetzung von Bruce Marshalls Roman als Serie veröffentlichte.

Danach begannen auch andere Zeitschriften, bei ihm wegen Artikeln anzufragen. Einige der ums Überleben kämpfenden Verleger teilten ihm mit, dass sie kein Geld hätten, und das entsprach der Wahrheit. Weil er glaubte, dass es die Pflicht eines jeden Japaners sei, selbstlos daran mitzuarbeiten, die geschwächte Wirtschaft wieder aufzurichten, schrieb er die Artikel für solche Zeitschriften unentgeltlich.

Im Jahr 1947 kam ein Verwandter von Midori, ein Zimmermann, wieder nach Urakami und baute den Nagais eine solidere Hütte. Sie war größer und viel besser, aber es war immer noch eine Ein-Zimmer-Hütte, in der der bettlägerige Arzt, die Großmutter und die beiden Kinder aßen, lebten und schliefen. Sie hatte die Größe von sechs *Tatami*-Matten – somit in etwa 2,75 Meter auf 3,50 Meter. Durch die Artikel kam langsam etwas Geld herein, doch er weigerte sich, ein ordentliches Haus zu bauen. Er sagte der Großmutter, dass er ein schlechter Bürger und Christ wäre, wenn er es sich gut gehen ließe, während die Menschen in Urakami in Armut lebten. Nachdem er von dem Geld einen Betrag für das Lebensnotwendige zur Seite gelegt hatte, spendete er den Rest für den notwendigen Neubau des Krankenhauses und andere Projekte. Manchmal waren es auch Vorhaben, die jemand, der nicht das Herz eines Dichters hatte, abgelehnt hätte. Zum Beispiel erhielt er 1948 eine beträchtliche Summe von der Zeitung *Kysushu Times* als Gewinner des jährlichen Kulturpreises. Obwohl er und die Einwohner von Urakami immer noch in Armut lebten, verwendete er einen sehr großen Teil des Geldes, um eintausend japanische Kirschbäume pflanzen zu lassen: um die Ruinen der Kathedrale herum, in Schulhöfen und an den Straßenrändern. Es scheint, dass die Bewohner von Urakami ebenfalls poetische Herzen hatten, denn es gibt keine Aufzeichnungen darüber, dass jemand dies missbilligte.

Im Dezember 1947 besuchten die Männer der Vinzenzgemeinschaft Pater Nakata und sagten zu ihm: »Wir schulden es Dr. Nagai, dass wir ihm ein ordentliches Haus bauen, in dem er die Privatsphäre und Ruhe hat, die ein Schriftsteller braucht.«

Der Priester stimmte zu und sie gingen zu Nagai und erzählten ihm, was sie beschlossen hatten. Alles, was er tun müsste, wäre, ihnen die genauen Angaben für ein ideales Haus für sich und seine Familie zu machen.

Nagai hatten einen jüngeren Bruder, Hajime, der vor seiner Einberufung zur Armee geheiratet hatte und an einer Universität in der Mandschurei arbeitete. Die Russen griffen die Mandschurei nach dem Abwurf der Bombe in Hiroshima an und Hajime wurde gefangen genommen und in eines der berüchtigten Arbeitslager nach Sibirien überstellt. Seine Frau und seine drei Kinder kehrten nach Japan zurück, mit all ihrem Hab und Gut in einem einzigen Rucksack, wo sie bei Verwandten lebten. Nun, Anfang des Jahres 1948, war Hajime aus der Gefangenschaft nach Japan entlassen worden und suchte nach einer Unterkunft für seine Familie. Er war jedoch völlig mittellos. Nagai beschloss, dass Hajime und seine Familie zur Großmutter und zu seinen zwei Kindern ziehen konnten, wenn er auszog, und man die sechs Matten große Hütte etwas erweiterte. Deshalb nahm er das Angebot der Vinzenzgemeinschaft an und zeichnete einen einfachen Plan für sein ideales Haus. Es war ein Ein-Zimmer-Haus, etwa zwei auf zwei Meter groß! Nagai entschied sich für eine solche Hütte aufgrund seiner Liebe für eine alte orientalische Tradition. Die Hütte nahm eine zentrale Rolle in seinem restlichen Leben ein und erfordert einige Erklärungen.

In der Weisheit des Ostens hatte man schon seit Langem den Wert und auch die Notwendigkeit erkannt, dass sich manche reife Persönlichkeiten zurückziehen und allein asketisch leben und sich dem Gebet widmen. Es sind die Eremiten, die jedoch immer bereit sind, den Menschen, die zu ihnen kommen, zuzuhören, sie zu beraten und für die zerstreuten Bürger zu beten. Dieses Ideal kam im 6. Jahrhundert n. Chr. mit dem Buddhismus nach Japan und taucht immer wieder in der Literatur auf. Zum Beispiel wird in *The Tales of the Heike* beschrieben, wie die Kaiserwitwe Kenreimon-in im Jahr 1185 ein solches Leben führte. Sie lebte allein in einer drei auf drei Meter großen, quadratischen Hütte in Ohara. Der berühmteste der japanischen Eremiten ist Kamo-no Chōmei aus dem 13. Jahrhundert, dessen Buch *Aufzeichnungen aus meiner Hütte* ein einundzwanzig Seiten langes literarisches Juwel ist und zu den einflussreichsten Büchern in der japanischen Geschichte zählt. Ebenfalls im 13. Jahrhundert zogen die Klöster des Zen-Buddhismus viele Ordensgemeinschaften an, in denen die Mönche zwar zusammen lebten, doch die meiste Zeit wie Eremiten allein in Meditation verbrachten. Laien kamen und suchten nach geistlicher Wegweisung und sogar nach Rat in weltlichen Dingen, und die Klöster beeinflussten die japanische Kunst, Kultur und Geschichte nachhaltig. Die Zen-Mönche hatten das Trinken von grünem Tee zu einer geistlichen Disziplin verwandelt und diese Praxis floss ebenfalls in die säkulare Welt mit ein. Sie wurde zu einer der berühmten japanischen »Gepflogenheiten«, anfangs besonders von Adligen und den *Samurai* sehr geschätzt, doch schon bald auch von Nichtadligen. Spezielle Teehütten wurden gebaut – einfache, rustikale Räumlichkeiten, die nach dem Vorbild der drei auf drei Meter großen Hütte des Eremiten Chōmei errichtet wurden. Diese strengen, schönen Hütten stehen immer noch überall in Japan – es sind Stätten, an denen geschäftige Industrielle oder Hausfrauen sich zu einer Stunde *Wa-kei-sei-jaku* – Frieden, gegenseitigem Respekt, Reinheit des Herzens und Abgeschiedenheit – einfinden.

Der christliche Fürst Takayama baute im 16. Jahrhundert für sich eine solche Teehütte als private Kapelle, in der er die Teezeremonie als Vorbereitung für seine Gebete zelebrierte. Sie beruhigte seine Gedanken, sodass er die Staatsangelegenheiten vergessen »und wie ein Kind werden« konnte, während er die Evangelien las und sie bedachte. Nagai bewunderte Fürst Takayama sehr und er integrierte seine japanische Kultur wie dieser in sein Christsein. Er bat die Zimmerleute aus Urakami, ihm ein Haus zu bauen, das der Teehütte eines Eremiten entspreche. Der Boden umfasste die Größe von zwei *Tatami*-Matten. Eine *Tatami*-Matte ist etwa zwei auf einen

Meter groß, genug Platz für eine Person, um darauf zu schlafen. Eine *Tatami*-Matte war für ihn selbst gedacht, die andere für seine kleinen Kinder, damit sie darauf schlafen konnten, wenn sie gelegentlich bei ihm übernachteten. Normalerweise wohnten sie bei der Großmutter und der Familie seines Bruders nebenan. Die Zimmerleute bauten einen niedrigen Vorsprung auf der Westseite ein, auf dem Besucher sitzen und mit ihm reden konnten. Die Einrichtung bestand aus einer nackten Glühbirne, Regalen für seine Bibel, Bücher und Schreibutensilien, einem Kruzifix und einer Statue von Maria-sama.

Eine Pilgerhütte hat einen Namen und Nagai nannte seine Hütte Nyokodo. *Do* bedeutet »Heiligtum«, *ko* bedeutet »dich selbst« und *nyo* bedeutet »ebenso wie« – ein Beispiel für die *Haiku*-ähnliche Zweideutigkeit, die die Japaner lieben. Seine christlichen Freunde sahen sofort den Zusammenhang zu dem Gebot des Evangeliums, einander zu lieben »wie sich selbst«. Er sagte, er habe diesen Namen gewählt, um die selbstlosen Zimmerleute zu ehren, die diese Hütte gebaut hatten, weil sie die Liebe des Evangeliums verwirklichen wollten.

Es war keine komfortable Hütte. In Nagasaki kann es extrem heiß sein, doch es gab keinen elektrischen Ventilator. Ganze Heerscharen von Moskitos kamen im Sommer herein und die frischen sibirischen Winde hatten kein Problem, im Winter die Schiebetüren zu durchdringen. Seine Bücher sprechen von keiner dieser Unbequemlichkeiten, sondern nur von seinem Glück, dass er eine so schöne Hütte hatte, und sie betonen beredt die Vorteile: »Sogar ein Garten, der von Professor Kataoka entworfen wurde. Schaut euch nur diese Rosen an!« Rosen waren für ihn etwas ganz Besonderes und er freute sich sehr, wenn er neue Sorten finden und sie genau studieren konnte. Er liebte alles an den Rosen, dem antiken christlichen Symbol für die Liebe.

Nagai zog im Frühjahr 1948 in die Hütte *Nyokodo* ein, abgemagert, doch mit einem Hüftumfang von sechsundneunig Zentimetern wegen der geschwollenen Milz. Damals sprach man sehr viel über Gandhi in den Nachrichten und das japanische Volk empfand großen Respekt und Zuneigung für ihn. Gandhi war selbst dem Ruf gefolgt und hatte ein Leben als Einsiedler gewählt, als er sich von seiner Frau, seiner Familie und seinem Zuhause verabschiedete und in einem kleinen Zimmer in Neu-Delhi lebte. Die japanischen Zeitungen brachten viele Artikel über den armen Mann in der Leinenkleidung heraus, der alles, was er hatte, mit den Armen von Indien teilte. Als Gandhi im Januar 1948 erschossen wurde, begannen die Menschen, Nagai »den Gandhi von Nyokodo« zu nennen.

Diese Berufung auf Gandhi war nicht nur eine überschwängliche journalistische Geste, sondern sie war besonders angemessen. Die Ursprünge der Einsiedlerhütte und deshalb auch diejenigen der Teehütte und Nagais *Nyokodo* kommen aus dem indischen *Yuima-Sutra.* Dieses heilige Schriftstück der Buddhisten erzählt das Gleichnis der kahlen Hütte: Man begegnet dem Übernatürlichen am leichtesten, wenn man sein Herz zu einer Hütte macht, die nur noch das Lebensnotwendige enthält und sonst leer ist.

Der Haiku-Dichter und Zen-Anhänger Bashō
in einer Pilgerhütte.

26.

Das kleine Mädchen, das nicht weinen konnte

Nagais kleine Tochter Kayano war ein aufgewecktes Mädchen, das unbewusst versuchte, die Angst und die Leere eines mutterlosen Kindes zu beschwichtigen. Sie liebte ihren Vater sehr und das war ein Problem. Nagais Ärzte sagten eines Tages: »Hören Sie, eines Tages wird sie gelaufen kommen und auf Sie springen und dann wird Ihre Milz platzen. Dies würde Ihren Tod bedeuten, wie Sie wissen. Sie müssen sie dazu bringen, nicht mehr so überschwänglich zu sein!« Nagai baute traurig eine kleine Barrikade neben seinem Bett in Nyokodo auf. Eines Tages, als er gerade schlief, schlich sie sich dicht an ihn heran, beugte sich über ihn und legte ihre Wange an seine. Nun war er wach, doch er stellte sich schlafend und hörte, wie sie flüsterte: »Ah! Der liebliche Geruch meines Papas.« Nagai fährt fort: »Man sollte meinen, dass ein Mann mit Leukämie kaltblütig ist, doch das Blut pulsierte heiß in meinen Adern, als ich diesen rührenden Ausruf hörte. Ich wusste, dass mein Tod nicht mehr fern war und ich sah die kleine Kayano in meiner Fantasie, wie sie zu meiner Beerdigung ging, nun vater- und mutterlos … und wie sie ihre Gesicht in meiner Matratze vergrub, um ein letztes Mal ›den Geruch meines Papas‹ zu riechen.«

Nagai war jetzt tagsüber immer stärker beschäftigt, da die Zahl der Besucher zunahm. Die Menschen lasen einen Artikel von ihm oder über ihn und kamen mit ihren persönlichen Problemen, um den Rat dieses heiligen Mannes zu suchen. Einige kamen sogar aus dem fernen Tokio und von noch weiter her und viele davon waren Nichtchristen. Obwohl die Tage zunehmend betriebsamer wurden, wachte er regelmäßig um zwei Uhr morgens besorgt auf. Die Ärzte hatten ihm zwei bis drei Jahre prognostiziert und diese Zeit war beinahe um. Welche Auswirkungen würde sein Tod auf seine Kinder haben? Er beschloss, all die Dinge aufzuschreiben, die er ihnen noch sagen und beibringen wollte, in der Hoffnung, dass es ihnen helfen würde, wenn sie es einmal verstehen konnten. Diese Notizen sollten zu zwei Bestsellern werden. Eine kurze Zusammenfassung daraus führt zu einem besseren Verständnis für die Denkweise des vierzigjährigen Nagai.

Er schrieb: »Ihr seid kleine Kinder und habt bereits eure Mutter verloren. Das ist ein unersetzbarer Verlust. Der Tod eines Vaters ist nicht annähernd so schlimm wie der Verlust einer Mutter. Mein Tod wird euch zu Waisen machen, verletzlich und allein in der Welt. Ihr werdet weinen. Ja, vielleicht werdet ihr auch sehr lange und heftig weinen, bis euer Herz leer ist, und das ist gut so – solange ihr vor unserem Vater im Himmel weint. Dies tun wir, indem wir uns auf die Worte seines Sohnes berufen, und ich habe dies persönlich erlebt: ›Selig sind die Trauernden, denn sie werden getröstet werden.‹ Vergießt eure Tränen vor ihm und er wird sie euch stets trocknen. Das ist die Bergpredigt, der Ort, an dem ihr alle Antworten finden könnt. Es kann manchmal ein harter Weg sein, diesen Berg zu erklimmen und manchmal muss man durch Nebel, Regen und Schnee gehen. Doch wenn der Nebel und die Wolken sich heben, was ist das dann für eine Aussicht voller Schönheit, Frieden und Liebe! Ja, ein Ausblick auf die Werte, die bleiben und die eurem Leben Bedeutung und eurem Ringen einen Wert geben. Im Augenblick ist alles, was ich euch als Besitz hinterlassen kann, diese Hütte – Nyokodo. Ach! Doch Jesus sagt uns, dass wir uns mehr um unser Leben in der Ewigkeit kümmern sollen als um unsere materiellen Besitztümer. Ja, jeder von uns ist ein Kind des himmlischen Vaters! Das gibt uns einen unermesslichen Wert. Begreift ihr, dass ihr in den Augen eures Vaters wertvoller seid als dieser wunderschöne helle Stern, der unsere Erde am Leben erhält – die Sonne? Ihr seid sein eigener Sohn und seine eigene Tochter und das gilt auch für all die Menschen um euch herum. Liebt alle und vertraut auf seine Vorsehung und ihr werdet Frieden finden. Ich habe es versucht und kann euch versichern, dass es zutrifft.

Ich muss ehrlich zu euch sein, meine Kinder. Ihr werdet als Waisen einen bitteren Kelch trinken. Ihr werdet gegen die Versuchung ankämpfen müssen, eure Schulfreunde zu beneiden, die eine Mutter und einen Vater haben, und gegen die unterschwellige Versuchung, euch aus einem falschen Gefühl der Unabhängigkeit dem dunklen und trostlosen Unglauben namens Fatalismus hinzugeben. Lebt nicht in einem negativen Denken und glaubt nicht blind an das Schicksal, sondern führt ein sinnvolles Leben, voller Liebe, in dem ihr die persönliche Vorsehung des Vaters erfahrt. Er hat uns drei gebeten, einen bitteren Trank zu akzeptieren. Dies ist unser »Weg« zum Frieden – dadurch können wir an seinem großen Plan teilhaben, der eine, den Jesus im Blick hatte, als er über die Lilien auf dem Feld und über die Spatzen sprach, die kostbar in den Augen des Vaters sind. Als Arzt musste ich manchmal bittere Medizin verabreichen. Ich sagte nicht: ›Armes Kind, du musst so leiden! Deshalb gebe ich dir einen süßen Saft!‹ Ihr versteht das, nicht wahr? Wir glauben an einen großen Gott, der keinen billigen Sirup austeilt, sondern uns das reinigende, heilende und nahrhafte Wasser des Lebens gibt. Manchmal scheint es bitter zu sein, weil unser Geschmackssinn krank ist. Doch haltet durch! Er rüstet uns für die ewige Gemeinschaft mit ihm und unseren Lieben im Himmel aus. Ich bin sicher, dass ihr euch an das Märchen von der blauen Bergdrossel des Glücks erinnert. Als eure Mutter starb, flog euer blauer Vogel leider fort. Ihr werdet euren blauen Vogel erst im Himmel wiederfinden.«

In einem späteren Buch mit dem Titel *Rozario No Kusari* (»Die Rosenkranzkette«) beschrieb Nagai, wie der Abend über die zerstörte Mondlandschaft von Urakami hereinbrach. Die Lampen flimmerten in den Hütten und Rauch stieg von den provisorischen Feuerstellen auf. In diesen Momenten musste er immer an Midori denken. Er fühlte sich so elend, dass er am liebsten geweint hätte. Doch seine kleine Tochter Kayano weinte nie! Er beobachtete, wie sie, wenn die Sonne unterging und die Dunkelheit hereinbrach, einfach hinaus in die nukleare Trostlosigkeit starrte und auf ihre Unterlippe biss. Bei einer anderen Gelegenheit kam die kleine Tochter seines Bruders Hajime herein, die gerade erst von ihrem Nachmittagsschlaf aufgewacht war und noch etwas verloren aussah und fragte: »Wo ist *Kaa-chan* (›Mama‹)?« – »Im Himmel«, antwortete Kayano treuherzig. In dem Moment kam Hajimes Frau herein und die erschreckte Kleine rannte in ihre Arme und rief: *Kaa-chan*. Nagai beobachtete, wie sich Kayanos Gesicht verdunkelte. Sie ging hinüber zum *Shoji,* der Schiebetür aus Papier, und stand einfach da und fuhr mit ihrem Finger am Türrahmen auf und ab. Eine unbedeutende Geste, die doch so viel für ihn bedeutete.

Um die ganze Hütte herum gab es eine trostlose Wüste, übersät mit zerbrochenen Dachziegeln und Schutt. Nagai sah, wie Kayano immer wieder hinfiel und sich die Knie aufschürfte. Dann wischte sie langsam das Blut von ihren Fingern, doch sie weinte nie. Einmal wurde sie von einem besonders verspielten Hund verfolgt. Sie rannte erschreckt in Nagais Zimmer – doch da war kein Laut des Weines zu hören, noch nicht einmal ein kleines Wimmern. Sie machte ihm Sorgen, diese Tochter, die nicht weinen konnte. Dies verstärkte seine absolute Abneigung gegenüber dem Zweiten Weltkrieg und der Atombombe nur noch mehr und führte ihn zu einer entsprechenden Reflexion in einem anderen Buch, von dem er hoffte, dass sie es lesen würde, wenn sie älter wäre: »Unsere Kindheit ist glücklich, weil wir weinen können. Wenn wir weinen, wissen wir, dass unsere Mutter kommen und uns trösten wird. Seit deine Mutter gestorben ist, Kayano, wollte ich mir manchmal die Augen aus dem Kopf weinen. Doch ein Erwachsener kann das nicht tun; nur ein Kind, das eine Mutter hat, kann das.« Er hatte in einem Waisenhaus gearbeitet, fährt er fort, und bemerkt, dass ein Waisenkind, das weint, von anderen ausgelacht wird und deshalb lernt, wie es die Tränen zurückhalten kann. Er schließt: »Der Einzige, der die vollständie Antwort darauf hat, sagte: ›Selig sind die Trauernden, denn sie sollen getröstet werden.‹ Du kannst immer vor ihm weinen und deine Tränen werden Beachtung finden.«

Nagai hatte einige Lieblingswissenschaftler, die immer wieder als Anmerkung in seinen Büchern erwähnt werden: Pascal, Kopernikus, Mendel, Pasteur, Ampère und Marconi. »Dies«, schrieb er, »waren freie Männer, die die Schöpfung mit Demut und Verständnis betrachteten.« Es verstimmte ihn ungemein, wenn er lesen musste, dass Wissenschaft und Glaube im Widerspruch zueinander stehen. Er schreibt: »Wenn man liest, was die großen Wissenschaftler tatsächlich gesagt haben, dann trifft das nicht zu. Es sind die Sozial- und Literaturkritiker, d. h. Männer, die zwar einen Stift in der Hand hielten, doch nie ein Reagenzglas, die diese Behauptung aufstellen.« Etwas weiter hinten in diesem Buch fügt er an: »Man muss dem Studium eines jeden Bereiches von Gottes Schöpfung mit großem Respekt und einer gewissen Unschuld und Unvoreingenommenheit begegnen. Ein echter Wissenschaftler, der in seinem Labor experimentiert, ist in Wirklichkeit vergleichbar mit einem Mönch in seiner Zelle. Ja, die Experimente werden zu Gebeten!«

»Eine gewisse Unschuld und Unvoreingenommenheit.« Nagai liebte die Wissenschaft, insbesondere die Radiologie und das Studium der Atome und der Strahlung, doch mit einer reinen Leidenschaft. Den Beweis dafür lieferte er, als er seine Universität und sein Labor ohne Groll verließ und sich fröhlich von den Vorlesungssälen verabschiedete, in denen er wie ein Star behandelt worden war. Er verabschiedete sich auch von Midori, ohne Groll auf die Amerikaner oder auf Gott. Traurigkeit und Tränen, ja, aber Groll, nein. Dies wird mehr als deutlich, wenn man seine Bücher liest oder mit Menschen spricht, die ihn persönlich gekannt haben. Sie zeichnen das Bild eines Mannes, der »sich um andere kümmerte und den sein eigenes Ansehen nicht kümmerte«.

Nagai schrieb häufig über die Sterne und die Konstellationen. Seine Augen konnten sich an ihrer Schönheit nicht sattsehen und sein Verstand wurde nie müde, sich über ihre

Ordnung und Verlässlichkeit zu freuen, durch die sie seit Urzeiten zu unverzichtbaren Freunden von Reisenden, die zu Land oder zu Wasser unterwegs waren, wurden. Die Berge liebte er ebenfalls zeit seines Lebens. Während der Herbststürme, bei Schnee im Winter oder in der Sommerhitze standen sie unverrückbar da und sorgten dafür, dass die großen Waldbestände an Zedern und Zypressen bestehen blieben. Er hatte in den Bergen stets den inneren Frieden gefunden, an den traditionellen Orten, an denen die Menschen seines Volkes große geistliche Impulse empfangen hatten. Es waren die Berge wie der Fuji, der Yakumo, der Hiei oder der Koya. Doch es gab einen Berg, der zunehmend eine zentrale Bedeutung in seinen Schriften einnahm, den Berg der Seligpreisungen. In einem Buch schrieb er für seine Kinder: »Arm im Geist und reinen Herzens zu sein, mag nicht viel Geld einbringen, doch es wird euch etwas Kostbareres geben: den Frieden im Herzen.« Er wiederholte dies immer wieder, wenn Geschenke von seinen Lesern eintrafen und er diese Geschenke mit den in seiner Nachbarschaft lebenden, armutsgeplagten Menschen teilte.

Er schreibt über eine Erfahrung mit der sechsjährigen Kayano, die ihn sehr ermutigte. Sie hatte gerade begonnen, die Yamazato-Grundschule zu besuchen, die nur knapp hundert Meter von ihrem Zuhause entfernt war. Eines Nachmittags war sie noch nicht nach Hause gekommen, obwohl der Unterricht schon vor fast einer halben Stunde zu Ende gegangen war. Nagai machte sich bereits Sorgen, als er plötzlich das Geräusch von winzigen schlurfenden Schritten hörte. Kayano tauchte vor ihm mit einer Tasse auf, die sie in beiden Händen hielt, als ob darin eine kostbare Flamme wäre, die nicht ausgehen dürfte. Sie schlüpfte aus ihren Schuhen und gab ihnen einen Stoß, als ob sie nutzlos wären, und trat auf seinen *Tatami*-Boden. Sie ließ die Tasse nicht aus den Augen, bis sie diese auf einem Regal abstellen konnte. Dann atmete sie laut und erleichtert auf. Neugierig fragte er, was in der Tasse sei. Mit einem breiten Lächeln erzählte ihm das Kind, was sich zugetragen hatte. Nagai erzählt: »An jenem Tag hatte jedes Kind in der Schule einen

Becher mit einem unbekannten Getränk bekommen, das Ananassaft hieß. Als sie daran nippte, schmeckte es so gut, dass sie beschloss, es ihrem kranken Papa zu bringen, dem es sicher guttun würde. Also trank sie den Saft nicht, sondern bewachte ihn vom Mittagessen bis zum Ende des Schultages. Als sie gerade aus dem Gebäude herauskam, rannte eine Siebenjährige auf sie zu, sodass ein wenig Saft verschüttet wurde. Doch danach hatte sie keinen einzigen Tropfen mehr verloren.« Seine Augen wurden feucht, als sie ihm feierlich die Tasse mit dem verbliebenen Saft überreichte.

Die ersten Tage in der Hütte waren miserabel. Wenn es regnete, tropfte das Wasser in die Hütte hinein und das Entzünden eines Feuers im Freien, um darauf zu kochen, war ziemlich problematisch. Als es Winter wurde, drang Schnee in die Hütte ein, zusammen mit dem rauen Nordwind. Der Hunger war üblicherweise ein unliebsamer Gast an ihrem provisorischen Tisch. Eines Abends fing Nagai eine Ratte und weil er wusste, dass sie ein Eiweißspender war, reinigte und kochte er sie. Er entdeckte den Wahrheitsgehalt des alten japanischen Sprichworts: Einem leeren Magen schmeckt jedes Essen gut. Doch mit der Zeit wurde die Lage besser, besonders als die Zimmerleute seine neue Hütte bauten, Nyokodo.

Der amerikanische *Shogun*[34] MacArthur machte einen Plan für eine militärische Besetzung, die als die friedlichste in die Geschichte eingehen sollte, wobei die Freundschaft zwischen dem General und dem Kaiser dabei eine entscheidende Rolle spielte. MacArthurs Reformen – die dazu gedacht waren, die Demokratie tief im japanischen Leben zu verankern, eine Rückkehr zum Militarismus unmöglich zu machen und die zerschlagene Wirtschaft wiederaufzubauen – wurden von der japanischen Bevölkerung unterstützt. Dennoch hielt er die Medien immer noch an der kurzen Leine. Als ein Verleger *Die Glocken von Nagasaki* akzeptierte und um Druckerlaubnis bat, wurde dies von MacArthurs Zensurbüro abgelehnt. Die Amerikaner

[34] Shōgun, auch Schogun war ein japanischer Militärtitel für Anführer aus dem Kriegeradel der Samurai (Anm.d. Verl.).

waren damals empfindlich, wenn es um die Atombombe ging. Überall auf der Welt war eine Frage aufgekommen: Wenn die Generäle der Nazis und der Japaner wegen der Gräueltaten des Krieges verurteilt und hingerichtet worden waren, sollten dann nicht auch die Alliierten für Gräueltaten wie die Atombombe zur Rechenschaft gezogen werden? Anfang 1949 wurde dann schließlich die Erlaubnis zur Veröffentlichung des Buches *Die Glocken von Nagasaki* erteilt, unter der Voraussetzung, dass das Buch genauso viele Seiten über die japanischen Gräueltaten auf den Philippinen enthielte, die aus Dokumentationen des US-Militärgerichts stammten. Nagai akzeptierte diese Bedingung und das Buch erschien am 1. April 1949 als Doppeledition.

Das Buch *Die Glocken von Nagasaki* wurde ein Bestseller und ein Jahr später begann eine hochkarätige Filmgesellschaft, Shochiku, mit der Produktion einer Filmversion, die in ganz Japan eine große Beliebtheit genoss. Psychologisch waren die Japaner nun bereit, sich mit der Geschichte eines Mannes auseinanderzusetzen, der im Krieg alles verloren hatte und dennoch mit Hoffnung und sogar mit Begeisterung in die Zukunft blickte. Sehr viele Menschen konnten sich mit Nagais schmerzvollen Erfahrungen identifizieren. Von dem Zeitpunkt an, als der totale Krieg in China im Jahr 1937 begann, bis der Frieden am 15. August 1945 ausgerufen wurde, waren insgesamt 2 470 000 Japaner gestorben – 1 672 000 Armeeangehörige, 289 000 japanische Zivilisten in der Mandschurei, in Korea, in Okinawa usw. und 509 000 bei den Luftangriffen auf japanisches Gebiet. Zweieinhalb Millionen Tote! Die meisten Japaner mussten einen Todesfall in ihrer Familie, unter Verwandten oder Freunden verzeichnen – ganz abgesehen von den Verwundeten und den zerstörten Häusern, Besitztümern sowie ihrer Lebensgrundlage. Die Zukunft sah düster aus und die Moral war niedrig. Doch da gab es Nagai, positiv und optimistisch gegenüber dem Leben, obwohl er selbst fast alles verloren hatte.

Die Shochiku-Filmgesellschaft schickte den Produzenten Hideo Oba und die beiden Hauptdarsteller, Masao Wakahara und Yumeji Tsukioka, nach Nyokodo zu einem Interview mit dem bettlägerigen Nagai, denn sie hofften, so den Geist des Mannes und seiner Frau Midori einzufangen. Sie nannten den Film *Die Glocken von Nagasaki.* Für den Film wurde von Hachiro Sato auch ein Lied mit demselben Titel geschrieben und dieses Lied wurde zu einem der Hits in diesem Jahrzehnt. In vielen gängigen Liederbüchern ist das Lied immer noch enthalten. Die Japaner sind ein sehr emotionales Volk, das mit Ignatius von Loyola übereinstimmt und Tränen als Geschenk betrachtet. In dieser Hinsicht wurden die vielen Menschen, die sich *Die Glocken von Nagasaki* anschauten, sehr beschenkt!

Vom Kriegsende im Jahr 1945 bis zu seinem Tod im Jahr 1951 schrieb Nagai zwanzig Bücher und einige davon wurden zu Bestsellern. Unter ihnen ist auch der Titel *Nyokodo Zuihitsu* (»Betrachtungen aus Nyokodo«). Das Buch ist trauriger und setzt sich intensiver mit dem Frieden und der nuklearen Bedrohung auseinander als die anderen Bücher, denn er schrieb es als Reaktion auf den Krieg, der 1950 zwischen Nord- und Südkorea ausbrach und an dem sich auch Truppen der Vereinten Nationen beteiligten. Vor 1950 hatte er viel über Krieg und Frieden geschrieben, doch der Konflikt in Korea beeinflusste Nagai und prägte auch sein Manuskript. Nagai starb achtzehn Monate, bevor die Wasserstoffbombe zur Explosion gebracht wurde, die die große Debatte über Nuklearwaffen auslöste. Neben den schrecklichen Ausmaßen eines Nuklearkrieges schrieb er allerdings auch über die Möglichkeiten der Nutzung der Atomkraft. Es lohnt sich, seine Meinung zu bedenken.

Zuerst einmal betrachtete er die Entdeckung der Atomkraft niemals als die fatale Öffnung der Büchse der Pandora. Für ihn war das ganze Universum gut und die Atomenergie war eine Dimension dieser überwältigenden Dynamik. Die Atomenergie brachte zum Beispiel das Sonnenlicht hervor und die Wärme auf die Erde. Unsere entfernten Vorfahren verwendeten ihre Intelligenz, um den Feuersteinen und Stöcken das Geheimnis des Feuers zu entlocken. Sie war ein »schicksalhafter« Durchbruch in einer Zeit, in der die Tage der Ölvorkommen auf der Welt gezählt waren. Selbstverständlich musste an das

Verantwortungsbewusstsein der Menschen eine hohe Anforderung gestellt werden, so wie dies auch beim Feuer, beim Petroleum, bei der Elektrizität und beim Dynamit der Fall war. Die Atomenergie erhöhte die Gefahren beträchtlich und verschärfte die Sorgen der Menschen durch das Risiko und die Ungewissheit, doch diese beiden haben die Menschen in der ganzen Menschheitsgeschichte begleitet. Sorgen und Schmerzen scheinen sogar eine unverzichtbare Rolle bei der Entstehung von wahrer Menschlichkeit zu spielen, d.h. von Menschen mit Reife, Tiefe und Barmherzigkeit.

Nagai dachte dabei insbesondere an die Tatsache, dass Japan selbst keinerlei Ölvorkommen hatte – dies war die eigentliche Ursache, warum sein Land überhaupt in den Krieg gegen Amerika eingetreten war. Er sah die Atomenergie als mögliche Lösung für Japans chronisches Energieproblem an, doch starb er, bevor irgendetwas davon Realität wurde. Schon bald nach seinem Tod sollten eine stetig wachsende Anzahl von Atomkraftwerken überall im Land in Betrieb genommen werden. Die Japaner wissen um die Risiken der Atomkraft, doch die meisten glauben, dass die Situation im Jahr 1941, als man auf den Import von Öl angewiesen war, noch riskanter gewesen war.

Bis zum Ausbruch des Koreakrieges im Jahr 1950 hegte Nagai die Hoffnung, dass die verheerende Beschaffenheit der Atombombe die Supermächte davon abhalten würde, noch einmal gegeneinander einen Krieg zu beginnen. Die Koreakrise zerstörte diese Illusion und war solch ein Schock und eine Enttäuschung für ihn, dass er sich genötigt fühlte, ein weiteres umfangreiches Buch zu schreiben, trotz seiner schrecklichen körperlichen Verfassung. Er hatte nun hohes Fieber, seine geschwollene Milz drückte sein Herz aus seiner Position und er hatte permanente Schmerzen in den Knochen. Letztere wurden durch die Leukämie verursacht, die sich verschlimmerte.

Die Auseinandersetzung des Westens mit dem Kommunismus fachte den Koreakrieg an und Nagai begann sein neues Buch, in dem er einige historische Tatsachen wiedergab. In den Ländern, die nach dem Zweiten Weltkrieg von den sowjetischen und chinesischen Armeen besetzt wurden, verklagte das Volksgericht die Gegner des Kommunismus als »Feinde der Menschheit«. Sie wurden verhaftet, umgebracht oder auch häufig in Konzentrationslager geschickt. Dies stand in eklatantem Gegensatz zur Besatzung durch die westlichen Alliierten in Japan unter MacArthur. Japan war eine am Boden liegende Nation, die bedingungslos vor den selbstsicheren amerikanischen Truppen kapituliert hatte. Die Vereinigten Staaten begannen, enorme Hilfsmittellieferungen nach Japan zu bringen, um den Hungertod im Winter 1945–1946 abzuwenden und die Wirtschaft wieder aufzurichten. MacArthur verstand und akzeptierte die einzigartige Rolle des Kaisers und respektierte in den meisten Fällen die japanische Lebensweise.

Die sowjetische Armee trat erst nach dem Atombombenabwurf in Hiroshima in den Krieg ein, neun Tag vor der Kapitulation Japans. Die Russen trieben alle japanischen Soldaten zusammen, die ihnen in der Mandschurei und in China in die Hände fielen, und schickten sie zum Arbeiten in die sibirischen Arbeitslager. Nagais jüngerer Bruder Hajime, der dreißig Monate lang in einem dieser Lager gefangen gehalten wurde, gab Nagai eine erschütternde Beschreibung über die Behandlung, die sie erdulden mussten, und über die Todesrate. In eklatantem Widerspruch dazu schickten die westlichen Alliierten die japanischen Soldaten zurück in ihr ziviles Leben. Die einzige Ausnahme bildete ein geringer Prozentsatz von angeklagten Kriegsverbrechern, die in öffentlichen Prozessen vor Gericht gestellt wurden und denen ein Verteidiger zur Seite stand. Nagai forderte die Leser, die von den schönen Theorien des Kommunismus angezogen wurden, auf, die jüngste Weltgeschichte zu studieren und »… den Baum an seinen Früchten zu beurteilen«. In Nagais Antikriegsschrift waren niemals jene antiamerikanischen oder antiwestlichen Haltungen zu finden, die ein umstrittenes Merkmal vieler »Friedensbewegungen« werden sollten.

Er hatte ernüchternde Erinnerungen an den japanischen Mob, der durch die faschistischen Slogans während des

Jahrzehnts vor dem Pazifikkrieg manipuliert worden war. Seine Abneigung gegen Parolen rufende Menschenmengen war groß. Er sah diese als oberflächlich lebende Menschen an, die sich scheuten, hart zu arbeiten, um die Dinge zu verstehen, für die man demonstrierte. Er griff auch politische oder religiöse Menschen an, die die Sehnsucht des normalen Bürgers nach Frieden »ausnutzten«. Er sah den Weltfrieden als etwas sehr Edles, aber gleichzeitig auch als etwas sehr Mühsames an; es war unverantwortlich, wenn Politiker oder Ideologen billige und einfache Lösungen versprachen.

Großes Misstrauen äußerte er gegenüber »zornigen Menschen« in Friedensbewegungen. Friedensbewegungen seien dringend notwendig, schrieb er, doch die Menschen, aus denen sie sich zusammensetzten, müssten selbst Frieden im Herzen haben. Er warnte vor Friedensbewegungen, die »nur politisch« oder ideologisch beeinflusst sind und sich nicht für Gerechtigkeit, Liebe und geduldige, harte Arbeit engagieren. Die zornigen Rufe auf den Straßen nach Frieden überdeckten häufig sehr friedlose Herzen, bemerkte er. Solche Schriften machten ihn nicht gerade bei allen beliebt!

Auch wenn das Vorherige nicht besonders bemerkenswert ist, so war es doch bemerkenswert, wie er die Bergpredigt als praktikable Charta für den Weltfrieden darstellte. »Wenn man Christ ist«, schreibt er, »kann man nicht verlangen, dass der Kommunist zuerst seine Sichel niederlegen soll, bevor man nicht selbst Frieden mit ihm schließt. Der Christ wird unbewaffnet zu dem Kommunisten gehen und ihn umarmen, auch auf die Gefahr hin, dass er von der Sichel verletzt wird. Komplett undurchführbar? Ja, solange du nicht weißt, wie man betet«, antwortet er. »Und zwar nicht irgendein Gebet, denn einige Gebete sind ›blanker Aberglaube‹ oder ›nichts anderes als der Erwerb eines Lotterieloses‹.« Echte Gebete stellen keine furchtbar schweren Anforderungen, man muss nicht erst »… allein auf einen Berg steigen und Asket werden«. Nein, wir können beten, sobald wir mit der liebenden Person sprechen können, die der Ursprung jeglicher Dynamik im Universum ist. An einer Stelle schreibt Nagai, dass wir alle zur Kontemplation aufgefordert sind »... und diese ist nicht schwierig. Zum Beispiel sehen wir, wie Kinder auf diese Art vor der Krippe in der Weihnachtszeit beten.« Er zitiert das Evangelium: »Ich danke dir, Herr des Himmels, dass du all das den Weisen und Klugen verborgen, den Unmündigen aber offenbart hast.« Die Kleinen können die köstlichen Quellen der Kontemplation entdecken, fügt er hinzu, und wir alle sind aufgerufen, zu solchen Kleinen zu werden! Das Evangelium lädt jeden zur Kontemplation ein.

Ein berühmtes Buch zur christlichen Kontemplation trägt den Titel *Die Wolke des Nichtwissens* und stammt von einem englischen Mystiker des 14. Jahrhunderts. Der Titel bezieht sich auf Moses, der in die Dunkelheit des wolkenverhangenen Berges Sinai stieg, um dem Gott der Offenbarung zu begegnen. Und gerade in einer nuklearen Wüste, die von einer Pilzwolke verdunkelt wurde, erlebte Nagai die Kontemplation. Er schrieb: »Als ich mit Gott durch die nukleare Wüste von Urakami ging, hat er mich die Tiefen seiner Freundschaft gelehrt.« Für viele ist die Pilzwolke ein Zeichen der Verzweiflung, die das Ende verkündet. Nagais Glaube verwandelte sie in die Wolke eines weiteren Exodus, der die Menschen aus der wissenschaftlichen Sklaverei eines neuen Ägyptens herausführte. Erst als Jerusalem zerstört war und das Volk gefangen nach Babylon abgeführt wurde, erkannten und begriffen sie die Schönheit von Zion. Als er so auf die nukleare Wüste blickte, sagte Nagai mit dem Glauben von Jesaja: »Seine Wüste macht er wie Eden, seine Öde wie den Garten des Herrn.«

William Johnston, ein Experte des japanischen Zen-Buddhismus, hatte einen entscheidenden Einfluss auf den Dialog zwischen dem buddhistischen Japan und dem (teilweise) christlichen Westen. Sein Spezialgebiet ist die buddhistische und christliche Gebetserfahrung und er glaubt, dass Nagai hier einen einzigartigen Beitrag geleistet hat. Johnston übersetzte Nagais erstes populäres Buch *Die Glocken von Nagasaki* ins Englische und schrieb in der Einleitung: »Nagai, der Wissenschaftler,

Nagai, der Patriot, und Nagai, der Humanist; aus allem wurde Nagai, der Mystiker. Er ist für alle Zeiten ein Mystiker des Friedens. Unter der enormen Menge an Literatur über die Atomenergie nimmt er einen einzigartigen Platz ein – er versucht eine Theologie zu schaffen, die aus dem schrecklichen Leiden und der schmerzvollen Wandlung des Herzens geboren wurde … Mit seiner Botschaft der Liebe nimmt er einen Ehrenplatz neben … großen Propheten ein.«

Die grauenvolle Pilzwolke verwandelte die Frau, die er liebte, in verkohlte Knochen. Doch sein Glaube an Gottes Vorsehung veränderte die bösartigen Flammen der Kernspaltung zu Elias mysteriösem Wagen. Man erkennt dies deutlich an zwei Bildern, die er in chinesischer Tusche malte, während er in Nyokodo lag. Sie sind in dem kleinen Nagai-Museum ausgestellt, das heute neben der Hütte steht.

Das erste Bild ist von Maria und es ist unzweifelhaft nach dem Vorbild von Murillos Gemälde erstellt worden, auf dem die Jungfrau Maria auf einer Wolke zum Himmel auffährt. Das zweite ist ähnlich, doch die Frau, die auf der Wolke steht, ist Midori. Sie ist nicht so schön gekleidet wie Maria, sondern sie trägt die formlose *Monpe*-Hose der Kriegszeit und eine Bluse, die sie anhatte, als die Atombombe über Urakami explodierte. Es gibt noch einen weiteren Unterschied: Midori steht auf einer Pilzwolke.

Nagais Zeichnung von seiner Tochter Kayano.

27.

Das Gedicht für einen Leprakranken

Ende des Jahres 1948 lasen die Menschen in ganz Japan Nagais Bücher. Am 25. Mai 1949 gab das Ministerium für Soziales eine spezielle Empfehlung für sein Buch *Kono Ko wo Nokoshite* (»Die Kinder von Nagasaki«) heraus. Als der Film *Die Glocken von Nagasaki* erschien, empfahl das Ministerium für nationale Bildung diesen Film allen Schulen. Außerdem wurden Kapitel über Nagai in die vom Lehrplan vorgesehenen Schulbücher eingefügt. Auch in Übersee war er bekannt geworden. Nagais Sammlung von Kurzgeschichten unter dem Titel *Wir waren dabei in Nagasaki* war das erste Buch eines Überlebenden des Atombombenabwurfes, das in Englisch herausgegeben wurde. Leser aus Nord- und Südamerika begannen damit, ihm Geschenke zu schicken. Weitere Zeitschriften veröffentlichten Artikel über den sterbenden Wissenschaftler, der immer noch arbeitete und schrieb, und vier neue Bücher von Nagai wurden kurz nacheinander veröffentlicht.

Im September 1949 wurde von den Abgeordneten des japanischen Unterhauses ein außergewöhnlicher Antrag gestellt. Sie schlugen vor, zwei Japaner zu ehren, die viel dafür getan hatten, um die demoralisierte Nation wieder aufzurichten: Japans erster Nobelpreis-Gewinner, der Physiker Hideki Yukawa, und der Wissenschaftler und heilige Mann von Nagasaki, Takashi Nagai. Die kommunistischen und linksgerichteten Sozialisten des Parlamentes widersprachen dem Antrag. Sie akzeptierten die Gründe für Yukawas Ehrung, widersprachen jedoch der Empfehlung der Abgeordneten des Unterhauses bezüglich des »religiösen Gefühlsmenschen« Nagai. Die Kampagne verwandelte sich in eine Verunglimpfung: Es wurde behauptet, Nagai wäre nicht einmal ein Opfer des Atombombenabwurfes gewesen und er hätte auch keine echte Strahlenkrankheit. Die Bücher und Artikel würden nicht von ihm stammen, sondern sie seien von einem Ghostwriter geschrieben worden, der sie unter seinem Namen herausgegeben hätte, um mit dem Mitleid der Menschen zu spielen. Der Grund dafür sei, schnelles Geld zu verdienen. Die Politiker, die die Anti-Nagai-Kampagne lancierten, hatten Zugang zu den Medien und nutzten diese skrupellos, um zu verhindern, dass der Christ Nagai zum Nationalhelden ausgerufen wurde.

Zum Beispiel veröffentlichte ein Dr. Shimizu einen Artikel in der Zeitung *Nihon Dokusho*, in dem er argumentierte, dass ein Mann in Nagais (berichtetem) körperlichen Zustand unmöglich den Stoff hätte niederschreiben können, der unter seinem Namen herausgebracht wurde. Nagais Freunde, wie zum Beispiel der Historiker Kataoka, waren aufgebracht und flehten ihn an, sich gegen die öffentlichen Anschuldigungen zu wehren. Aus für sie unverständlichen Gründen weigerte sich Nagai jedoch. Er war verletzt, das ja, doch er sagte: »Lasst es. Sie sagen, dass ich die Bücher nicht geschrieben habe und im Grunde genommen stimmt das ja, denn all die Ideen in meinen Schriften stammen aus der Bibel oder von anderen Menschen. Alles, was ich geschrieben habe, ist Gottes Gnade zu verdanken.«

Japan hatte nun einen Premierminister, der nicht Nagais Geduld und Demut besaß. Sein Name war Shigeru Yoshida. Vor dem Krieg hatte er sich als Diplomat im Ausland bewährt. In den Dreißigerjahren war er Botschafter in Großbritannien gewesen, vor dessen Traditionen und Rechtssystem er großen Respekt empfand. Gegen die Militärs in Japan opponierte er unerbittlich. Er wurde von ihnen gezwungen, seinen Posten aufzugeben. Er wurde inhaftiert und saß einige Monate im Gefängnis in Tokio, bevor die Feindseligkeiten endeten. Er war in der Nachkriegszeit sieben Jahre lang Premierminister und ausgesprochen liberal und prowestlich eingestellt. Er konnte die japanischen Kommunisten nicht ausstehen, die, wie er sagte, es darauf anlegten, Japan um einer ausländischen Ideologie willen zugrunde zu richten. Er hatte den Verdacht, dass die Kommunisten Nagai nur wegen seines christlichen Glaubens angriffen. Yoshida war kein Christ, doch er hatte großen Respekt vor den Herz-Jesu-Nonnen, die seine Tochter und die Töchter einer Reihe von Diplomatenfreunden in Japan und in Übersee unterrichtet hatten. Yoshida beauftragte ein Komitee der Nationalversammlung damit, die Anklagen gegen Nagai zu untersuchen.

Der Vorsitzende des Komitees fuhr nach Nagasaki und interviewte Stadtbeamte, Mitarbeiter der Universität, Ärzte und Nagais Verleger. Er studierte sogar die Manuskripte für die Bücher, die mühselig mit Bleistift in Nagais Handschrift verfasst waren. Die Verleger der Zeitschriften meldeten sich und legten dem Vorsitzenden die Artikel vor, die Nagai ohne Bezahlung geschrieben hatte. Der Assistenzprofessor Asanaga der Medizinischen Fakultät der Universität von Nagasaki zeigte ihm die dokumentierte Krankengeschichte von Nagais Leukämie, zuerst von Nagai, dem Radiologen: Seit 1932 hatte Nagai zwölf Monate lang als Pionier mit einem Röntgengerät gearbeitet, das keine Abschirmung gegen die Strahlung hatte. Von 1934 bis 1937, einer Zeit, in der sich die Ärzte unsicher darüber waren, wie viel Strahlung sie ertragen konnten, ohne sich der Gefahr einer Leukämie auszusetzen, hatte Nagai am Tag acht Stunden und länger Menschen geröntgt. Von 1940 bis 1945 hatte er weiterhin Pionierarbeit geleistet und nach wie vor die Abteilung im Krankenhaus geleitet. Dabei hatte er eine große Anzahl von Menschen geröntgt, da der Krieg die Mitarbeiter in der Radiologie dezimiert hatte – und diesen Einsatz leistete er zusätzlich zu seinem vollen Röntgenplan für die Patienten des Krankenhauses und zu der Arbeit mit den Medizinstudenten. Asanaga, der daraus folgerte, dass Nagai sich den Krebs mit größter Wahrscheinlichkeit durch die Strahlung zugezogen hatte, fügte noch eine detaillierte Diagnose von Nagais chronischer Leukämie bei, die nach der Belastung durch die Strahlung der Atombombe hinzugekommen war.

Die Bevölkerung begann, Nagai ebenfalls zu verteidigen. Sie erzählten von seinen herzlichen Antworten auf ihre aufgebrachten Briefe. Bündel dieser Briefwechsel können heute noch im Nyokodo-Museum besichtigt werden. Ich stieß auf einen von Nagais »Brieffreunden«, als ich im Jahr 1985 einen kranken Freund im Westbezirk von Tokio besuchte. Er war in einer Heilanstalt für Patienten mit einer stabilisierten Hansen'schen Krankheit. Oberschwester Koseki kam ins Zimmer, während wir uns unterhielten, und fragte, was mich nach Tokio geführt habe. Sie reagierte sofort, als ich ihr erzählte, dass ich Material über Dr. Nagai zusammentrug. »Dr. Nagai? Wirklich? Oh, warten Sie einen Moment.«

Sie rannte davon und ließ mich verwirrt stehen. Doch schon bald kam sie zurück und schwenkte einen Brief. »Schauen Sie, dies ist eine Antwort von Dr. Nagai auf einen Brief, den ich ihm geschrieben habe«, sagte sie, und dann erzählte sie mir die Geschichte. Im Jahr 1949 arbeitete sie als Krankenschwester in einem Leprakrankenhaus der Regierung. In jenen Tagen verloren Patienten mit der Hansen'schen Krankheit häufig ihr Augenlicht und eine der Aufgaben der Schwestern war es, ihnen Bücher vorzulesen. Irgendwie war ihr ein Buch von Nagai in die Hände gefallen. Nachdem sie es ihren Patienten vorgelesen hatte, schrieb sie dem Autor und teilte ihm mit, »... wie schön es war, mitanzusehen, wie aus ihren blinden Augen heiße Tränen flossen«. Er antwortete ihr mit dem Brief, den sie in Händen hielt. Er enthielt ein *Waka*-Gedicht[35], das möglicherweise großen Ärger hervorgerufen hätte, wenn es von jemand anderem gekommen wäre: *Hito ni torite totoki mono wa tamashi to Shirashimen tame ni rai wa aru nari* (»Die Lepra zeigte ihnen, dass der unbezahlbare Besitz des Menschen sein Geist ist«).

Mein blinder Freund Hihara-san schlug gegen den niedrigen Tisch, an dem wir auf dem *Tatami*-Boden saßen. »Das

35 Eine japanisches Gedichtform, normalerweise ein Tanka, kurzes Gedicht (Anm. d. Verl.).

stimmt, das stimmt. Ich war ein gedankenloser junger Mann mit einer wunderschönen Frau und Tochter, als ich mich mit Lepra infizierte. Die Gesellschaft verwarf mich, verbannte mich von meiner Frau und Tochter und sperrte mich in eine Leprakolonie, die durch einen Graben »geschützt« war. Ich verzweifelte und unternahm einen Selbstmordversuch. Doch da gab es Nagai, der alles verloren hatte, selbst im Sterben lag und vollkommen im Frieden mit sich und der Welt war. Die Oberschwester las uns immer wieder aus Büchern von Nagai vor und er begann, uns zu schreiben. Er führte mich zu Christus und zum Glauben, in dem man entdeckt, dass alles in unserem Leben ein Geschenk und eine Gnade ist. Es ist nun fünfzig Jahre her, seit ich an der Lepra erkrankte, und ich kann sagen: Danke, Gott, für meine Lepra und danke, Gott, für Nagai.«

Am 23. Dezember 1949 legte das Komitee, das den Fall Nagai untersucht hatte, in Tokio einen Bericht vor, und die Nationalversammlung beschloss daraufhin, Nagai als Nationalhelden auszuzeichnen. Der Staatsminister kam, um die Verleihung vorzunehmen, und traf sich in Nyokodo mit dem Gouverneur der Präfektur Nagasaki und dem Bürgermeister der Stadt. Der Kaiser sandte Nagai zu diesem Anlass drei silberne Sake-Becher, eine Geste, die er nur einmal zuvor gemacht hatte.

Eine andere Ehrung geschah im Dezember 1949, als Nagai zum ersten Ehrenbürger von Nagasaki ernannt wurde. Sein Freund, Professor Kataoka, schreibt, dass Nagai, als man ihm dies erzählte, ohne eine Spur von Heuchelei gesagt habe: »Der Mond, der den Nachthimmel erhellt, ist nichts weiter als ein kalter Klumpen Materie, der das Sonnenlicht reflektiert! Diese Ehrenbürgerschaft ist nur eine Reflexion von Gottes Licht. Ich mache mir keine Illusionen über mich, weißt du. Ohne Gott wäre ich genauso wie dieser nutzlose Diener, von dem in den Evangelien die Rede ist.«

Weniger als fünf Minuten von Nagais Hütte entfernt lag die Yamazato-Grundschule. Neunhundert der tausendeinhundert Schüler waren durch die Explosion der Atombombe gestorben. Als die Schule wieder errichtet wurde, stellte man ein weißes

Monument aus Granit im Schulhof auf – genau an der Stelle, an der viele von ihnen umgekommen waren. In Bronze eingestanzt findet man im Granit die Figur eines kleinen Mädchens, das von den Flammen eingeschlossen ist. Ihr Gesichtsausdruck ist heiter und ihre Hände sind zum Gebet gefaltet. Nagai wurde gebeten, eine Inschrift zu verfassen. Sie hat die Form eines Gedichtes, das versucht, die Gefühle ihrer Mütter wiederzugeben:

Ihre Kritzeleien bleiben auf den Wänden unseres Hauses,
nur Namen, mit Kinderhand geschrieben.
Wenn wir sie nur noch einmal rufen könnten
und sie antworten hörten!
Ah! Diese Kinder! Wenn sie nur noch bei uns wären!

Erinnert euch an die Sportfeste!
Der Lautsprecher führte sie aus den Klassenzimmern
und ließ sie durcheinanderrennen, um ein Band zu bekommen.
Sie sahen so gut aus in ihren Sportuniformen!
Ah! Diese Kinder! Wenn sie nur noch bei uns wären!

Obwohl wir wissen, dass wir ihre Gesichter nie wiedersehen werden,
kommen wir bei Sonnenuntergang immer noch
und halten nach ihnen Ausschau.
Doch wir entdecken nur noch rote und violette Tausendschön!
Ah! Diese Kinder! Wenn sie nur noch bei uns wären!

Das Gedicht wurde vertont und wird jedes Jahr am 9. August gesungen, wenn sich Lehrer und Schüler versammeln und sich mit Trauer an die Tragödie erinnern.

Eine Reihe von Nagais Gedichten wurde von großen japanischen Komponisten vertont – der berühmteste unter ihnen ist Kosaku Yamada, der in Japan (und in Übersee) bekannt und beliebt ist wegen seiner außergewöhnlich bewegenden Komposition *Aka Tomba* (»Rote Libelle«).

Zwei Zeichnungen von Nagai – eine von Maria, die in den Himmel auffährt, und eine von seiner Frau, die auf der atomaren Wolke in den Himmel getragen wird.

28.

Der blaue Vogel, der den Bären besuchte

In den letzten vier Jahren seines Lebens verfasste Nagai am Tag durchschnittlich fünf Antwortbriefe an Menschen, die ihm geschrieben hatten. Außerdem besuchten ihn Menschen aus Osaka, Tokio und ganz Japan in Nyokodo. Als er im Jahr 1946 zum ersten Mal bettlägerig wurde, begannen die einsamen alten Menschen aus Urakami, ihn in der Hütte zu besuchen. »*Sensei* (Doktor), Sie müssen einsam sein, deshalb bin ich vorbeigekommen, damit wir uns ein bisschen unterhalten können.« Und das Gespräch dauerte dann mehrere Stunden lang! Seine Freunde sagen, dass er niemals ungeduldig wurde, doch er bekennt in einem Buch, wie anstrengend dies sein konnte, wenn er gerade mitten im Schreiben eines Artikels oder Buches war. Die Zahlen der Besuche nahmen so stark zu, dass sie schließlich einen großen Teil seines Tages ausfüllten. Der Nationalexpress aus dem Norden kam jeden Tag um 7.20 Uhr an und die Lautsprecher am Bahnhof begrüßten die aussteigenden Passagiere mit den Klängen von *Die Glocken von Nagasaki*, das schnell zum inoffiziellen Lied der Stadt wurde. Um 7.40 Uhr tauchten die ersten Personen aus diesem 7.20-Uhr-Schnellzug bei Nagais Hütte auf. Dies geschah regelmäßig jeden Tag, sodass er sich darauf einstellte und sein Frühstück und seine Morgentoilette jeden Tag vor 7.40 Uhr beendete. Die einzige Ausnahme waren die Donnerstage, an denen ein Priester aus der Kathedrale mit der Eucharistie zu ihm kam, angeführt von Nagais altem Freund Yamada-san, der eine kleine Glocke läutete. Die Zahl der Besucher nahm so sehr zu, dass ihm häufig keine Stunden am Tag mehr zum Schreiben verblieben und er eine andere Zeit dafür finden musste. Darüber findet man Einträge wie den folgenden in seinem Tagebuch: »Wachte um ein Uhr morgens auf. Kaffee getrunken und dann habe ich bis sieben Uhr geschrieben.« Oder: »Um vier Uhr wurde ich unruhig, hörte mit dem Schreiben auf, und schlief bis zum Frühstück.« Da er stets ein Optimist und ein Mensch, der aus allem das Beste machte, gewesen war, sah Nagai die Schlaflosigkeit, die mit der akuten Leukämie einherging, als Gottes Weg an, der es ihm erlaubte, mit dem Schreiben nachzukommen.

Nyokodo war direkt neben einer Straße gebaut worden, die sich schon sehr bald zu einer sehr belebten entwickeln sollte. Die Hütte lag nur wenige Meter von der heutigen Nyokodo-Mae-Bushaltestelle entfernt und der zunehmende Strom an Passanten war ihm beinahe zu viel. Er konnte seine Privatsphäre nur aufrechterhalten, wenn er die zarten *Shoji* zuschob. Nagai liebte das gedämpfte Sonnenlicht, das durch die *Shoji* schimmerte und das jemand einmal mit den sanften Partien eines Klavierkonzertes von Beethoven verglichen hatte. Die Schönheit der *Shoji* hielt den Lärm jedoch nicht ab! In der Nacht und bei kaltem Wetter oder bei Stürmen wurden schützende Läden aus Glas und Holz davorgeschoben, doch an den meisten Tagen lebte Nagai mit dem Lärm der geschäftigen Straße vor Nyokodo. Nagais Freund Kataoka schreibt über eine Situation, bei der eine große Gruppe von Schülern bei einem Ausflug direkt zur Nyokodo-Hütte gebracht wurde, wo ihr Lehrer ihnen einen Vortrag über den außergewöhnlichen Mann hielt, der hier lebte. Die hauchdünnen *Shoji* dämpften die schallende Stimme fast gar nicht. Der Lehrer hätte genauso gut auch in der Nyokodo-Hütte sprechen können! »Meine Güte«, dachte Nagai. »ich bin zu einem Bären im Zoo geworden! Jemand sollte diesem Lehrer Manieren beibringen. Doch nein, Augenblick. Das ist ja falsch. Wenn es die Kinder glücklich macht, dann sollte ich mich darauf einstellen, dass ich ein Bär bin, der zur Schau gestellt wird.«

Gleiches zieht Gleiches an. Der 18. Oktober 1948 war ein milder Herbsttag. Die Ausläufer der Berge hinter der Kathedrale waren mit Federn des *Susuki,* des chinesischen Schilfgrases, geschmückt, dem fragileren östlichen Verwandten des Pampasgrases. Die ganze Erde blühte im Überfluss und die Bucht von Nagasaki glitzerte unter dem strahlend blauen Himmel. Doch Nagai war in großer Not. Untypischerweise lag er auf einer Seite, während er seinen schmerzenden Magen mit beiden Händen zusammendrückte. Er schaute desinteressiert durch den offenen *Shoji,* als einige Menschen in sein Blickfeld kamen. Seine Aufmerksamkeit wurde plötzlich gefesselt, als er eine achtundsechzigjährige Frau entdeckte, die er sofort erkannte. Sie hielt die Hand ihrer Sekretärin und Führerin, Polly Thomson, weil sie blind und taub war. Doch sie ging resolut mit einem weit ausschreitenden Gang »... wie jemand im Calisthenics[36]-Unterricht«, wie die kleine Kayano später sagte. Nagai erkannte Helen Keller von den Fotos aus den kürzlich erschienenen Zeitungsartikeln.

Der kleine Garten vor der Nyokodo-Hütte war mit großen Steinen im japanischen Stil übersät und Nagai rief eine Warnung aus: »Fuß, Stein! Fuß, Stein!« Doch zu dem Zeitpunkt war Helen Keller bereits an der Türschwelle angekommen und lächelte, streckte ihre Hand aus, um die seine zu ergreifen. Er rollte von seiner Matratze herunter und rutschte auf dem Rücken über die *Tatami*-Matte, während er versuchte, die winkende Hand zu erreichen. Doch er lag zu tief und die beiden rechten Hände wedelten kläglich in der Luft herum, ohne einander zu erreichen, während er sich wie ein hilfloser Käfer abmühte. »Der blaue Vogel war zur Nyokodo-Hütte geflogen, um mich zu sehen«, schrieb er, »doch ich konnte seinen flatternden Flügel nicht ergreifen.« Polly Thomson nahm schließlich Helen Kellers Hand und vereinte sie sanft mit Nagais.

[36] Calisthenics ist eine Form des körperlichen Trainings, das eine Reihe von einfachen, oft rhythmischen Bewegungen beinhaltet und für die nur das eigene Körpergewicht genutzt wird (Anm. d. Verl.).

Nagai fuhr fort: »Ihre Hand schien einen Strom von Wärme in meinem kranken Körper freizusetzen.«

Helen Keller hatte als Baby im Alter von achtzehn Monaten an einer Krankheit gelitten, durch die sie vollkommen blind und taub wurde. Nach einem heldenhaften Kampf, den sie gemeinsam mit der treuen Anne Sullivan, ihrer Lehrerin, ausgefochten hatte, lernte sie zu kommunizieren. Anne hatte in ihrer Kindheit ebenfalls Widrigkeiten durchstehen müssen – ihre eingewanderten Eltern starben, als sie noch ein kleines Kind war, und sie konnte entweder in den Stromschnellen der Hinterhöfe von Boston versinken oder lernen, darin zu schwimmen. Anne Sullivan brachte Helen Keller ein Hand-Tast-Alphabet bei. Mit Anne, die ihr die Vorlesungen in die Hand übertrug, absolvierte Helen schließlich vier Jahre am Radcliffe College und schloss mit *Summa cum laude* ab. Sie war damals vierundzwanzig Jahre alt und beschloss, den Rest ihres Lebens darauf zu verwenden, benachteiligten Menschen zu helfen, ein zufriedenstellendes Leben zu führen. *Collier's Encyclopedia* bezeichnete sie als »… eine der bemerkenswertesten Frauen der Geschichte«. Sie empfand großes Mitleid mit dem vom Krieg erschütterten, demoralisierten Japan und besuchte dieses Land im Jahr 1948. Die Japaner waren beeindruckt von Helen Keller und ihr Besuch brachte bleibende Frucht hervor. Nagasaki war ihr letzter Halt und früh am nächsten Morgen sollte sie wieder zurück in die Vereinigten Staaten reisen. Als sie ihren öffentlichen Vortrag in Nagasaki am Nachmittag beendet hatte, äußerte sie zwei Bitten – sie wollte am Epizentrum der Atombombenexplosion beten und Dr. Nagai in Nyokodo treffen. Nun hielt sie seine Hand.

Nagai war tief bewegt und sagte zu ihr: »Ich empfinde, dass unsere beiden Hände Teil des mystischen Leibes Christi sind.« Miss Thomson übersetzte und Helen lächelte warm, während sie antwortete: »Das stimmt, das stimmt. Mein Herz fließt einfach über und ich wünschte, ich könnte alles, was ich habe, jetzt hier ausgießen.« Am Ende ihres Besuches sagte sie: »Wir werden wahrscheinlich keine Gelegenheit haben, uns noch einmal zu treffen, doch unser Treffen hier hat mit Sicherheit eine ewige Bedeutung.« Nagai antwortete: »Ich werde das behüten, was ich heute von dem Treffen mit Ihnen geschenkt bekommen habe, bis wir uns im Himmel wiedersehen.« Helens Gesicht leuchtete auf und Nagai beschrieb ihr Lächeln als bezaubernd schön. Großmutter reichte ihr die Hand und dann Makoto. Als sich Kayanos Hand in die ihre legte und sie spürte, wie klein sie war, schossen ihr die Tränen in die Augen.

Ein anderer blinder Besucher, der zu Nagai kam, war der *Koto*-Musiker Michio Miyagi. Die *Koto,* die Wölbbrettzither, ist das traditionellste Musikinstrument in Japan. Sie hat dreizehn Saiten, die auf einen zwei Meter großen Rahmen gespannt werden, und sie lag ursprünglich auf dem *Tatami*-Boden, während man sie spielte. Der Zitherspieler kniete in der formellen *Seiza*-Haltung daneben, um die Saiten zu zupfen. Vor über zwölfhundert Jahren wurde der Vorgänger dieser Zither, die sechssaitige *Koto,* am chinesischen Hof gespielt. Der größte *Koto*-Spieler und Komponist der Moderne ist Michio Miyagi. Sein eigenes musikalisches Gespür wurde durch seine Blindheit geschärft und bis zu einem gewissen Grad traf das auch auf die Aufmerksamkeit seines Publikums zu. Er starb auf tragische Weise viel zu früh, als er den Halt verlor und aus einem Zug stürzte. Doch damals hatte er bereits einige der schönsten *Koto*-Konzerte komponiert, die es jemals gab. Von dem Moment an, als Miyagi in die Nyokodo-Hütte hineingeführt wurde, war eine enge Verbindung zwischen den beiden Männern vorhanden, die beide die harte Schule des Lebens absolviert hatten. Sie unterhielten sich in lebhaftem Austausch voller Humor, den die anwesenden Betrachter als sehr berührend empfanden. Nagai hatte sich früher einmal mit dem uralten Problem der Menschheit gequält: Wie kann es einen liebenden, allmächtigen Gott geben, wenn es so viel Böses und Leid auf der Welt gibt? Er hatte dieses Problem für sich selbst zufriedenstellend gelöst und wenn er Menschen wie Helen Keller oder Miyagi traf, dann bestätigte dies seine Überzeugungen. Leid, das dankbar angenommen wird, verfeinert das menschliche Herz, und die Erfahrung von Dunkelheit schärft den Blick des Geistes. Nach der Begegnung mit Keller und Miyagi schrieb er: »Solange man nicht gelitten und geweint hat, versteht man nicht wirklich, was Barmherzigkeit ist, und man kann einem Leidenden auch keinen Trost bieten. Wenn man nicht selbst geweint hat, kann man die Augen des anderen nicht trocknen. Solange man nicht in der Dunkelheit unterwegs war, kann man anderen Wanderern nicht helfen, den Weg zu finden. Wenn man nicht in die Augen des drohenden Todes gesehen und seinen heißen Atem gespürt hat, kann man nicht erneut von den Toten auferstehen und eine neue Freude verspüren, weil man am Leben ist.«

In dem kleinen Museum neben Nyokodo gibt es drei Briefe von Helen Keller – zwei an den Arzt und einen an die kleine Kayano – die von Miss Thomson getippt und von Helen Keller in ihrer rührenden und eindrucksvollen Handschrift unterzeichnet wurden. In dem einen Brief an Nagai steht unter anderem: »Ich habe eine liebliche Erinnerung an den Tag, an dem wir uns in Nagasaki die Hände geschüttelt haben und ich hörte, wie Sie an Gottes stützende Kraft glauben, die Gutes aus einer Katastrophe hervorbringt, und wie Sie mutig jede Gelegenheit nutzen, um Ihre täglichen Eindrücke einer tragischen Erfahrung für die wissenschaftliche Forschung aufzuzeichnen. Jetzt sind Ihre Bücher hier angekommen – ein Zeugnis des Triumphes Ihres Geistes über das körperliche Leid, und ich bin voll ehrfürchtiger Bewunderung.«

Einen zehnminütigen Spazierweg vom Matsuyama-Friedenspark entfernt – dem Epizentrum der Atombombenexplosion – befindet sich ein florierender Fotoladen namens »Nagasaki-Photo«. Der Eigentümer ist der siebenundsechzigjährige Itaru Takahara, der zeit seines Lebens in Nagasaki wohnte und ebenfalls ein *Hibakusha* ist, d. h. jemand, der eine signifikante Dosis der Strahlung durch die Atombombe absorbiert hat. Er war eng mit Dr. Nagai verbunden und arbeitete als Zeitungsreporter. In dieser Funktion berichtete er über den Besuch des

Kaisers in Nagasaki im Mai 1949. Der Kaiser wünschte, Nagai zu treffen. Somit ließen sie den schwachen Arzt ins Universitätskrankenhaus tragen, dessen Besuch auf der kaiserlichen Tagesordnung stand. Takahara hatte bereits von etlichen Reisen des Kaisers berichtet, bei denen er mit der Tradition gebrochen und die jahrhundertealte Sitte der Abgeschiedenheit aufgegeben hatte, um sich unter das Volk zu mischen. Diese Einsätze, die einst undenkbar gewesen wären, sollten die Moral einer demoralisierten Nation stützen und waren zudem der persönliche Beitrag des Kaisers zur Demokratisierung Japans. Die Militärs hatten ihn früher zum Halbgott ernannt und so »in den Himmel« gehoben, dass die einfachen Bürger ihm nie ins Gesicht sehen durften. Nun scheute er keine Mühen, damit sie ihn als einen der ihren anschauen konnten, einen, der genau wie sie unter der Niederlage litt und genauso mitgenommen war wie sie. Er war klein, mit runden Schultern, kurzsichtig, sehr scheu im Umgang mit Fremden und ungeschickt. Wenn er öffentlich auftrat, dann verkrampften sich seine Hände häufig in seinem Hut, als ob dieser ein Baseballhandschuh wäre, doch die Menschen bewunderten ihn nur noch mehr, weil er in seiner menschlichen Schwachheit zu ihnen kam. Nagai betrachtete die Rolle des Kaisers als entscheidend für die Wandlung Japans von einem Militärstaat zu einer Demokratie.

Takahara stand in der Nähe von Nagais Bett, als der Kaiser kam, um ihn zu besuchen. Im Gegensatz zu seinem Verhalten auf den anderen Reisen, von denen Takahara berichtet hatte, war der Kaiser im Umgang mit Nagai sehr entspannt. Er lächelte warm, während er mit Nagai über dessen Werke sprach, ihn mit echtem Interesse über seine Krankheit befragte und Dr. Kagiura aufforderte, alles medizinisch Mögliche für Nagai zu tun. Dann, während er sein Gesicht nahe zu den von Ehrfurcht ergriffenen Kindern des Arztes hinunterbeugte, sagte er mit einem Augenzwinkern: »Und vergesst nicht, eure Hausaufgaben gut zu machen und darauf zu achten, dass ihr zu guten Japanern heranwachst!« Sie antworteten beide in einer piepsigen Stimme mit Ja und ihr Herrscher antwortete mit einem breiten Lächeln und einem zustimmenden Nicken.

Nagai war tief bewegt von der Wärme und Anteilnahme des Kaisers und Takahara sah Tränen in den Augen des poetischen Wissenschaftlers, der sich von dem poetischen Kaiser verabschiedete. Nagai war vollkommen überzeugt von der Wichtigkeit des Kaisers für die Menschen des traditionsbewussten Landes Japan. »Der Kaiser kam auf einer Pilgerreise nach Nagasaki«, schrieb er. »Er kam, um die Toten zu betrauern und die Verletzten zu ermutigen und uns zu sagen: ›Bürger von Nagasaki, ihr habt so viel gelitten; meine Gedanken sind bei euch. Euer Opfer kann jedoch zu dem Felsen werden, auf dem der Frieden gegründet ist.‹« Nagai fand diese Worte umso überzeugender, weil die Kleidung des Kaisers einfacher als die seiner Begleiter aussah und weil sein Gesicht »... die Stärke und Barmherzigkeit eines Menschen ausstrahlte, der heiße Tränen vergossen hatte«.

Am 15. August 1949 wurde das vierhundertjährige Jubiläum der Ankunft des ersten christlichen Predigers in Japan, Franz Xavers, gefeiert. Die Hauptfeierlichkeiten fanden in Nagasaki statt und der australische Kardinal Gilroy kam als Abgesandter von Papst Pius XII. Der Kardinal äußerte gegenüber Erzbischof Yamaguchi von Nagasaki, dass er sich gern mit einem Opfer des Atombombenabwurfes treffen »... und mit ihm wie von Bruder zu Bruder sprechen wollte«. Der Erzbischof schlug Nagai vor und deshalb neigte der erste Kardinal aus Australien sein Haupt und betrat die kleine Nyokodo-Hütte. Nagai erzählt die Geschichte auf zwölf Seiten seines dreihundert Seiten starken Buches mit dem Titel *Itshigo Yo* (»Liebes Kind«), das er insbesondere im Blick auf seine Kinder geschrieben hatte:

»Meine lieben Kleinen, ein Kardinal ist etwas Besonderes. Er wählt den Papst und kann selbst Papst werden. Und dennoch war er hier, wie der Erzbischof mir vor seiner Ankunft mitteilte, um von ›Mann zu Mann, von Bruder zu Bruder‹ mit mir zu sprechen, und wisst ihr was? Genau das hat er mich spüren lassen. Er behandelte mich, als ob er ein alter Freund von nebenan wäre, ohne eine Spur von Pomp, Selbstgefälligkeit oder Herablassung. Er beherzigte die japanische Sitte, Geschenke mitzubringen, und brachte mir einen frisch gefangenen, fetten Aal und einen Zweig japanischer Mispeln mit. Meine Hände waren nur noch Haut und Knochen – und die Art, wie er meine rechte Hand nahm, war so sanft und warm! Seine englische Aussprache kam direkt aus Oxford und machte es mir leicht, ihn zu verstehen.

Er sprach vom weltweiten Kampf zwischen Gut und Böse und von den zwei Lagern, die sich bildeten: die Gläubigen und die Materialisten. Das Gebet ist ein Muss, sagte er, und wenn die Kranken ihren Schmerz und ihre Krankheit im Glauben aufopfern, dann wird dies ein ›Opfer‹ und ein ›Gebet‹. Ich war tiefer bewegt, als ich es ausdrücken kann.

Ein schriftlicher Bericht, meine Lieben, kann manchmal kalt und herzlos erscheinen. Leider kann ich die Gefühle, die er in mir auslöste, nicht mit meinen kleinen Bleistift einfangen. Ich fühlte mich wie ein kleiner Bruder, der mit seinem weisen und bescheidenen älteren Bruder spricht. Ich werde euch ein Beispiel nennen, um zu erklären, was ich empfand. Ihr wisst, wie es im März ist, wenn die erste warme Brise uns verspricht, dass die Härte des Winters nun hinter uns liegt. Genau das empfand ich bei ihm. Ich wollte am liebsten hinausrennen und jede kranke Person des gesamten Landes einladen, hereinzukommen und diesen älteren Bruder zu treffen, der so überzeugend über die Bedeutung unserer Krankheit und unseres Schmerzes sprach.

Gegen Ende des Besuches bat ich ihn, mich zu segnen. Was für eine Veränderung! Nun sah ich das Gewicht von echter Würde, nun sah ich einen Kardinal der heiligen römischen Kirche, der das Kreuzzeichen machte und um Gottes Segen für mich und meine kleinen Kinder bat. Ich bin sicher, ihr erinnert euch an die Geschichten, die ich euch über Ryosei, den Lautenspieler, erzählt habe. Er war halb blind, verkrüppelt und unterentwickelt, äußerlich ein hässlicher Mann, der von der Hand in den Mund lebte und von Haus zu Haus zog, um seine Laute zu spielen. Dann hörte er, wie Franz Xaver in Yamaguchi das Evangelium predigte. Er wurde ein wunderbarer Christ, ein Katechet und Bruder Lorenzo, ein Jesuit. Er schrieb das erste christliche Buch auf Japanisch, das fünfundzwanzig Kapitel dicke *Dochirina*. Außerdem traf er sich häufig mit dem *Taiko,* dem damaligen militärischen Herrscher unseres Landes, um ihm Angelegenheiten zu erklären, die die Christen betrafen. Er starb hier in Nagasaki, bevor Hideyoshi mit der antichristlichen Verfolgung begann. Erinnert ihr euch an diese Zeit, als Franz Xaver Japan verließ und Ryosei zum letzten Mal segnete? Irgendwie fühlte ich mich genauso, als Kardinal Gilroy mich segnete, als ob ich Bruder Lorenzo Ryosei wäre, der von Franz Xaver gesegnet wurde.«

Der Nordwind war gekommen wie eine Sichel, die die grünen Überreste des Sommers abmähte, und die Berghänge standen in roten, gelben und ockerfarbenen Flammen. Nagai liebte den Herbst, es war für ihn eine Zeit der tiefen Besinnung. Die japanischen Gedichte sind im Herbst mit Traurigkeit eingefärbt, weil diese Jahreszeit die schmerzliche Unbeständigkeit des Lebens bewusst macht. Das Schriftzeichen für *Ureru,* das japanischen Wort für »Klage«, ist eine Zusammensetzung aus den Schriftzeichen von »Herz« und »Herbst«. Nagai war der Überzeugung, dass diese Erkenntnis sowohl wahr als auch kostbar war. An mehreren Stellen schrieb er über die Notwendigkeit der Tränen. Die Tränen öffneten Augen und Herz für den Schmerz der anderen. Bashō, ein Wandermönch aus dem 17. Jahrhundert und einer von Nagais Lieblingsdichtern, drückte das sehr gut in einem *Haiku* aus: *Aki bukaki tonari wa nani wo suru hito zo* (»Die Tiefe des Herbstes. Ich frage mich, wie es dem Mann nebenan geht?«).

Der Herbst war die perfekte Kulisse für den Besuch des Geigenspielers Alexandre Moghilevsky in der Nyokodo-Hütte am 21. Oktober 1949. Er war auf einer Konzertreise quer durch Japan und hatte gerade erst politisches Asyl erhalten, als er ankündigte, dass er Nyokodo besuchen und für Nagai spielen wollte. Letzterer war erfreut, doch er fragte: »Darf ich die Kinder aus der benachbarten Yamazato-Grundschule und die Kinder der Blindenschule von Nagasaki, die vom Atombombenabwurf betroffen waren, dazu einladen?« Der Geigenspieler stimmte dem Vorschlag herzlich zu. Als er in Nyokodo ankam, fand er Nagai bettlägerig vor, umgeben von einer eher zerlumpten Schar von Kindern, die auf dem Boden saßen. Er fixierte seine Violine unter dem Kinn, um sie zu stimmen, und die kleinen Kinder erschraken über die mächtigen Töne, die aus diesem zerbrechlich aussehenden Instrument herauskamen. Eine Violine war ein seltener Luxus im zerstörten Urakami und viele kleine Kinder hatten noch nie zuvor eine solche gesehen.

Der Geigenspieler war bereit. Er verbeugte sich tief vor Nagai und noch einmal vor den Kindern. Sie saßen nun alle in der formellen *Seiza*-Haltung und antworteten gleichfalls mit tiefen Verbeugungen. Plötzlich durchflutete die Magie von Schuberts *Ave Maria* das Freiluft-Auditorium und die Kinder hörten gebannt zu. Für einen kurzen Moment vergaßen sie ihre Blindheit oder ihre schrecklichen Narben, während die Musik sie in eine Sphäre von Schönheit, Güte und Frieden enthob. Obwohl sie noch klein waren, saßen sie vollkommen still da.

Moghilevsky hatte aufgehört, doch keiner bewegte sich, und er stand einfach da, mit Tränen in den Augen. Nagai lag da und starrte an die Decke und genoss ein außergewöhnliches Gefühl der Befreiung von den Begrenzungen durch Raum und Zeit. Widerwillig brach er den Bann: *Moghilevsky-sama, arigato gozaima-shita* (»Vielen, vielen Dank«). Der Geigenspieler sprach durch einen Übersetzer, Takeo Aoyama: »Ich habe schon viele Konzerte in wunderbaren Konzerthallen gegeben, aber ich bin noch nie so bewegt von einem Publikum gewesen, wie heute hier.«

Nagais Zeichnungen von seiner Tochter Kayano.

29.

Der Nabel der Welt

In Nagais Korrespondenz mit den Leprakranken des Tama Zenshoen in Tokio legt er großen Wert darauf, sich mit ihnen zu identifizieren. »Mein Körper bricht ebenfalls auseinander«, beginnt er einen Brief. »Ja, er ist beinahe am Ende. Doch körperliches Leiden ist eine Möglichkeit, um einen Schatz für den Himmel zu sammeln. Nur wenige Jahre des ehrlichen Bemühens, unsere Lasten zu tragen (und Lasten sind Teil eines jeden Lebens), und dann werden wir erneut auferstehen und in eine ungetrübte Freude eintreten.« Ein anderer Brief lautet: »Ich war tief bewegt, als ich erfuhr, dass Sie für mich beten. Was für eine große Freude ist es, diese Liebe Gottes zu kennen, die unsere Briefe und unsere gegenseitige Unterstützung inspiriert hat.« Nagai verfasste eine Reihe von *Tanka*-Gedichten für diese leprakranken Freunde, denen er nie begegnet war. »Das Fleisch weint auf unseren Knochen, doch unser Geist ist klar, stark und unsterblich! Das ist die menschliche Größe!« Ein anderes lautet: »Auf der zerstörten, windgepeitschten Insel von Moloka'i brach der Körper von Pater Damian zusammen und sie verbrannten seine Überreste. Doch er lebt im Licht.« Nagai schreibt in einem anderen Brief: »Auch wenn unsere Körper aufgerieben und erschöpft sind, wie viel besser ist das doch, als wenn unsere Herzen verdorben wären!«

Nagai ertrug seine Beschränkungen und er schreibt frei und humorvoll darüber. Er konnte sich ärgern, wenn Kinder in der Bücherei herumtollten, die er neben Nyokodo für sie errichtet hatte. Weil das Studieren in den ersten Hütten, die in Urakami gebaut wurden, nahezu unmöglich war, und Bücher eine Rarität waren, nutzte er das Geld aus seiner Schriftstellerei, um eine kleine Bücherei aufzubauen, in der Kinder studieren konnten. Als sie fertig war, stellte er ein paar strenge Regeln über die Stille auf. Kinder, die diese Regeln brachen, erschraken über den lauten Ruf aus der Nyokodo-Hütte: »Seid leise oder geht nach Hause!« Es gab auch Situationen, in denen er einen scharfen Ton anschlug, doch er bereute dies schnell, wenn er sich selbst zu wichtig genommen hatte!

Professor Kataoka, ein Freund seit dem Jahr 1934, der seine Trauer teilte, weil er an »jenem Tag« ebenfalls sein Zuhause und Familienmitglieder verloren hatte, unterstützte Nagai bei dem Versuch, das christliche Urakami wieder aufzubauen. Kataoka schrieb die Einleitung für eine Reihe von Neuauflagen von Nagais Büchern und darüber hinaus im Jahr 1962 auch eine 366 Seiten lange Biografie über ihn. Kataoka schreibt in dieser Biografie, dass Nagai seine warmherzige Sanftheit mit einer starken Hingabe vereinte: »Ich kann mich an niemanden erinnern, der ihm begegnete und nicht berührt war von der Liebe, die aus dem ganzen Herzen dieses Mannes floss … Er besaß ein starkes Verantwortungsbewusstsein gegenüber denjenigen, die vor ihm gelebt und ihre Kultur und ihre Sitten weitergegeben hatten, und gegenüber denjenigen, die nach ihm kommen werden und denen wir das weitergeben müssen, was wir empfangen und für dessen Verbesserung wir gearbeitet haben. Dieses Pflichtgefühl entsprang aus einer echten Liebe und Loyalität gegenüber den Mitmenschen.«

Bettlägerigkeit kann einen Menschen selbstzentriert, launisch und anspruchsvoll machen. Kataoka lebte sechs Jahre lang sehr eng mit Nagai, dem Invaliden, zusammen und bemerkte, dass Nagai völlig frei von diesen verständlichen, wenn auch irritierenden Schwächen war. In seinen Büchern und Briefen stellte Nagai immer mehr die anderen in den Mittelpunkt. Er äußerte sich darin immer aufgeschlossener und dankbarer, je länger seine Krankheit dauerte. Seine leprakranken Freunde zum Beispiel sagten, dass sie sich schon auf seine Briefe freuten, weil es »fröhliche« Briefe waren.

In einem Buch, das er einen Monat vor seinem Tod vollendete, schrieb er: »Manchmal habe ich das Gefühl, dass ich zusammenbrechen würde, wenn ich noch eine Seite schriebe. Doch wenn ich sie zu Ende gebracht habe, bin ich bereit für mehr! In Wirklichkeit kann ich heute viel schneller schreiben als in der Zeit, in der ich vor vielen Jahren meine Dissertation verfasste. Damals schrieb ich, weil ich musste. Ich musste mich immer zum Weitermachen überreden, wie das Radteam einen Marathonläufer motiviert. Heute schreibe ich, nun ja, wie ein Junge, der das, was er macht, gern macht. Es geht mir wie dem Jungen, der an einem sonnigen Tag aufwacht und sagt: ›Wow, was für ein schöner Tag zum Baseball-Spielen!‹ Wenn er bei Regenwetter aufwacht, sagt er: ›Wow, was für ein großartiger Tag, um Aale zu fangen!‹ Selbst wenn ich mich keinen Zentimeter aus meinem Bett wegbewegen kann, gibt es eine Melodie tief in mir: ›Das mache ich jetzt!‹ Es ist die Art Musik, die die Jungen wie ihren Pulsschlag hören.

Manche Menschen schreiben *Haiku*-Gedichte, um davon zu leben. Wissen Sie, was ich darüber denke? Wir sollten unseren Lebensunterhalt verdienen, um selbst ein *Haiku*-Gedicht zu werden. Vielleicht plagen Sie sich in einer Fabrik mit einem hohen Geräuschpegel oder auf einem schlingernden Fischerboot oder Sie kämpfen ums Überleben in einem heruntergekommenen Laden. Es gibt Menschen, die *Haiku*-Gedichte in solchen völlig unpoetischen Situationen geschrieben haben. Und wenn wir es wirklich wollen, können wir jeden Tag jede Tätigkeit vierundzwanzig Stunden lang zu einem Gedicht machen. Natürlich müssen wir zuerst unser Herz formen, damit es sowohl ernsthaft als auch heiter ist! Wir müssen hinter die Oberfläche von Dingen sehen und nach der versteckten Schönheit suchen, die überall verborgen ist. Dann werden wir überall um uns herum herrliche Dinge entdecken. Dann wird jeder Tag zu einem *Haiku*-Gedicht.

Es gibt Menschen, die ihre Arbeit tun, weil sie sie tun müssen. Sie erledigen ihren Job, aber sie bezahlen einen hohen Preis in Bezug auf Freiheit und Freude. Kinder dagegen spielen mit Freiheit und Freude. Und war da nicht jemand, der uns sagte, wir müssten wie die Kinder werden?«

An vielen Stellen schrieb Nagai, dass die Bergpredigt sehr »praktikabel« und auf jede Dimension unseres Lebens anwendbar sei. Als er sein Studium an der Universität abgeschlossen hatte, so schrieb er, glaubte er, dass ein Arzt das Leben seiner Patienten in den Händen hielte. Er fuhr fort: »Diese Worte in der Bergpredigt – ›Selig sind die Trauernden‹ – sollten von den Ärzten wörtlich genommen werden. Ein echter Arzt leidet mit jedem Patienten. Wenn ein Patient Angst vor dem Sterben hat, dann empfindet auch der Arzt diese Angst. Wenn der Patient am Ende wieder gesund wird und sich bei ihm bedankt, dann antwortet der Arzt: ›Ich danke Ihnen.‹ Wenn der Patient ein alter Mann ist, dann behandelt man ihn wie seinen eigenen Vater; wenn er ein Kind ist, dann wie sein eigenes Kind … Jeder Patient wird dein Bruder, deine Schwester, deine Mutter, für die du alles andere zurückstellen würdest. Du überprüfst diese Tests und Röntgenaufnahmen immer wieder sorgsam von Neuem, du nimmst dir die medizinische Dokumentation vor, lässt keinen Stein ungeprüft auf dem anderen … Wie falsch lag ich als junger Arzt, als ich dachte, die Ausübung des Arztberufes wäre eine Sache der Medizintechnik. Das würde einen Arzt zu einem »Körpermechaniker« machen! Nein, ein Arzt muss eine Person sein, die in ihrem eigenen Körper und Geist alles spürt, was der Patient in seinem Körper und Geist erleidet … Ich bin zu der Überzeugung gelangt, dass Medizin eine Berufung ist, ein persönlicher Ruf Gottes – und das bedeutet, dass die Untersuchung eines Patienten, das Röntgen oder das Verabreichen einer Spritze Arbeiten sind, die Teil des Reiches Gottes sind. Als ich dies erkannte, begann ich für jeden Patienten zu beten, den ich behandelte.«

Wie Franz von Assisi, den er sehr liebte, fühlte Nagai sich bei den gelehrten Reichen genauso wohl wie bei den ignoranten Armen – und dies war auch umgekehrt der Fall. Menschen aus allen möglichen Schichten kamen, um mit dem armen Mann in der Nyokodo-Hütte zu sprechen: Gelehrte, Bauern, Gläubige, Atheisten, Kommunisten. Eine ungewöhnliche Bewunderin war Eva Perón, die ehemalige Schauspielerin und Frau des Diktators von Argentinien, die auf dem Rücken der »Hemdlosen« an die Macht kam. Sie sandte Nagai eine große Statue der Patronin von Argentinien, »Unserer Lieben Frau von Luján«, die sie einem japanischen Schiffskapitän anvertraute. Einige japanische Einwanderer, die in Brasilien lebten, waren sehr beeindruckt, als sie davon hörten, und fragten den Kapitän, ob er eine zweite Marienstatue für die Menschen in Nagasaki mitnehmen würde. Das Schiff fuhr nur bis Kobe. Deshalb brachte Kapitän Watanabe die beiden Statuen mit dem Zug nach Nagasaki. Die Beamten der Präfektur und der Stadt veranstalteten einen offiziellen Empfang für ihn am Bahnhof, wo die Flaggen beider Nationen stolz im Wind, der vom Meer herüberkam, wehten. Die zwei Statuen wurden in einen mit Blumen geschmückten Wagen gestellt und von einer Prozession von Menschen zu Nagais Hütte begleitet. Dort warteten bereits viele, die die Prozession mit brennenden Kerzen und Marienliedern begrüßten, angeführt von dreißig Junshin-Nonnen. Kapitän Watanabe betrat mit der von Eva Perón gesandten Statue die Nyokodo-Hütte und salutierte. Nagai bat ihn, den Sockel in seine Nähe zu bringen, damit er Marias Füße küssen konnte. Dann verabschiedeten sie sich von Nagai und die gesamte Gruppe zog in einer Kerzenlichterprozession weiter zur Kathedrale. Nagai und sein Glauben waren nun so sehr zu einem Teil des Lebens in Nagasaki geworden, dass schintoistische und buddhistische Zivilbeamte nichts Ungewöhnliches daran fanden, an diesem öffentlichen Akt der katholischen Hingabe teilzunehmen.

In Nagai war etwas von der südeuropäischen Heiterkeit, dieser Lebensfreude der mediterranen Heiligen wie Franz von Assisi, Philip Neri und Don Bosco zu erkennen. Man sieht das an einigen seiner Bilder, die er in chinesischer Tusche zeichnete, zum Beispiel an dem Bild der Jungen aus Urakami, die am Bibelunterricht teilnahmen. Sie sind etwa zehn Jahre alt und mehr oder weniger unaufmerksam und leidgeprüft. Einer macht eine Kaugummiblase, ein anderer schiebt heimlich ein Zitronenbonbon in die Hand eines Freundes; andere starren an die Decke. Ein nicht untypischer Bibelunterricht für Jungen! Die Zeichnung wird begleitet von einem Gedicht, das in dem humorvoll lokalen Dialekt geschrieben ist, einem Cockney-artigen Dialekt, der unter den Jungen in Nagasaki gesprochen wird. Übersetzt würde das Gedicht etwa so heißen: »Der linke heilige Augustinus zerbrach sich den Kopf; wirklich, er kratzte sich am Kopf. Aber weißt du, es war zweifellos eine harte Nuss: Drei Personen und nur ein Gott.« Das heitere Vehikel transportierte eine mühsam errungene Botschaft, die in Nagais Denken einen zentralen Platz einnahm, genauso wie bei Pascal: Das Geheimnis, wer Gott ist, kann nicht wie Mathematik oder wie die Wissenschaften erfasst werden.

Nagai schrieb: »Der Nichtgläubige, der außen steht und harte Schlussfolgerungen über die Messe zieht, gleicht einem älteren Menschen, den ich kannte und der in den Bergen lebte. Er hatte noch nie einen Film gesehen, doch er beschwerte sich über die heutige Jugend, die ihr ganzes Geld in Kinos verschwendete! Die Messe muss, wie so vieles im Leben, nicht erklärt, sondern erfahren werden. Statt mit dem Verstand begriffen, muss sie im Geist erfahren werden. Ich weiß in meinem Geist, dass ich Golgatha in der Messe erfahren habe. Wissen Sie, was ich mehr als alles vermisse, während ich hier so unbeweglich in der Nyokodo-Hütte liege? Mit Midori und den Kindern an der Sonntagsmesse teilzunehmen. Manchmal denke ich voller Wehmut an die Tage zurück, als ich einfach die Kathedrale besuchen konnte, um ein Gespräch mit Christus zu führen, der tatsächlich im Tabernakel anwesend ist.«

Nagai stimmte dem französischen Dichter zu, der geschrieben hatte, dass das Loch, das auf Golgatha für das Kreuz ausgegraben wurde, »zum Nabel der Welt« geworden ist. Wie viele Japaner empfand Nagai eine besondere Zuneigung zu diesem bescheidenen Teil unserer Anatomie und er drückte dies in vielen Zeichnungen und Gedichten aus – wie das *Haiku* für den Nobelpreisgewinner Hideki Yukawa, den Physiker, der ihn in Nyokodo besuchte. Es lautet: »Eine Wahrheit, eine Welt, ein Nabel im Zentrum unseres Bauches.« Für Nagai und die Buddhisten ist der Nabel kein Symbol der Selbstbezogenheit, im Unterschied zu dem deutschen Begriff »Nabelschau«. Er ist genau das Gegenteil. Der Nabel ist die Erinnerung daran, dass unser Körper und unser Leben Geschenke eines anderen sind. Die Natur hat dieses Zeichen genau ins Zentrum unseres Körpers gesetzt, wo man es nicht übersehen kann. Es ist das Symbol der Liebe, Güte und der heroischen Opferbereitschaft unserer Mütter. Nagai sah Mütter als Abbild Gottes und der Gnade an.

Er dachte, dass wir durch den Nabel zur Erde gebracht werden und dass er uns auch auf dem Boden der Tatsachen bleiben lässt. Dies wirkt der Tendenz entgegen, uns voller Selbstgefälligkeit aufzublähen, wenn die Dinge gut laufen. Er schreibt über eine heilsame Lektion, die er machte, als er sich selbst zu ernst nahm. Er war im Badezimmer. Wie die Armen in seinem Umfeld hatte auch er weder eine Klärgrube noch vernünftiges Toilettenpapier. Er fasste in die Schachtel mit den zerschnittenen Zeitungspapieren und wollte gerade ein Stück verwenden, als er sein eigenes Foto sah, das ihn anstarrte!

Nagai zeichnete ein Bild eines Schweines mit seinem Ringelschwanz, das heute das Firmenzeichen einer Konditorei-Kette in seiner Heimatpräfektur Shimane ist. Diese Zeichnung auf einer Postkarte war seine Antwort auf einen Brief, den ihm ein Atombombenopfer geschrieben hatte, das sich selbst bemitleidete, weil derjenige bettlägerig und »nutzlos« war. Unter diese Zeichnung schrieb Nagai: »Auch wenn wir beide an der Strahlenkrankheit leiden, wollen wir uns nicht aus dem aktiven Leben zurückziehen, selbst wenn wir überall hinten dran sind wie der Ringelschwanz des Schweines. Selbst der Schwanz hat eine bestimmte Aufgabe zu erfüllen.« Einige Zeit später schrieb der Mann zurück: »Mit der Hilfe von zwei Hunden und einem Wagen komme ich nun wieder herum und ich bemühe mich, meinen »Ringelschwanz-Part« im Leben zu spielen, dank Ihres Briefes.«

An besonderen Abenden bekamen seine beiden kleinen Kinder die Erlaubnis, in der Nyokodo-Hütte neben ihrem Vater zu übernachten. In einer dieser Nächte, als er in den frühen Morgenstunden aufwachte und ihr friedliches Atmen hörte, wurde er plötzlich von Freude überwältigt. Er nahm einen Bleistift und schrieb: »Wir leben, wir sind am Leben! Und ein ganz neuer Tag wartet auf uns!« Als er spürte, dass seine Zeit langsam ablief, schrieb er immer mehr für seine beiden Kinder. Er erinnerte sich an die Zeit, als Makoto ein kleiner Junge war und entschlossen für seinen Vater, der im Krieg war, bei der Beerdigung seines Großvaters einsprang. Der Schnee wirbelte um die traurige kleine Prozession, die den Hügel hinter dem alten Heim mit dem *Kaya*-Strohdach hinaufstieg. Makoto war damals erst vier Jahre alt, doch Midori hatte Nagai in einem Brief berichtet, wie der kleine Junge die Schneeflocken aus seinen Augen wischte und seine kleinen Schritte beschleunigte, um nicht zurückzufallen. »Das Erklimmen dieses Hügels im Schnee, Makoto«, schrieb Nagai, »ist ein Symbol für unser gegenwärtiges Leben im besiegten Japan.«

In einem Buch, das er speziell für seine Kinder geschrieben hatte, als Makoto vierzehn und Kayano acht Jahre alt war, sagt er: »Schon bald werdet ihr Waisen sein und wohl oder übel müsst ihr einen steilen, schroffen und einsamen Pfad erklimmen. Euer christlicher Glaube wird keine Droge sein, die den Schmerz betäubt. Doch ich versichere euch eines: Euer einsamer Pfad ist genau das, was Gott in seiner Vorsehung ausgewählt hat, besonders für euch! Akzeptiert diesen als solchen und fragt Gott immer wieder: Wie kann ich ihn zu deiner Ehre nutzen? Das ist keine gängige Psychologie und auch keine clevere Methode, um die Traurigkeit abzuschütteln. Nein, es ist die einzig echte Antwort auf das Mysterium des Lebens. Wenn ihr glücklich seid, dann nehmt dies ebenfalls als seine Vorsehung an und bittet ihn im Gebet, dieses Glück zu seiner Ehre zu bewahren.

Krankheit und Schwierigkeiten sind keine Zeichen dafür, dass wir fern von Gott sind oder er uns ablehnt. Schaut euch das Leben der großen Heiligen unserer Tage an – zum Beispiel von Therese von Lisieux und Bernadette von Lourdes. Nein, wir glauben nicht an einen Gott der kleinen Taten, der seine Lieblinge in der Lotterie gewinnen lässt und die anderen willkürlich ignoriert. Er ist zu groß, um so zu handeln ... Er wird jedoch immer auf echtes Gebet antworten! Ihr werdet immer wieder erleben, wie es kranken Menschen, die wissen, wie man betet, besser geht. Das ist nicht zwingend ein Wunder. Es ist oftmals das natürliche Resultat eines Lebens in einem Umfeld seines Friedens und seiner Gnade. Ich könnte auf wundersame Weise von Leukämie geheilt werden und das wäre gut. Doch wenn ich nicht geheilt werde, dann ist das auch gut und das stört mich kein bisschen. Ich will nur das, was er für mich geplant hat; das Einzige im Leben, an dem ich interessiert bin, ist, dass ich für ihn lebe – einen Tag nach dem anderen, getragen durch das Gebet.

Gott hat nie gesagt, dass ihr große Taten für euer Land und die Menschheit tun müsst, um gut gelebt zu haben. Was wäre dann mit all den kranken Menschen auf der Welt? Schaut zum Beispiel mich an, der die ganze Zeit Hilfe benötigt. Man kann nicht gerade sagen, dass wir Kranken und Bettlägerigen ›nützlich‹ für die Welt sind! Doch um Nutzlosigkeit geht es nicht. Unser Leben hat einen großen Wert, wenn wir die Situation mit Anstand akzeptieren, die uns von der Vorsehung zugedacht ist, und weiterhin in Liebe leben. Ein kranker Mensch, der das verstanden hat, dessen Leben wird so erfüllt sein, dass darin kein Raum für morbide Todessehnsüchte bleibt.

Manche Menschen bekommen einen Knoten im Gehirn, weil sie Gottes Vorsehung als ›Ungerechtigkeit‹ betrachten. Warum leiden einige Menschen an einem niedrigen IQ, an Körperbehinderungen, körperlicher Schwäche, materieller Armut? Ich weiß es nicht, doch ich kann euch Folgendes versichern: Wenn wir uns alle so akzeptieren, wie wir sind, dann ist es hundertprozentig sicher, dass wir eines Tagen an den Punkt kommen, an dem wir erkennen, wie Gottes Pläne erfüllt wurden, und zwar genau durch unsere Schwachheit ... Unsere Talente und Handicaps mögen vielleicht sehr unterschiedlich sein, doch in einem sind wir alle gleich: Jeder von uns wurde geboren, um Gottes Herrlichkeit zu offenbaren, um ihn hier auf dieser Erde zu erkennen, zu lieben und ihm zu dienen und um Anteil an seinem ewigen Leben nach dem Tod zu haben ... Meine lieben kleinen Kinder, ihr seid keine Genies und euch steht eine harte Zukunft bevor. Das stimmt, doch wenn ihr die wichtige Entscheidung trefft, demütig und liebevoll zu leben, dann werdet ihr ein fruchtbares Leben führen und glücklich sein.

Wir alle werden Rechenschaft über unser Leben ablegen müssen, wenn wir sterben. Gott wird es nicht interessieren, wer oder was wir waren. Nein, ihn interessiert nur, wie wir gelebt haben. Allein dies wird beim Gericht zählen. Ein Werkleiter wird keinen anderen Rang als ein Kellner haben und die Frau eines Fischers wird auf der gleichen Ebene stehen wie die Frau eines Millionärs. Schiffsoffiziere werden keinen Vorzug vor Schiffsköchen haben. Alle werden mit genau demselben Maß beurteilt werden: Haben wir unsere Talente gut und zu seiner Ehre eingesetzt? Der Arme und überwiegend Untalentierte wird dafür genauso Rechenschaft ablegen müssen, falls er sich dafür entschieden hat, sich über die ihm gegebenen Talente hinwegzusetzen. Doch wenn ihr das Beste aus dem macht, was ihr bekommen habt, dann ist es nicht einfacher oder schwerer, ob ihr nun ein Minister oder ein Tischler, ein Schiffskapitän oder ein Schiffsjunge seid.«

Einige junge Menschen aus Hiroshima schickten ihm als Geschenk Lotusblüten nach Nagasaki. Der Lotus ist das Emblem von Hiroshima und nimmt schon lange einen Ehrenplatz in den Herzen der Buddhisten ein. Weil er auch in stinkenden Sümpfen wächst und gedeiht, wurde er als Symbol für den barmherzigen Buddha ausgewählt, der Güte in die korrupten menschlichen Herzen hineinlegt. Nagai war erfreut über die Geste aus Hiroshima und antwortete mit einem christlichen Symbol aus seinem Garten in Nyokodo, mit weißen Rosen.

Die Rose ist das christliche Symbol der Liebe, die von Maria vorbildlich veranschaulicht wird. Einer ihrer frühen Titel, den Nagai liebte, war »Mystische Rose«. Er stellte fest, dass das Wort »Rosenkranz« von *Rosarium* abstammte, dem lateinischen Wort für »Rosengarten«. Das Gebet zu Maria ist ein grundlegendes Element der Spiritualität der verborgenen Christen in Nagasaki gewesen und dies wurde es auch für Nagai. Obwohl seine erste Hütte im zerstörten Urakami beinahe kahl war, betrachtete er sie als adäquat möbliert, »... solange es ein Neues Testament, ein Kruzifix und eine Marienstatue gab«, Gegenstände, die bis zu seinem Ende neben seinem Bett zu finden waren. Kurz vor seinem Tod tauchte ein protestantischer Fundamentalist in Nyokodo auf. Der Besucher fühlte sich von der Marienstatue herausgefordert und tadelte Nagai fortwährend streng wegen seiner »heidnischen Anbetung«. Nagai bat ihn, einen Moment innezuhalten, damit er antworten konnte. Sein Lächeln war aus seinem Gesicht verschwunden. Er machte eine Pause, damit seine Worte ankommen konnten: »Ich denke, dass Sie selbst durch Ihre enge Interpretation gegen die Lehre der Bibel über Bilder verstoßen. Sie beten die Bilder Ihres eigenen Verstandes an, die von Menschen gemacht und sehr anfällig dafür sind, zu Götzen zu werden. Und auf subtile Weise, weil sie ja so geistlich aussehen!« Er fuhr fort und berief sich auf seine eigene Erfahrung und auf die von unzähligen Christen im Laufe der Jahrhunderte: Das Gebet zu Maria führt uns zum Herzen des Evangeliums, nämlich dazu, ein treuer Jünger Christi zu sein. Man erkennt einen Baum an seinen Früchten. Das Gebet zu Maria bewirkt das Erleben der Früchte des Heiligen Geistes.

Die verborgenen Christen sangen früher ein Volkslied – verschlüsselt, damit die lauschenden Spione keinen Sinn dahinter entdeckten – über die Kirche, die eines Tages nach Japan zurückkehren würde, »in Schiffen, die vom Heiligen Vater geschickt würden, mit Segeln, die das Zeichen Marias tragen«. Am 14. Mai 1949 kam der Nuntius für Japan, Erzbischof Fürstenberg, aus dem Vatikan mit einer Botschaft und einem

Rosenkranz von Papst Pius II zur Nyokodo-Hütte. Es war beinahe eine wörtliche Erfüllung dieses Liedes und Nagai liefen die Tränen über das Gesicht, als er die Perlen annahm. Dieser Rosenkranz blieb bei ihm in seinem Bett, bis er zwei Jahre später mit dem Rosenkranz in seinen Händen starb.

Beispiel einer von Nagais Kalligrafien:
Heiwa Wo (»Frieden«)!

30.

Kirschblüten fallen am dritten Tag

Im Februar 1950 hatten Nagais weiße Blutkörperchen den unfassbaren Stand von 390 000 pro Kubikmillimeter erreicht und sein Arzt sagte, dass das Ende bevorstehe. Sein jüngerer Bruder Hajime versammelte alle Familienmitglieder um ihn. Nagai war verärgert, weil alle so bedrückt aussahen, und er beschloss, ihre Stimmung zu heben. Er begann, ihnen lustige Geschichten aus seiner Zeit in der Armee zu erzählen und schon bald lachten alle. Kataoka, der seine Biografie schrieb, merkte an, dass diese Fähigkeit, sich über den Schmerz zu erheben und Freude auszustrahlen, eine Eigenschaft von Nagai war, die seine Freunde sehr anziehend fanden.

Das buddhistische Japan ist, wie bereits gesagt, sehr stolz auf seine lange Tradition des *Nembutsu,* der stillen Wiederholung des Gebetes *Namu Amida Butsu* (»Ich bin vollkommen von dir abhängig, Amida Buddha«), das häufig mithilfe der *Juzu*-Gebetsperlen gesprochen wird. Die Berichte über die japanischen Christen im 17. Jahrhundert bezeugen den weitverbreiteten Gebrauch einer Art von christlichem *Nembutsu,* das sie insbesondere dann verwendeten, wenn Folter eingesetzt wurde, um den Geist der Christen zu brechen, die zum Tode verurteilt waren. Manche wurden in Edo (heute Tokio) an hölzerne Pfosten gebunden; andere wurden in Sendai an Stangen in eiskaltem Wasser festgebunden; wieder andere wurden in Unzen in den heißen Quellen langsam zu Tode verbrüht. Sie murmelten immer und immer wieder, wie bei einem *Nembutsu:* »Jesus, Maria, Josef. Jesus, Maria, Josef«, in einer Art von einfachem kontemplativem Gebet. Es wird berichtet, dass das Gleiche während der Verfolgungen in den Jahren um 1860 und 1870 geschah. Diese Art Gebet lag in diesem letzten und schmerzhaftesten Jahr seines Lebens auch immer häufiger auf Nagais Lippen. Manchmal lag seine Temperatur zehn Stunden lang bei über 39 Grad Celsius. Makoto oder ein Familienmitglied schlichen sich dann auf Zehenspitzen herein, um zu sehen, ob Nagai etwas brauchte, und sie fanden ihn, wie er sich in Richtung seines Altars gedreht hatte und immer wieder kaum hörbar vor sich hin murmelte: »Jesus, Maria, Josef.«

Nagais Leukämie verursachte nun Schmerzen, die durch die Knochenschwellung entstanden, und es gab keine Medikamente, um diese zu lindern. Doch zum Erstaunen seines Arztes arbeitete er weiterhin kontinuierlich an einem Buch, das viele für sein Bestes halten: *Nyokodo Zuihitsu* (»Reflexionen aus Nyokodo«). Er konnte nie länger als bis drei oder vier Uhr morgens schlafen, und wenn er aufwachte, trank er eine Tasse Kaffee und stürzte sich dann wieder in die Arbeit an seinem Buch. Seine Gedanken verweilten immer stärker bei jenen alten Freunden, den Märtyrern von Nagasaki. Er hatte schon früher über sie geschrieben, doch sein Stil änderte sich in dem langen und ausführlichen Kapitel, das er ihnen in diesem Buch widmete, drastisch. Es liest sich wie ein persönlicher Kreuzweg. Er zeichnet ein lebendiges Bild von der Grausamkeit und dem gewaltsamen Tod, von der schrecklichen Stille und dem scheinbaren Versagen Gottes. Indem er seinen Lesern versichert, dass die blutigen Tode der sechsundzwanzig Menschen bedeutungsvoll und großartig waren, spürt man, dass er sich selbst ermutigt, während er über seinen sich verschlechternden Zustand und das Schicksal seiner beiden Kinder nachsinnt.

Nagai schreibt ausführlich und gefühlvoll über die letzte Stunde von Paul Miki, einem der sechsundzwanzig Gekreuzigten in Nagasaki. Gemäß dem *Bushidō*-Kodex der *Samurai* ist es die größte Tugend, treu für seinen *Shukun* bzw. Lehnsherrn zu leben und zu sterben. Das Symbol, das die *Samurai* für sich selbst gewählt hatten, war die Kirschblüte, weil ihre Blütenblätter drei Tage nach dem Aufblühen abfallen. Ein *Samurai* muss bereit sein, jung zu sterben, wenn es die Ehre erfordert. Nagai sah die Gefahren, die in diesem Ideal steckten, doch er sah auch die herrlichen Aspekte – genauso wie Franz Xaver und sein Nachfolger Valignano. Miki sang vor seinem Tod ein »Abschiedslied« und Nagai, ein Nachfahre der *Samurai,* dachte, dass es an der Zeit sei, sein eigenes Lied zu komponieren. Seine Inspiration war nicht die Kirschblüte, sondern die weiße Rose. Natürlich kann man den Rhythmus der japanischen Lyrik im Deutschen nicht richtig wiedergeben, doch Nagais Gedicht lautete folgendermaßen: »Auf Wiedersehen, mein Fleisch. Ich muss nun weiterziehen, genauso wie der Duft die Rose verlassen muss.«

Anfang des Jahres 1951 gab es Neuigkeiten, die seine Stimmung hoben und seine kreative Energie für ein weiteres Buch entzündeten, das sein letztes sein sollte: Die Jesuiten bauten die Marienkapelle *Otome Toge* in Tsuwano. Dies war der Ort, an dem Jinzaburo Moriyama, der Vater des Priesters, der Nagai getauft hatte, seine Prüfung auf Leben und Tod durchgestanden hatte, und wo dessen Bruder, der vierzehnjährige Yujiro, und fünfundzwanzig andere einen grausamen Tod für ihren christlichen Glauben erlitten. Nagai hatte oft mit dem alten Jinzaburo und den anderen Überlebenden über dieses »babylonische Exil« gesprochen. Er hatte schon lange vorgehabt, ein Buch darüber zu schreiben und hatte viel Material gesammelt, doch plötzlich erkannte er, dass er es jetzt oder nie schreiben musste. Er begann das Buch am 1. April 1951 und beendete es am 22. April, drei Tage, bevor eine massive Blutung seinen rechten Arm lähmte. Er starb weniger als eine Woche später. Nagais Buch heißt *OtomeToge.* Dies ist der Name des Bergpasses in den Außenbezirken von Tsuwano, wo die Christen gefangen gehalten und gefoltert wurden. Der geistliche und literarische Reiz dieses einundachtzig Seiten langen Buches hatte einen großen Einfluss darauf, dass Tsuwano sich zu einem der beliebtesten christlichen Pilgerorte im modernen Japan entwickelte. Die

Ärzte, die die Autopsie nach Nagais Tod vornahmen, waren erstaunt, dass er das Buch hatte überhaupt noch schreiben können, als sein Körper und sein Nervensystem bereits buchstäblich stillgelegt waren. Enge Freunde konnten seine Anstrengung an den vielen Fehlern erkennen, die er bei seinen lebenslang geliebten chinesischen Schriftzeichen gemacht hatte. Nagai akzeptierte dieses letzte körperliche Leiden als angemessen für jemanden, der über Märtyrer schreibt. Die allerletzte Zeile des Buches ist ein Zitat von Tertullian aus dem 3. Jahrhundert: »Das Blut der Märtyrer ist der Same für die Christen.« Diese Worte waren die letzten, die Nagai schreiben sollte.

Er hatte seine Alma Mater, das Universitätskrankenhaus von Nagasaki, angewiesen, ihn zu holen, bevor er starb, damit die jungen Studenten die letzten Stadien der Leukämie beobachten konnten. Doch es gab noch etwas, was er klären wollte, bevor er Nyokodo verließ. Die Vereinigung der katholischen Ärzte in Italien hatte ihm geschrieben und ihm mitgeteilt, dass sie ihm eine Statue von »Unserer Lieben Frau vom Frieden«, gemeißelt aus Carrara-Marmor, gesandt hatten. Bevor sie diese mit einem Schiff nach Japan zum Versand brachten, hatten sie sie im Dezember 1950 nach Rom gebracht, um sie von Pius XII segnen zu lassen. Sie hofften, inspiriert durch Nagais Schriften, dass diese Statue vor der Kathedrale in Nagasaki aufgestellt würde, um die Vorbeigehenden einzuladen, für den Frieden zu beten. Nagai war hocherfreut. Der Verwalter der Kathedrale kam zu ihm in die Nyokodo-Hütte und gemeinsam beschlossen sie, dass die Statue am südwestlichen Eingang der Kathedrale stehen sollte. Nagai beauftragte umgehend Steinmetze mit der Errichtung eines festen Sockels. Das Schiff, das die Statue transportierte, legte im März in Kobe an, doch aus einem unerklärlichen Grund fehlte die Statue.

Während Nagai in Nyokodo auf die Statue des Friedens wartete, sprach er angeregt mit seiner Familie, seinen Freunden und Besuchern über die Notwendigkeit, dafür zu arbeiten und zu beten, dass Krieg, vor allem ein nuklearer Krieg, verboten werden sollte. Er sagte: »Es besteht ein großer Bedarf für eine

Friedensbewegung, die aus Menschen besteht, die sich für Gerechtigkeit, Geduld und Liebe engagieren. Sie müssen von einer Hingabe angetrieben sein, die auch persönliche Opfer und die Verwandlung des Herzens miteinschließt. Ohne diese Dinge können wir nicht aus unserer Selbstzentriertheit herauskommen, die der wahre Feind des Friedens ist.«

Nagai musste nun fast die ganze Zeit durch Schmerzen ertragen und seine Gedanken gingen zurück zu der Totengedenkmesse, als er die Christen von Urakami aufgefordert hatte, die Opfer des Atombombenabwurfes als *Hansai*, als Brandopfer, anzusehen, das Gott in vertrauendem Glauben dargeboten wird. Nun war er selbst eine Art lebendes *Hansai*, doch er bewahrte den Frieden in seinem Herzen. Er sagte, dies sei die persönliche Bestätigung dafür, dass seine *Hansai*-Erkenntnis richtig war.

Sein Denken wandte sich den Atheisten und Agnostikern zu. Er vergaß nie, dass er selbst ein Ungläubiger gewesen war und er verlor auch nie sein Verständnis für sie. »Wir müssen weiter für sie beten«, sagte er, doch er fügte mit einem traurigen Unterton hinzu: »Ein Wissenschaftler, der sagt, dass wir als zufällige Mutation aus Amöben entstanden sind, kann den Regenbogen nicht wirklich sehen, und das ist sehr schade!« Er realisierte noch nicht, dass das Ende nur noch wenige Tage entfernt war. Sein rechter Arm war nun komplett gelähmt und sein Arzt wusste, dass er große Schmerzen aushalten musste. Nagais heiteres Gesicht zeigte jedoch keine Anzeichen darüber und er verbrachte die Tage tief im Gebet versunken.

In der Nacht zum 29. April erlitt er eine weitere massive Einblutung, dieses Mal in seiner rechten Hüfte, die auf eine enorme Größe anschwoll. Er konnte den Schmerz nun nicht länger stumm ertragen und seine Familie, die von seinem Stöhnen aufgeschreckt wurde und befürchtete, dass das Ende nun vielleicht gekommen sei, kniete sich um ihn herum. Sie holten eine Schwester aus der Krankenhauspflegestation zu ihm. Sie war schockiert, als sie seinen Zustand erkannte, und flehte ihn an, »… durchzuhalten, weil so viele Ihrer bedürfen«. – »Doch es ist so schmerzhaft«, keuchte er. »Wenn ER nur schnell käme ... Beten Sie für mich; bitte, beten Sie für mich.« Der Arzt gab ihm eine Morphiumspritze und er versank einige Stunden lang in einen Schlaf.

Schwester Utako, was »Kind des Liedes« bedeutet, blieb die ganze Nacht an seiner Seite. Er wachte um ein Uhr mit großen Schmerzen und einem wahnsinnigen Durst auf. »Ich bringe Ihnen etwas zu trinken«, bot sie ihm an. Er antwortete: »Nein, ich möchte heute die Kommunion empfangen, deshalb möchte ich bis danach warten.« – »Aber Herr Doktor, kranke Menschen sind nicht zum Fasten verpflichtet.« – »Ja, ich weiß«, antwortete er mit gebrochener Stimme, »doch ich werde warten.« Er konnte nicht wieder einschlafen und fragte sie von Zeit zu Zeit, wie spät es sei. Als sie ihm schließlich mitteilte, dass es fünf Uhr morgens sei, sagte er zu ihr: »Schnell, senden Sie meinen Jungen Makoto zur Kathedrale. Der Pater wird nun aufgestanden sein. Lassen Sie ihm ausrichten, dass ich gern die Kommunion empfangen möchte.«

Der Priester kam sofort. Nagai mühte sich mit einer Verbeugung ab, hörte intensiv auf die Gebete und empfing nach einer weiteren anstrengenden Verbeugung die kleine konsekrierte Hostie. Er bewegte sich nicht, bis er sein fünfzehnminütiges Dankgebet beendet hatte. Die Schwester half ihm, ein Getränk aus zerstoßenen Erdbeeren, Milch und Wasser zu sich zu nehmen. Dann kamen seine Freunde von der Vinzenzgemeinschaft mit einer hölzernen Bahre, die sie gefertigt hatten, um ihn zum Krankenhaus zu tragen. Sie hoben ihn auf die Bahre und Matsuo-san, Nagais langjähriger Freund und Schüler, bemerkte, wie bei jeder Bewegung der Bahre Wellen von Schmerzen über sein Gesicht jagten. Nagai schloss seine Augen und vermittelte den Eindruck, eingeschlafen zu sein, doch draußen vor der Hütte öffnete er sie wieder und richtete seinen dankbaren und traurigen Blick zum letzten Mal auf Nyokodo – so wie der heilige Franziskus, als er einen letzten zärtlichen Blick auf die Stadt Assisi und ihre Bergkulisse geworfen hatte, bevor man ihn zum Sterben hineintrug.

Die traurige kleine Prozession war etwas mehr als einen Kilometer gegangen, als sie am Fuß des Hügels der Kathedrale neben dem Sockel der vermissten Statue anhielt, weil Nagai darum bat, hier zu Unserer Lieben Frau um Frieden zu beten. Nagai blickte mit schmerzvollem Gesicht auf den leeren Sockel, der auf die verloren gegangene Statue wartete. Er sprach mit heiserer Stimme über den Krieg, der in Korea wütete, nur auf der anderen Seite der Tsushima Straße, und er bat sie, in ein Gebet um das Ende des Krieges mit einzustimmen.

Nagai verbeugte sich zu der Kathedrale hin und signalisierte ihnen, dass er nun bereit war, den Weg fortzusetzen. Die vier Freunde hoben die Bahre wieder an und trugen die Bahre weiter. War es das starke Sonnenlicht oder war die Welle der Gefühle zu stark für sein schwaches Nervensystem? Matsuo-san bemerkte, dass etwas nicht stimmte, und signalisierte den Trägern anzuhalten. Er fragte Nagai, wie es ihm gehe. »Ich bin blind geworden«, antwortete er. Einer der Träger rannte nun davon und kam mit dem Einzigen zurück, was er auftreiben konnte: einer Flasche Whisky! Nagai lächelte und stimmte zu, dass ein Drink ihm vielleicht helfen könnte, und nahm einen Schluck. Sein Augenlicht kehrte zurück und sie machten sich wieder auf den Weg. Als sie das Krankenhaus mit seinem Geruch nach dem Desinfektionsmittel Karbol betraten, atmete Nagai die Luft ein und sagte mit scheinbarem Ernst: »Dieser Laden stinkt wie ein Krankenhaus.« Matsuo und seine Freunde stellten die Bahre ab und schüttelten sich vor Lachen, mehr aus Erleichterung über seine offensichtliche Besserung als aus irgendeinem anderen Grund.

Seine alte Freundin, die Oberschwester Hisamatsu, erschien und führte sie zu seinem Zimmer. Oberschwester Maeda kam herein und begann, aufmunternd mit ihm zu sprechen, auch wenn die Emotionen ihr fast die Kehle zuschnürten, als sie sah, wie schlecht er aussah. Bestürzt versuchte sie, ihr Gesicht mit einem Taschentuch zu bedecken. Nagai lächelte und sagte: »Ja, das ist unsere Oberschwester Maeda, immer noch genauso vornehm wie die Kaiserin!« Die Schwestern lachten wider Willen.

»Wollen Sie, dass wir Sie mit einem Schwamm abreiben?«, fragte Hisamatsu. »Ja, bitte meinen ganzen Körper.« Sie verstanden – er bat sie, seinen Körper auf den Tod vorzubereiten. Es ist ein japanischer Brauch, den Körper vor dem Tod noch einmal zu waschen.

Anschließend kamen Professoren und Ärzte herein und seine Familie erschien und war erfreut, dass er frischer und stärker aussah. Die Nacht brach herein und sie beteten die Abendgebete an seinem Bett. Die Ärzte versicherten ihnen, dass keine unmittelbare Gefahr bestehe. Deshalb gingen sie nach Hause und baten ihn, sich gut auszuruhen. Ein Schatten der Enttäuschung zog über sein Gesicht, doch er sagte nichts. Sein Sohn Makoto und Schwester Utako beschlossen jedoch, bei ihm zu bleiben. Um 21.40 Uhr bekam er plötzlich einen Schwindelanfall und er sah verloren umher und fragte, wo der Rest der Familie sei. Krämpfe schüttelten seinen ganzen Körper und er flüsterte mit rauer Stimme: »Schnell, ruft *Shinpu-sama.*« Schwester Utako bat den jungen Makoto, jemanden zu bitten, in der Kathedrale anzurufen, und sie fragte Nagai, ob er ein wenig Lourdes-Wasser trinken wolle. Er nickte und trank es schnell. Beinahe unmittelbar danach wurde er bewusstlos und ein Arzt, der gerade ins Zimmer gekommen war, injizierte ihm ein das Nevernsystem, den Kreislauf und den Stoffwechsel anregendes Mittel. Nagais Augen öffneten sich und wanderten in dem vergeblichen Versuch umher, sich auf etwas auszurichen. »Jesus, Maria, Josef«, begann er kräftig, doch seine Stimme wurde heiser und sie konnten das Ende seines Gebets kaum noch hören: »In deine Hände befehle ich meinen Geist.« Die erschrockene Schwester Utako drückte Makoto das große Familien-Kruzifix in die Hand und zeigte auf seinen Vater, und der schluchzende Junge trug es an die Seite des Bettes. Nagais rechte Hand sah nun wie der gebrochene Flügel eines sterbenden Vogels aus. Sein linker Arm, mit dem er nun kaum noch den Rosenkranz von Papst Pius XII halten konnte, schoss plötzlich nach oben und griff nach dem Kruzifix in der Hand seines Sohnes. Mit einer Stimme, die überraschend stark war, rief er aus:

Inotte kudasai (»Betet, bitte, betet«). Plötzlich war alles vorbei. Oberschwester Hisamatsu dachte, dass sie noch nie zuvor einen solchen Todeskampf gesehen hatte – intensiv und dramatisch, aber dennoch schnell und friedvoll.

Der Priester der Kathedrale stürzte ins Zimmer, schockiert und voller Schuldgefühle, weil Nagai ohne die Letzte Ölung gestorben war, doch der Arzt versicherte ihm: »Wir sind alle überrascht worden. Man konnte nicht vorhersehen, dass er so schnell sterben würde.« Die Oberschwester fügte hinzu: »Ich weiß, dass Dr. Nagai eine Sorge hatte. Der Tod von Patienten mit dieser Krankheit geht normalerweise mit Blutungen an allen möglichen Stellen einher und das wäre eine große Belastung für seine Familie gewesen. Es ist ein Segen, dass er so schnell und friedlich gehen konnte.« Der Priester, der diesen Trost akzeptierte, fügte hinzu: »Heute ist der erste Mai, der Monat der Jungfrau Maria. Ich glaube nicht, dass das ein Zufall ist. Ich denke, sie kam persönlich, um ihn nach Hause zum Herrn zu holen.«

Eine von Nagais Kalligrafien: *Nyko-aijin*
(»Liebt einander so, wie ihr euch selbst liebt«).

31.

Für das Vergangene – Dank
Für das Kommende – Ja

Am 2. Mai von 13.30 Uhr bis 17.30 Uhr nahm eine Gruppe von Professoren, ärztlichen Leitern und Ärzten des Universitätskrankenhauses und medizinisches Personal der *ABCC*, der *Atomic Bomb Casualty Commission* (»Kommission zur Untersuchung der Atombombenopfer«) eine gründliche Autopsie vor. Sie entdeckten, dass Nagai an Herzversagen infolge der Leukämie gestorben war. Seine Milz wog erschreckende 7,520 Pfund, wohingegen eine normale Milz etwa 100 Gramm wiegt. Seine Leber war viereinhalbmal so groß wie eine normale Leber. Sie waren sprachlos, dass er so lange überlebt hatte und seine letzten beiden Bücher schreiben konnte.

Freunde trugen ihn in einem unbehandelten Piniensarg zurück nach Nyokodo und eine große Menge Menschen bildeten einen Halbkreis um seine Hütte, viele unter den Anwesenden weinten. Makoto, der aufrecht und beherrscht wie der starke und unabhängige Junge dastand, zu dem ihn sein Vater erzogen hatte, brach plötzlich über dem offenen Sarg zusammen und weinte: »Schau doch, Papa, schau doch. Sieh, wie sehr dich alle lieben!« Nagais jüngerer Bruder Hajime stand mit Makoto und Kayano neben dem Sarg und ließ ein Foto machen – dies war ein feierliches Versprechen, dass er Nagais Rolle als Vater übernehmen würde. Er und seine Frau Takako erfüllten dieses Versprechen treu.

Die Beerdigung fand am 3. Mai in der brechend vollen Urakami-Kathedrale mit zwanzigtausend Trauernden statt, die sich in und um das Gebäude versammelten. Um neun Uhr morgens führte Erzbischof Yamaguchi die Prozession an, die sich in die Kathedrale hineinbewegte, um die lateinische Totenmesse zu feiern, die Nagai so geliebt hatte. Nagais mit vielen Schwierigkeiten verbundene christliche Reise begann in der Urakami-Kathedrale mit der Messe an Heiligabend im Jahr 1932. Es war passend, dass sie hier mit einer Messe enden sollte. Als der Erzbischof schließlich die Lossprechung erteilte, trat der Bürgermeister von Nagasaki vor und verbeugte sich tief vor dem Sarg. Nachdem er sich langsam aufrichtete, verbeugte er sich noch einmal vor dem Erzbischof und dann vor der Gemeinde. Feierlich las er dreihundert Beileidsbekundungen vor, beginnend mit derjenigen von Premierminister Yoshida. Neunzig Minuten später endete er mit der letzten Beileidsbekundung. Der Erzbischof sprengte Weihwasser über den Sarg seines alten Freundes und lud Nagais Familie und den Bürgermeister ein, dies ebenfalls zu tun. Als der Bürgermeister dem Ministranten gerade den Weihwassersprenger zurückgab, wanderten die Zeiger der Uhr wie durch ein Wunder des japanischen Zeitabstimmens auf zwölf Uhr mittags. Die Angelusglocken erklangen mit druchdringendem Schall, geläutet von Yamada-san, dem Freund, der mit Nagai aufgebrochen war, um genau diese Glocke an Heiligabend im Jahr 1945 auszugraben. In jener Nacht war es eine einsame Glocke gewesen, doch heute antwortete eine Symphonie von Glockengeläut aus Kirchtürmen und buddhistischen Tempeln aus der ganzen Stadt. Die Fabriksirenen sowie die Hörner und Sirenen von sämtlichen Booten in der Bucht von Nagasaki ertönten ebenfalls. Die Stadt hielt für eine Schweigeminute inne, um ihren außergewöhnlichen Bürger zu ehren, den armen Mann aus der Nyokodo-Hütte. In der nahe gelegenen Yamazato-Grundschule, in der sterbende Kinder und Lehrer an »jenem Tag« nach Wasser geschrien hatten, wurde es in den Klassenzimmern mucksmäuschenstill. Als die letzten Töne des Angelus verhallt waren, brachen die Kinder in Tränen aus und die Augen der Lehrer wurden feucht. Ein großer Freund war von ihnen gegangen.

Der Sarg wurde von der Kathedrale zu den sanften Klängen von *In Paradisum* weggetragen:

Ins Paradies mögen die Engel dich geleiten,
bei deiner Ankunft die Märtyrer dich empfangen
und dich führen in die heilige Stadt Jerusalem.
Der Chor der Engel möge dich empfangen,
und mit Lazarus, dem einst armen,
mögest du ewige Ruhe haben.

Die Spitze der Prozession machte sich zu Fuß auf den Weg zum Friedhof, der eineinhalb Kilometer südlich von der Kathedrale lag, und erreichte diesen, bevor die Angehörigen und Freunde sich überhaupt in Bewegung gesetzt hatten. Der Erzbischof schaute voller Emotionen auf den fließenden Strom von Menschen mit den strengen schwarzen Kimonos hinunter, der durch die weißen Schleier der katholischen Frauen abgemildert wurde. Als Außenstehender hätte man beinahe den Eindruck gewinnen können, dass der Himmel sich geöffnet hätte und einer von Nagais Helden, Beethoven, wäre aufgetaucht, um den Trauermarsch aus der *Eroica*-Symphonie zu dirigieren!

Dr. Nagais Asche wurde neben Midori in einem Gartengrab beerdigt, das von der Stadt errichtet und unterhalten wurde. Es liegt nur einen kurzen Fußweg von der Straßenbahnstation am Bahnhof Urakami entfernt, unmittelbar vor dem Westeingang des Gaijin Bochi, des »Ausländerfriedhofs«. Die Grabinschrift auf dem Grabstein war von Dr. Nagai aus dem Evangelium nach Lukas, dem Arzt, ausgewählt worden. Midoris Vers ist Marias Antwort auf die Botschaft des Engels Gabriel: »Ich bin die Magd des Herrn; mir geschehe, wie du es gesagt hast.«[37] Sein eigener lautet: »Wir sind unnütze Sklaven; wir haben nur unsere Schuldigkeit getan.«[38]

Vierunddreißig Jahre später betrachtete ich diese Grabstätten gemeinsam mit einem Mann, den ich am Tag zuvor

[37] Lk 1,38.
[38] Lk 17,10.

getroffen hatte, und der sehr gern bereit war, sein umfangreiches Wissen mit mir zu teilen. Er sagte, dass Nagai sein *Onshi,* sein verehrter Lehrer, gewesen sei, auch wenn sich die beiden nie begegnet waren. Er erklärte: »Nach der Kapitulation und der amerikanischen Besatzung war ich ein sehr zorniger junger Mann. Ich fühlte mich hintergangen und betrogen von all unseren Führern, auch von den Schullehrern, die uns gesagt hatten, dass Nippon, das Land der Götter, niemals besiegt werden könnte. Japans Zukunft sah sehr düster aus und meine ebenfalls. In einer öffentlichen Bücherei stieß ich zufällig auf eines von Nagais Büchern und so wurde mein Interesse für ihn geweckt. Hier war ein Mann in einer sehr viel schlimmeren Lage als die meisten von uns, und dennoch strahlte er Hoffnung aus. Ich suchte nach weiteren Büchern von ihm und sie führten mich an eine Wegkreuzung: Entweder waren das Leben, die menschliche Anstrengung und die persönlichen Werte vollkommen bedeutungslos oder es gab den allumfassenden Plan von Nagais Gott, der immer gut ist, auch wenn es kurzfristig nicht so aussieht. Etwas in Nagais Büchern überzeugte mich, dass es sich lohnte, ein ernsthaftes Studium des Christentums zu betreiben. Ich kam an den Punkt, an dem ich seinen Glauben teilte und getauft wurde.«

Heute ist er Physiklehrer an der Highschool und kommt oft als Pilger nach Nagasaki, wo er Nyokodo und die Grabstätten von Takashi und Midori Nagai besucht.

Das starke Sonnenlicht von Nagasaki schien durch die Zweige über uns und zeichnete filigrane Muster auf den Boden vor unseren Füßen. Eine kühle Brise zog vom Hafen herauf, berührte die Bäume und ließ die Muster aus Licht und Schatten wie Partner in einer Quadrille tanzen. Mit Sicherheit gibt es in der Natur nichts Herrlicheres als Sonnenlicht. Es hat keine Farbe und dennoch enthält es sämtliche Farben; es ist farblos und lässt uns dennoch Farben erkennen. Ein paar Tage zuvor hatte ich an einem Seminar über die Gefahren des Atomkrieges teilgenommen. Ein Sprecher bemerkte, dass die Fotosynthese, die das Sonnenlicht in Pflanzen auslöst, diese und damit auch uns am Leben erhält. Er fügte einen Satz hinzu, den ich merkwürdig fand: »Genau der Prozess, durch den das Sonnenlicht entsteht, wurde bei der Explosion der Wasserstoffbombe angewandt.« Ich fragte meinen Freund, der als Physiklehrer arbeitet, ob das lediglich eine Hypothese oder eine Tatsache sei.

»Es ist eine wissenschaftliche Tatsache«, antwortete er und versuchte es mir auf leicht verständliche Weise zu erklären. Im Kern der Sonne ist eine gigantische Masse aus Wasserstoff, die komprimiert ist und eine Temperatur von fünfzehn Millionen Grad Celsius hat. Unter dieser Hitze und diesem Druck fliegen die Wasserstoffatome in einer enormen Geschwindigkeit umher und kollidieren miteinander. Diese Kollisionen erzeugen neue Heliumatome und dadurch wird eine gewaltige Energie in Form von Sonnenlicht und Radiowellen, Mikrowellen, Infrarot- und UV-Strahlen, Gamma- und Röntgenstrahlen usw. freigesetzt. Dieser Solarprozess verbraucht einhundert Millionen Tonnen Wasserstoff am Tag, doch es ist genug Wasserstoff vorhanden, um diesen Prozess noch für Millionen von Jahren aufrechtzuerhalten. Das Sonnenlicht würde uns zerstören, wenn die Sonne nicht so weit entfernt wäre und die Erdatmosphäre und die Ozonschicht es abhalten würden. Weil die Wasserstoffatome der Sonne fusionieren, um zu Heliumatomen zu werden, wird der Prozess auch »Atomfusion« oder »Kernfusion« genannt. Bei der Wasserstoffbombe wurden der Druck und die Hitze, die für die Fusion nötig sind, durch eine anfängliche Spaltung (Fission) von Uranium- und Plutoniumatomen erzeugt. Die Bomben von Hiroshima und Nagasaki basierten auf Kernspaltung und waren nicht annähernd so gefährlich wie die Atomfusion der Wasserstoffbombe.

Wissenschaftlich konnte ich dem nichts hinzufügen, doch ich merkte an: »Nagai sprach und schrieb eine Menge über Franz von Assisi. Ich war schon einmal in Assisi und ein dort stationierter Franziskaner machte eine wunderbare Beobachtung über den Heiligen, die auch auf Dr. Nagai zutrifft. Franziskus hatte die erste Version des *Sonnengesangs* komponiert, in dem er die Sonne und den Wind seine Brüder nennt und den Mond und das Wasser seine Schwestern. Dann wurde er blind und der Papst beauftragte die besten Ärzte von Rom mit seiner Behandlung. Sie wandten damals drastische Maßnahmen an – sie legten glühend heiße Eisenplatten an seine Schläfen! Nach dieser Prozedur fügte Franziskus noch eine Zeile über das Feuer zu seinem *Canticum* hinzu: ›Gelobt seist du, mein Herr, durch Bruder Feuer, durch das du die Nacht erleuchtest; und schön ist es und liebenswürdig und kraftvoll und stark.‹ Es ist leicht, Gott im herrlichen Sonnenschein und im sanften Regen zu sehen. Franziskus und Nagai konnten ihn in allen Dingen des Universums erkennen, in der Hitze des Hochsommers, in den Herbststürmen, den Schneestürmen des Winters, in der Dunkelheit und im Schmerz. Vielleicht würde Franziskus, wenn er heute noch lebte, eine weitere Zeile des Lobes für Bruder Nuklearfusion-in-der-Sonne anfügen«, brachte ich vor.

»Ja«, antwortete mein japanischer Freund, »vielleicht! Der heilige Franziskus und Nagai waren Männer, die die übernatürliche Dimension der Natur erkannten. Viele moderne Dichter tun sich schwer mit ihren Versen und Liedern über das Leben, weil sie nur das Natürliche sehen. Ihre Sicht ist nur irdisch, während die franziskanische Sicht kosmisch ist. Nagai empfand eine große Liebe für die alte japanische *Man'yōshū*-Poesie, die einige der schönsten Gedichte enthält, die je über die romantische Liebe geschrieben wurden. Nagai erkannte jedoch irgendwann, dass dem *Man'yōshū* die Dimension der übernatürlichen Liebe fehlte, ohne die die romantische Liebe leicht zu Frustration und Schlimmerem führt. Nagai verstand diese Art Liebe, die Franziskus für Klara empfand, als eine Liebe, die nicht von körperlichen Ausdrucksformen abhängig ist. Deshalb verzweifelte er nicht, als er das verkohlte Skelett von Midori fand.«

»Das«, fuhr mein Freund fort, »ist der Punkt, um den es in Nagais Gleichnis von der Henne, die ein Ei im Freien fand, geht. Sie hatte Mitleid mit dem mutterlosen Ei und brütete es bei jedem Wetter aus. Sie investierte ihre ganze Energie und Wärme in dieses Ausbrüten und schließlich kamen Geräusche aus dem Ei und die Schale zerplatzte. Ein Entchen entschlüpfte! Ohne ein Dankeschön watschelte es hinunter zu einem Teich und paddelte davon, auf der Suche nach seinesgleichen. Nagai erkannte ganz deutlich, dass alles Innere und Äußere ein Geschenk Gottes ist – das Leben, die Gesundheit, all unsere Lieben, unsere Talente und Fachkenntnisse, unsere Verantwortlichkeiten. Deshalb dürfen wir andere Menschen niemals benutzen. Wir müssen bereit sein zu dienen und uns darüber freuen. Wie Franziskus liebte Nagai die Natur und das Leben leidenschaftlich, und dennoch konnte er ihren Verlust friedvoll akzeptieren, weil er darüber hinaus auf Gott schaute, die Quelle von allem, was wahr und schön ist.« Und mit diesem Satz verfiel der Lehrer wieder in Schweigen.

Ermutigt durch seinen Enthusiasmus über alles, was mit Nagai zu tun hatte, brach ich das Schweigen: »*Sensei,* wir stehen hier neben seinem Grab in Nagasaki. Wäre es zu viel verlangt, wenn ich Sie bitten würde, *Die Glocken von Nagasaki* zu singen?« Das ist das Lied, das der Dichter Hachiro Sato für den ersten Nagai-Film geschrieben und das Yuji Koseki vertont hatte. Es wurde ein japanischer Hit und kann von der Stimmung und Wirkung her mit dem Lied *Danny Boy* verglichen werden. Der Lehrer lächelte und erwiderte: *Yorokonde* (»Mit Vergnügen«), und seine starke Stimme flog in die Höhe und erschreckte die Spatzen und Tauben um uns herum:

1. Von einem herrlichen blauen Himmel
   kam Sorge, die mein Herz zerriss.
   Dieses Leben von uns ist instabil wie die Wellen,
   so unbeständig wie wilde Blumen auf dem Feld!
   REFRAIN:
   Ach ja, doch sie läuten noch,
   tröstend und ermutigend,
   die Glocken von Nagasaki.

2. Sie starb allein, meine Frau,
   vor mir in den Himmel gerufen,
   hinterließ mir als Andenken ihren Rosenkranz.
   Nun glitzert er von meinen Tränen.
   REFRAIN
   Ach ja, doch sie läuten noch,
   tröstend und ermutigend,
   die Glocken von Nagasaki.

3. Dieses Massenbegräbnis!
   Unter einem Himmel, der in Trauer weinte,
   mit einem stöhnenden Wind als unsere Hymnen.
   Ich packte das Kreuz, das für ihr Grab gemacht wurde.
   Das glitzernde Meer war grau vor Trauer.
   REFRAIN
   Ach ja, doch sie läuten noch,
   tröstend und ermutigend,
   die Glocken von Nagasaki.

4. Dort entblößte ich meine Seele in ihrer Sündhaftigkeit.
   Die Nacht brach herein, ihre Dunkelheit
   wurde von einem klaren Mond gemildert,
   und die Statue der heiligen Jungfrau Maria
   war an einen Holzpfosten
   in meiner armseligen Hütte befestigt.
   REFRAIN
   Ach ja, doch sie läuten noch,
   tröstend und ermutigend,
   die Glocken von Nagasaki.

Nagai wurde mit Dag Hammarskjöld verglichen, dem zweiten UN-Generalsekretär, der 1961 starb. Beide hinterließen richtungsweisende Schriften über Frieden und beide teilten ihre Liebe für den konkreten und kargen Beziehungsreichtum der *Haiku*-Poesie. Hammarskjöld könnte das Gedicht über die Jungfrauen von Nagasaki geschrieben haben, die sangen, während sie als brennendes Ganzopfer starben. Nagai hätte die Eröffnungsverse des Jahres 1953 in Hammarskjölds Tagebuch schreiben können, das nach seinem Tod in Form des Buches *Zeichen am Weg* veröffentlicht wurde: »Für das Vergangene – Dank. Für das Kommende – Ja!«[39] Die beiden Männer ähnelten sich in ihrer leidvollen Geschichte vom Unglauben und der Agnostik zu einem tiefen Glauben an den Gott der Bibel.

Beide lebten und starben im Strudel des modernen Lebens. Sie liebten das Leben und schrieben klug über Bildung, Wissenschaft, Kultur, Regierung und Friedensbewegungen. Dennoch bestanden beide darauf, dass man diese Dinge durch das übernatürliche Licht sehen muss, das aus dem persönlichen Gebet entspringt. Das Gebet wurde zu ihrem umgekehrten Prisma, das die verzerrten und grellen Farben der menschlichen Erfahrung in der Klarheit und Schlichtheit des Tageslichts bündelt.

Nagai lernte das Gebet zum ersten Mal durch Pascal kennen. Ich kann mir keinen passenderen Schluss für diese Geschichte über Nagais Leben vorstellen als einen berühmten Abschnitt aus Pascals *Les Pensées.* Er verwirrte und beschäftigte Nagai, als er ihn zum ersten Mal las, doch später kam er zu der Erkenntnis, dass dies »... das einzige Notwendige ist«:

»Jahr der Gnade 1654[40]

Montag, den 23. November. [...] Seit ungefähr abends zehneinhalb bis ungefähr eine halbe Stunde nach Mitternacht

Feuer

---

39 *Zeichen am Weg. Das spirituelle Tagebuch des UN-Generalsekretärs,* München 1965 (Anm. d. Verl.).

40 Es handelt sich um einen Text über eine mystische Erfahrung Pascals. Inhaltlich sagt der Text, dass Gott nicht über das Denken in philosophischen Gottesbeweisen zu finden sei, sondern dass Gott eine Erfahrung wie Feuer ist (Anm. d. Verl.).

Gott Abrahams, Gott Isaaks, Gott Jakobs, nicht der Philosophen und Gelehrten. Gewissheit, Gewissheit, Empfinden: Freude, Friede.
Gott Jesu Christi, Gott Jesu Christi,
Deum meum et Deum vestrum.
Vergessen von der Welt und von allem, außer Gott.
Nur auf den Wegen, die das Evangelium lehrt, ist er zu finden.
Größe der menschlichen Seele.
Gerechter Vater, die Welt kennt dich nicht; ich aber kenne dich.
Freude, Freude, Freude und Tränen der Freude.«

Epilog

Als Nagai zu der Trauergemeinde der Atombombenopfer beim Massenbegräbnis in Nagasaki sprach, benutzte er das aufsehenerregende Wort *Hansai*. Er bat die Trauernden, ihre Toten Gott als brennendes Ganzopfer darzubringen. Viele waren schockiert und sogar ärgerlich darüber. Der sensible Nagai erforschte sein Gewissen zu diesem Thema in einem Buch, das er kurz vor seinem Tod schrieb. Er kam zu dem Schluss, dass es richtig war, die Menschen aufzufordern, den Tod der vielen Menschen als *Hansai* anzunehmen. Sein Beweis? Der Frieden im Herzen, der durch dieses Akzeptieren entsteht. Nagai war zu einem Mann des Wortes Gottes geworden, der die wesentlichen Dinge anhand der Schrift beurteilte. Er kam zu dem Schluss, dass die *Hansai*-Erkenntnis korrekt war, weil sie ihm und vielen anderen »die Früchte des Heiligen Geistes« einbrachte. Für Nagai besagte das Schriftwort in Galater 5,22–23 alles: »Die Frucht des Geistes aber ist Liebe, Freude, Friede, Langmut, Freundlichkeit, Güte, Treue, Sanftmut und Selbstbeherrschung; dem allem widerspricht das Gesetz nicht.« Jeremia 6,16 besagt: »Stellt euch an die Wege und haltet Ausschau, fragt nach den Pfaden der Vorzeit, fragt, wo der Weg zum Guten liegt, geht auf ihm, so werdet ihr Ruhe finden für eure Seele!« Nagai, der selbst am Scheideweg des Todes stand, beteuerte, dass die *Hansai*-Spiritualität ihm großen Frieden gebracht hatte.

Falls Sie Japanisch sprechen und an den beiden Gedenkfeiern für die Atombombenopfer in Hiroshima und Nagasaki teilgenommen haben, werden Sie dabei, glaube ich, einen großen Unterschied festgestellt haben. Mir ist dieser im Verlauf von etlichen Jahren aufgefallen und als ich an den beiden

Zeremonien zum vierzigsten Jahrestag im Jahr 1985 teilnahm, hörte ich, wie einige Teilnehmer es folgendermaßen ausdrückten: »Hiroshima ist bitter, laut, hochpolitisch, linksgerichtet und antiamerikanisch. Sein Symbol könnte eine zornig geballte Faust sein. Nagasaki ist traurig, still, nachdenklich, unpolitisch und betend. Es wirft den Vereinigten Staaten nichts vor, sondern beklagt stattdessen die Sündhaftigkeit des Krieges, insbesondere des Atomkrieges. Sein Symbol: die zum Gebet gefalteten Hände.«

Shigeru Idei ist Mathematik-Professor, der an verschiedenen Universitäten in Tokio gelehrt hat, unter anderem auch an der berühmten Waseda-Universität. Heute hat er die Mathematik mit dem vollzeitlichen Engagement in einer Friedensbewegung eingetauscht, die vor allem vom Shintoismus inspiriert ist. Sie wurde von seinem Vater in den dunklen Tagen des japanischen Militärs vor dem Zweiten Weltkrieg gegründet, nachdem er mehrere Jahre im Gefängnis verbracht hatte, weil er sich gegen Japans überstürzten Kriegsrausch ausgesprochen hatte. Sein Sohn folgte ihm mit derselben Hingabe für den Frieden. Seine Gruppierung hat in einer überkonfessionellen Kooperation mit anderen Religionen Friedenssteine in Japan, Europa, Australien und Amerika errichtet. Ich befragte ihn zu den Unterschieden zwischen Hiroshima und Nagasaki. Er antwortete: »Der populäre Spruch bringt es perfekt zum Ausdruck: *Sakebi no Hiroshima, inori no Nagasaki* (»Schreiendes Hiroshima, betendes Nagasaki«). Vielleicht ist dies ein kritischer Kommentar über die Medien und über die menschliche Natur, denn das schreiende Hiroshima bekommt auf der ganzen Welt den Löwenanteil der Fernsehberichte. Dabei muss jedoch betont werden, dass diejenigen, die lautstark in den politischen Demonstrationen ein Geschrei veranstalten, zum größten Teil keine Bürger von Hiroshima sind. Es handelt sich dabei laut Aussage der empörten Bewohner von Hiroshima um Außenstehende, die aus anderen Städten kommen, um diesen Tag zu »nutzen«, der eigentlich ein Tag der tiefen Besinnung sein sollte.

Nagai ist mehr als irgendeine andere Person dafür verantwortlich, dass bei der Gedenkfeier für die Atombombenopfer in Nagasaki eine sehr geistliche Atmosphäre herrschte. Sein Wort *Hansai* war für die traumatisierten Überlebenden anfangs wie ein Schlag ins Gesicht. Doch ein Schlag ins Gesicht kann bei hysterischen Menschen Wunder bewirken, weil sie dadurch die ausgesprochen harte Realität erleben. Und nicht nur die eigentlichen Atombombenopfer benötigen manchmal solch eine harte Behandlung. Wir haben mehr als einmal erlebt, wie die Generationen, die nach den Atombombenexplosionen lebten, hysterisch wurden und der Realität den Rücken zukehrten, zum Beispiel die Generation der Aussteiger. Viele von ihnen waren Menschen, die (buchstäblich) zermürbt und zu Tode erschrocken waren vor der Möglichkeit eines nuklearen Krieges. Solch eine seelische Verzweiflung ist sicher noch eine schlimmerere Auswirkung als die Strahlung, die Nagais Körper tötete!

Als ich zum vierzigsten Jahrestag des Atombombenangriffs nach Japan fuhr, traf ich eine Frau, die der Verzweiflung nahe war. Sie war Anfang vierzig, eine bekannte Dozentin der Psychologie an der Universität in Osaka und eine erfolgreiche Autorin von Lebenshilfebüchern für Ehefrauen und Mütter. Ihre strahlende, schöne Welt fiel für sie an dem Tag in sich zusammen, als ihr gesagt wurde, dass sie an Krebs im Endstadium leide. Jahrelang hatte sie nervösen Patienten geholfen, die nicht schlafen konnten. Und nun ging es ihr genauso! Zwei Tage vor der gefürchteten Operation besuchte sie niedergeschlagen die Sonntagsmesse. Der Jahrestag des Atombombenangriffs stand kurz bevor und der Priester hielt eine Predigt über Dr. Nagai – kurz und schlicht, die lediglich eine Anregung enthielt: »Jeder von uns muss Schmerz und Tragödien erleben, auch die ultimative Tragödie, den Tod, und vielleicht sogar einen gewaltsamen. Wenn wir Nagais Glauben an die Vorsehung des Vaters und an Christi alles umarmenden Tod haben, dann können wir alldem mit Frieden begegnen.« Die Dozentin hatte diese Worte schon früher gehört, doch plötzlich trafen sie sie mit der Kraft von *Satori,* dem alten und verehrten japanischen Wort, das »geistliches Erwachen« bedeutet. Sie fand wieder zu sich selbst, ging im Frieden ins Krankenhaus und verfasste während ihrer Genesungsphase ein Buch, das ihr am schnellsten von allen Büchern von der Hand ging. Es war ein Buch über ein Problem, das so alt ist wie die Menschheit, ein Problem, das die Ursache vieler Zusammenbrüche war, die sie in ihrer professionellen Arbeit miterlebt hatte: das Problem, dass wir uns dem Leiden nicht stellen. Nagais *Hansai*-Erkenntnis war das zentrale Element in ihrem Buch.

Franklin D. Roosevelt, der Mann, der das Atombombenprojekt in Bewegung gesetzt hatte, sagte einmal: »Wir müssen uns vor nichts fürchten, außer vor der Furcht selbst.« Genau in dem Moment, als Nagai dachte, er hätte alles in der nuklearen Wüste verloren, entdeckte er, dass er alles besaß! In jener modernen Wüste erlebte er eine Art Rückkehr in den Garten Eden, weil er »… fähig war, dort mit Gott spazieren zu gehen«. Wie seine Vorfahren, die das *Nembutsu* komponiert hatten, entdeckte er, dass die einzige Realität »das Heute« ist, das Hier und Jetzt. Er entdeckte, dass man, wenn man diese Realität als die eine »tatsächlich reale« Sache betrachtet und akzeptiert, mit Gott spazieren gehen und sich mit ihm in echtem Gebet unterhalten kann. Diese Rückkehr nach Eden ist der Beginn des Paradieses ohne Ende, der *Visio beatifica,* der seligmachenden Gottesschau.

Unsere Gesellschaft hat versucht, das Problem des Leidens zu lösen, indem sie den Schmerz abgeschafft hat. Das ist eine negative Lösung, die niemals zu einer ganzheitlichen Lösung führen kann. Unsere Urgroßeltern lebten ohne Schmerzmittel, Klimaanlage, Flugzeuge oder bezahlte Urlaubstage, und dennoch schienen sie im Vergleich zu unserer Generation ganz und gar nicht unglücklich zu sein! Ihre damalige Gesellschaft scheint mir nicht annähernd so zerbrechlich und entfremdet, so friedlos und klagend zu sein wie unsere. Ich frage mich, ob der körperliche Schmerz in ihrem Leben ihnen nicht half, realistisch zu sein und sich mit den tieferen menschlichen Fragen auseinanderzusetzen, denjenigen, die

Nagai als metaphysisch, d. h. »außerhalb des Physischen« bezeichnete.

Krebs ist kein neues Problem, genauso wenig wie die Midlife-Crisis. Für die Dozentin der Universität Osaka wurden sie jedoch plötzlich zu etwas völlig Neuem. Ihre erfreuliche und erfolgreiche Vergangenheit wurde seltsamerweise über Nacht bedeutungslos. Der Bericht des Pathologen hatte ihr Innerstes bloßgelegt und sie zitternd vor Angst zurückgelassen. Nagais starke Spiritualität half ihr, diese ureigenste Nacktheit und Hilflosigkeit anzuschauen und sie zu akzeptieren. Dann entdeckte sie, dass die Realität des Hier und Jetzt nicht feindlich ist, weil Gott darin gegenwärtig ist. Durch diese Entdeckung, so uralt und doch so neu, fand sie Frieden und konnte mit ruhiger Schlichtheit sagen: Gib mir *heute* mein täglich Brot.

Jeder von uns muss sich mit einer Midlife-Crisis oder einer Alterskrise auseinandersetzen oder den Bericht des Pathologen oder Herzspezialisten anhören. Wir müssen am eigenen Leib oder bei Menschen in unserem Umfeld die Auswirkungen von Alkoholismus, Drogenproblemen, Verkehrsunfällen, psychischen Krankheiten oder Scheidungen miterleben. Für mich ist Nagai deshalb so anziehend, weil er solche schweren modernen Probleme durchgestanden hat und noch anziehender wurde. Er selbst erzählte den Trauernden bei jenem ersten Massenbegräbnis, dass das Zusammentreffen der Ereignisse im Umfeld von Urakami – die Atombombe, die zerstörte Kathedrale und die Kapitulation des Kaisers am 15. August – kein Zufall gewesen sei, sondern Vorsehung. Ich empfinde dasselbe, wenn ich über das außergewöhnliche Leben von Nagai nachdenke: Gottes Vorsehung führte ihn durch die schlimmsten Erfahrungen des 20. Jahrhunderts, um ihn zu einem Wegbereiter für andere zu machen. Er fasste seinen Rat für die Menschen auf der Lebensreise mit seinen Sterbeworten zusammen: *Inotte kudasai* (»Betet, bitte, betet.«)

Nagais Zeichnung von seiner Tochter Kayano und einer Junshin-Nonne, die Midoris Grab am Jahrestag des Atombombenabwurfes besuchen.

Glossar der japanischen Wörter

Akogare	Sehnsucht
Arigato	Danke
Banzai	Japanischer Ausdruck des Enthusiasmus oder Triumphes
Bushi	Samurai
Bushidō	Art oder Ehrenkodex der Samurai
Cha-no-yu	Formelle Teezeremonie
Chokata	Leiter (der verfolgten japanischen Christen)
Chokkan	Intuition
Chonan	Sohn Nummer eins, Erstgeborener
Daikon	Dicker japanischer Rettich
Daimyō	Feudalherr
Dozo	Bitte
Dozo o-raku ni	Bitte setzen Sie sich bequem hin
Furoshiki	Quadratisches Stück Stoff, um Dinge zu tragen
Futon	Japanische Bettdecke
Genkan	Veranda oder Eingangsbereich des Hauses
Gomen kudasai	Entschuldigung, darf ich eintreten?
Haiku	Siebzehnsilbiges japanisches Sinngedicht
Hanami	Betrachtung von Blüten
Haru-gasumi	Frühlingsduft
Hata-age	Drachenfest
Hi no Maru	Japanische Flagge
Hibakusha	Überlebender der Atombombenexplosion
Ikebana	Die Kunst des Blumenarrangements

Inotte kudasai	Bitte, bete
Itte irasshai mase	Formelle Abschiedsformel
Itte mairimasu	Antwort auf die obige Formel, von der abreisenden Person
Jisei no uta	Abschiedslied oder -gedicht vor dem Tod
Kaa-chan	Mama
Kamikaze	Göttlicher Wind
Kannushi	Shintō-Priester
Kampo yaku	Chinesische Kräutermedizin
Kempeitai	Militärpolizei der Kaiserlich Japanischen Armee
Kokoro	Herz
Kokutai	Das japanische Volk, Volkscharakter, Gemeinwesen
Konnichi wa	Guten Tag
Koto	Japanische Wölbbrettzither
-kun	Normale Anrede für männliche Jugendliche, falls es mit dem Vornamen benutzt wird. Lehrer hängen bei männlichen Schülern *-kun* an den Nachnamen an.
Man'yōshū	Größte japanische Gedichtsammlung, »Sammlung der 10 000 Blätter«
Miai	Japanische Form der Ehevermittlung, formelles Treffen von potenziellen Hochzeitspaaren
Michi	Der Pfad oder Weg
Mi-shinja	Ungläubige
Mizu	Wasser
Monpe	Pumphose für Frauen, Arbeitshose
Moshi moshi	Ein japanisches Grußwort, vorwiegend am Telefon verwendet
Nakodo	Heiratsvermittler
Nemaki	Pyjama oder Bademantel
Nihon-teki	Durch und durch japanisch
O-Bentō	Mittagessen, auch Behälter für die Aufbewahrung der Speisen

O-Cha	Grüner Tee
Oden	Japanischer Eintopf aus Gemüse, Kartoffeln und Fleisch
Ofuro	Tiefe japanische Badewanne
O genki de	Gute Besserung, pass auf dich auf!
Ohayo gozaimasu	Guten Morgen (wörtlich »Es ist früh«)
Okasan	Mutter
Onshi	Verehrter Lehrer
O-tera	Buddhistischer Tempel
Otōsan	Vater
-san	Herr, Frau
-sama	Verehrte/r
Satori	Geistliche Erleuchtung
Sayōnara	Auf Wiedersehen
Seiza	Traditionelle Sitzhaltung, bei der man kniend auf den Fersen sitzt
Sennin	Bergschamane
Sensei	Anrede für Lehrer oder Doktor
Shigoto	Arbeit (Beruf oder Dienst)
Shinpu-sama (oder –san)	Pater, katholischer Priester
Shintō	Shintoismus, ethnische Religion in Japan
Shoji	Papierschiebetür oder -fenster, das aus japanischem Papier hergestellt wird, das man über einen Holzrahmen spannt
Shujin	Herr (so nennen Ehefrauen ihre Männer, teilweise augenzwinkernd!)
Shukun	Lehnsherr
Susuki	Japanisches Pampasgras *(Miscanthus sinensis)*
Tada suware	Meditieren Sie einfach
Tanka	Reimlose japanische Gedichtform mit einunddreißig Silben
Tatami	Bodenmatte aus Reisstroh
Tanabata	Sternenfest (7. Juli)

Tempura	Japanisches, in Teig gebratenes Gemüse oder Meeresfrüchte
Tenbatsu	Strafe des Himmels
Tokonoma	Eingebauter Alkoven im Hauptraum eines japanischen Hauses, in dem Schriftrollen und andere Kunstobjekte ausgestellt werden
Toochan	Papa
Tsukisoi	Begleiterin eines Patienten im Krankenhaus
Tsuyu	Japanische Regenzeit (Mitte Juni bis Mitte Juli)
Uguisu	Buschsänger (manchmal auch japanische Nachtigall genannt)
Ukiyo	Die fließende (unbeständige) Welt
Yama	Berg
Yamato	Antiker Name für Japan
Yamato-damashii	Japanischer Volksgeist
Yaoyorozu	Die achthundert Millionen Götter der Shintō
Yin	Negative (dunkle) kosmische Macht
Yorokonde	Mit Vergnügen, gern
Yoshi	Bräutigam, der den Nachnamen seiner Braut annimmt
Wa	Frieden, Harmonie, Versöhnung, Einheit, Trost
Waka	Sammelbegriff japanischer Dichtkunst für mehrere Stilrichtungen
Zen	Strikte Form des Buddhismus, in der die Meditation die Hauptpraxis darstellt

Danksagungen

Meine Danksagungen gehen an folgende Personen und Institutionen:

Maslyn Williams, Bowral; Rosaleen McVittie und Yayoi Maloney, Urasenke, Sydney; Urasenke Hauptquartier, Kyoto; Fr. H. Weisen, S.V.D., und die Gemeindemitglieder von Otonashi, Nagasaki; Noel Gallagher, Brisbane; Shigeo Hayashi, Sadao Tsuba, Torahiko Ogawa und die Mitglieder der Anti-Nuklear Fotografenbewegung, Tokio; Schwester Kataoka, Junshin, Nagasaki; Nagai Museum und sein Direktor Hajime Nagai, Nagasaki; Museum der sechsundzwanzig Märtyrer und sein Direktor, Fr. D. Yuki, Nagasaki; Nagasaki Friedensmuseum und Stadtbeamte von Nagasaki; Yamazato-Grundschule, Nagasaki; Fr. John Glynn, S.M., Katholischer Buchclub, Sydney; Dr. Padraic J. Grattan-Smith; Carmel, Tokio; Paul Maloney, Japanisches Informationszentrum, Sydney.

André Frossard

Maximilian Kolbe

Vergesst die Liebe nicht

Maximilian Kolbe zog aus, um die ganze Welt zu bekehren. Kurz vor dem Zweiten Weltkrieg ließ er im größten Franziskanerkloster der Welt (700 Mönche) christliche Zeitungen und Zeitschriften mit einer Auflage bis zu einer Million drucken. Auch in Japan gab er eine katholische Zeitschrift heraus.

Zurück in Europa wurde er 1941 verhaftet und nach Auschwitz deportiert. Als ein zum Tode verurteilter Familienvater um sein Leben flehte, bat Maximilian Kolbe, dessen Strafe im Hungerbunker übernehmen zu dürfen. Er starb nach vierzehn Tagen der Agonie. Maximilian Kolbe wurde im Oktober 1982 von Papst Johannes Paul II. als Märtyrer heiliggesprochen.

Geb., 224 Seiten, 13,5 x 20,5 cm
ISBN 978-3-9454010-5-7